Het Leven En De Gevoelens Van Den Heer Tristram Shandy, Volume 2...

Laurence Sterne, Mark Prager Lindo

TRISTRAM SHANDY.

II.

HET LEVEN EN DE GEVOELENS

van den heer

TRISTRAM SHANDY,

door

LAURENCE STERNE.

uit het engelsch vertaald

door

M. P. LINDO.

TWEEDE DEEL.

HAARLEM,

A. C. KRUSEMAN.

1858.

GEDRUKT BIJ A. C. KRUSEMAN.

OPDRAGT

AAN EEN GROOT MAN.

Ofschoon ik mij *à priori* voorgenomen had, *de amours van mijn oom Tobias* aan den Heer *** op te dragen, — zie ik *a posteriori* grootere reden, om het aan Lord ****** te doen.

Ik zou van ganscher harte betreuren, als dit mij aan den onwil van eenige deftige heeren blootstelde; omdat *a posteriori* in het Hof-Latijn, de beteekenis heeft van handkus, of eenig anderen kus, wegens bevordering, of hoop op bevordering.

Ik heb geene betere of slechtere meening van Lord ******, dan van den Heer ***. Eeretitels, even als stempels op munten, kunnen eene denkbeeldige en plaatselijke waarde aan een stuk onedel metaal geven; maar goud en zilver zijn de geheele wereld door gangbaar, zonder eenige andere aanbeveling noodig te hebben, dan hunne eigene waarde.

Dezelfde welwillendheid, die mij er aan deed denken, om den Heer ***, toen hij buiten betrekking was, voor een half uurtje te vermaken, — werkt nog krachtiger op het

II.   1

tegenwoordige oogenblik; — een half uurtje van uitspanning na werk en verdriet, is nog nuttiger en verkwikkelijker dan na een philosophischen maaltijd.

Niets levert eene meer volmaakte *uitspanning*, dan eene algeheele verandering van denkbeelden; — geene denkbeelden zijn meer uiteenloopend, dan die van staatsministers en van onschuldige minnaars; om welke reden, zoodra ik van staatslieden en patriotten te spreken heb, en hen zoodanig onderscheiden ga, dat men in de toekomst hen onderling niet verwisselen en verwarren zal, — ik voornemens ben, dat boekdeel aan eenigen dweependen herder op te dragen,

> Wien nooit de wetenschap verstout heeft om de baan,
> Zoo steil! van Patriot of Staatsman in te slaan;
> Die bij natuur zijn hoop en eerzucht bleef bepalen,
> En needrig op zijn hoofd den hemel neêr ziet dalen,
> In 't diepst des wouds van woestenijen huist,
> Of op het zalig strand, waarom de golfslag bruist,
> Waar nog gelijkheid heerscht in wat hij mag aanschouwen
> En zijne honden hem getrouw gezelschap houden.

Met één woord, door op deze wijze geheel nieuwe voorwerpen aan zijne verbeelding voor te stellen, zal ik onvermijdelijk afleiding aan zijne hartstogtelijke en verliefde beschouwingen verschaffen. —

Inmiddels, verblijf ik, enz.

DE SCHRIJVER.

JAN, BURGGRAAF SPENCER.

MILORD,

Ik neem ootmoediglijk de vrijheid u deze twee deelen op te dragen, — ze zijn zoo goed als mijne geringe gaven en zwakke gezondheid ze vermogten te maken: — als het aan de Goddelijke Voorzienigheid behaagd had, mij met iets meer van beiden te zegenen, zouden deze boekdeelen een veel gepaster geschenk voor u zijn geworden.

Gij zult het mij vergeven, Milord, dat ik U dit werk opdragende, het waag aan Milady SPENCER de

———

geschiedenis van *Le Fevre* aan te bieden: — ik heb geen
andere beweegreden om dit te doen, — als mijn hart mij
niet bedriegt, — dan dat het eene geschiedenis is vol
van menschlievendheid.

Ik heb de eer te zijn,

MILORD,

Uw zeer toegenegene en
zeer onderdanige Dienaar,
L. STERNE.

———

HOOFDSTUK I.

— Ware het niet om die twee vurige paarden, en dien dollen postiljon, die mij van Stilton naar Stamford reed, dan was het mij nooit in het hoofd gekomen! — Hij reed snel als de wind: — er was eene helling ongeveer een uur lang; — wij raakten naauwelijks den grond, — de beweging was razend, — woedend; — ze werd aan mijne hersens medegedeeld, — en mijn hart werd er door aangedaan.

— Bij den grooten zonnegod! — riep ik uit, naar de zon ziende, en den arm uit het portier van het rijtuig stekende, terwijl ik de gelofte deed, — zoodra ik te huis kom, zal ik mijne studeerkamer sluiten, en den sleutel negentig voet onder de oppervlakte der aarde werpen, — in den put achter het huis!

De Londensche vrachtkar bevestigde mij in mijn voornemen; ze waggelde langzaam den heuvel op, — ter naauwernood voortkomende, — gesleept, — gesleept door acht zware dieren! — Het gaat met geweld, — zei ik: met het hoofd knikkende; — maar die van edeler ras zijn, komen ook langs denzelfden weg, en langs zoo wat alle wegen ook. — 't Is vreemd!

Zegt mij, o gij geleerden, zullen wij steeds voortgaan, met de *massa* zoo veel, — de *waarde* zoo weinig te vermeerderen?

Zullen wij steeds voortgaan met nieuwe boeken te

maken, even als de apothekers nieuwe drankjes, door uit de eene flesch in de andere over te gieten?

Moeten wij steeds voortgaan met hetzelfde touw los en weer vast te draaijen? — Steeds op hetzelfde spoor blijven, — steeds met denzelfden tred?

Zullen wij veroordeeld blijven tot aan den laatsten dag toe, op feest- zoowel als op werkdagen, om de *reliquieën der geleerdheid* ten toon te stellen, even als de monniken de reliquieën hunner heiligen vertoonen, — zonder één, — één enkel wonder er mede te verrigten?

Wie heeft den mensch, — dat grootste, uitstekendste en edelste schepsel der wereld, — het *wonder* der natuur, zoo als Zoroaster, in zijn περὶ φύσεως, hem noemt; — de *Shekinah* der Goddelijkheid, volgens Chrysostomus, — het *afbeeldsel* van God volgens Mozes, — de *straal der Godheid*, volgens Plato, — het *wonder der wonderen*, volgens Aristoteles, — wie heeft den mensch met vermogens begaafd, die hem in één oogenblik van de aarde naar den hemel verheffen, — om hem op deze ellendige, — kruipende, — kleingeestige wijze, te zien voortgaan?

Ik versmaad het, bij deze gelegenheid even als Horatius te schelden; — maar als er geene *katachresis* in den wensch is, en geene zonde, wensch ik van gansch harte, dat alle letterdieven in Groot-Britannië, Frankrijk en Ierland, de schurft hadden, voor hunne moeite, en dat er een ziekenhuis werd opgerigt, groot genoeg, om allen op te nemen, — ja, en om hen, groot en klein, mannen en vrouwen, allen te zamen te zuiveren; — en dit brengt mij op de *knevels;* — maar door welke aaneenschakeling van denkbeelden zulks geschiedt, — laat ik als een legaat over, met het regt van versterf, aan alle preutsche vrouwen en schelmen, om er genot van te hebben, en om er uit wijs te worden, zoo als zij best kunnen.

OVER DE KNEVELS.

Het spijt mij, dat ik het gedaan heb; — 't was de onvoorzigtigste belofte, welke een mensch ooit in het hoofd is gekomen. — Een hoofdstuk over de Knevels! — 't is eene zeer kiesche wereld; maar ik wist niet juist van

welken aard die was, — en ik had nooit het volgend
fragment gezien, — of, zoo waar als neuzen neuzen, en
knevels knevels zijn (men spreke het mij nog zoo stellig
tegen), ik zou toch zekerlijk de gevaarlijke klip van dit
hoofdstuk vermeden hebben.

HET FRAGMENT.

* *
* *
* *

— Gij zijt half in slaap, waarde mevrouw, — zei de oude
heer, de dame bij de hand nemende, welke hij zachtjes
drukte, terwijl hij het woord *knevels* uitsprak. — Zullen
wij tot een ander onderwerp overgaan? — Volstrekt niet, —
hernam de oude dame; — uw verhaal bevalt mij wèl; —
dus een doorschijnenden gazen doek over haar hoofd uit-
spreidende, en eene rustende houding aannemende door
achterover in den stoel te gaan liggen, en de voeten voor
zich uit te strekken met haar gelaat tot hem gekeerd; —
zeide zij, — ik verlang dat gij verder gaat.

De oude heer ging op de volgende wijze voort: —

Knevels! — riep de koningin van Navarra uit, het
kluwen latende vallen, toen La Fosseuse het woord uitsprak. — Knevels, mevrouw, — herhaalde La Fosseuse,
het kluwen op het voorschoot van de koningin vastspel-
dende, en eene diepe buiging makende, toen zij het woord
weder uitsprak.

De stem van La Fosseuse was zacht en aangenaam,
toch eene zeer duidelijke stem, en elke letter van het
woord *knevels* trof ook duidelijk het oor van de koningin
van Navarra. — Knevels! — riep de koningin uit, met
een sterken klem op het woord, alsof zij hare ooren niet
vertrouwde. — Knevels! — antwoordde La Fosseuse, ten
derden maal het woord herhalende. — Er is geen cavalier, mevrouw, van zijne jaren in Navarra, — vervolgde
de staatdame, de belangen van den page bij de koningin
voorstaande, — die zulke schoone — Wat? — vroeg Margaretha glimlagchende. — Knevels heeft! — zei La Fosseuse,
met oneindig veel zedigheid.

Het woord *knevels* hield zich staande en werd nog gebruikt in de beste gezelschappen van het kleine koningrijk Navarra, in weerwil van de onvoorzigtige wijze waarop La Fosseuse daarmede voor den dag kwam: — het ware van de zaak is, dat La Fosseuse dat woord niet slechts in tegenwoordigheid der koningin, maar ook bij verschillende gelegenheden aan het hof gebruikt had, met eene uitdrukking, welke altijd iets geheimzinnigs te kennen gaf. — Daar nu aan het hof van Margaretha, zoo als iedereen weet, ten dien tijde, liefdezaken en vroomheid hand in hand gingen, — en daar de knevels even goed op het één als op het andere toepasselijk waren, — was het ook natuurlijk, dat het woord zich staande zou houden; — het won altijd weer even veel als het verloren had: dat is, de geestelijkheid was er voor; — de leeken waren er tegen; — en, wat de vrouwen aangaat, *die* waren verdeeld.

De heerlijke gestalte en houding van den jongen Sieur De Croix begon juist tegen dien tijd de oplettendheid der staatdames te trekken naar het terras voor de poort van het paleis, waar de wacht betrokken werd. Jonkvrouw De Baussiere werd ernstig op hem verliefd; — insgelijks La Battarelle; — het was de schoonste tijd voor zoo iets, dien men zich in Navarra ooit kon herinneren. —

La Guyol, La Maronette, La Sabatière raakten ook op den Sieur De Croix verliefd; — La Rebours en La Fosseuse wachtten zich er voor. — De Croix had zich te vergeefs bij La Rebours aangenaam willen maken; en La Rebours en La Fosseuse waren onafscheidelijk.

De koningin van Navarra zat met hare dames in het halfronde venster met gekleurd glas, tegenover de poort van de binnen-plaats, toen De Croix er door heen ging. — Het is een knap mensch, — zei Jonkvrouw De Baussiere. — Hij ziet er nog al goed uit, — zei La Battarelle. — Hij heeft eene heerlijke gestalte, — zei La Guyol. — Ik heb van mijn leven geen officier van de lijfwacht te paard gezien, die zulke beenen had! — zei La Maronette. — Of die zoo vast er op stond, — zei La Sabatière. — Maar knevels heeft hij niet, — riep La Fosseuse. — Geen enkel haartje! — voegde La Rebours er bij.

De koningin ging regtstreeks naar haar bidvertrek, den geheelen tijd, terwijl zij door de galerij wandelde, over het onderwerp peinzende; — in hare verbeelding het op allerlei wijze beschouwende. *Ave Maria!* † — wat bedoelt toch La Fosseuse? — zeide zij, op het kussen nederknielende.

La Guyol, La Battarelle, La Maronette, La Sabatière, gingen terstond naar hare kamers. — Knevels! — zeiden zij alle vier in zich zelve, terwijl zij van binnen den grendel op de deur schoven.

Freule Carnavalette bad haar rozenkrans af, met beide handen, onder haar hoepelrok, zonder dat iemand er iets van merkte. Van den heiligen Antonius, tot aan de heilige Ursula toe, was er geen heilige, die haar zonder knevels door de vingers ging: St. Franciscus, St. Dominicus, St. Benedictus, St. Basilius, St. Brigitta, — allen hadden knevels.

Jonkvrouw De Baussiere was in een doolhof van verbeeldingen verloren geraakt, door te diep na te peinzen over den tekst van La Fosseuse: zij steeg te paard, zij werd gevolgd door haar page; — de hostie werd voorbij gedragen; — Jonkvrouw de Baussiere reed voort.

— Een aalmoesje! — riep een kloosterling van de orde der Barmhartigheid: — een aalmoesje, ten behoeve van duizend lijdende gevangenen, die, naast den hemel, van u bevrijding wachten!

De dame reed voort.

— Heb medelijden met de ongelukkigen! — smeekte een vrome, eerbiedwaardige grijsaard, onderdanig een met ijzer beslagen geldkistje in de magere handen ophoudende. — Ik bedel voor de ongelukkigen: — schoone dame, — het is voor eene gevangenis, — voor een ziekenhuis, — voor een grijsaard, — voor een armen man, door schipbreuk, door borgstelling, door brand, te gronde gerigt! — Onze lieve Heer en al zijne heiligen weten het, — het is om de naakten te kleeden, — om de hongerigen te voeden, — om de zieken en bedroefden op te beuren

II.   1*

De dame reed verder.

Een verarmd bloedverwant boog voor haar ter aarde. De dame reed verder.

Hij liep bedelende, met ontblooten hoofd naast het paard, haar smeekende om den wille van vroegere vriendschap, vermaagschapping, bloedverwantschap, enz, — nicht, tante, zuster, moeder! — om den wille der deugd, om uwentwil, om mijnentwil, om den wille van Christus, barmhartigheid! — medelijden!

De dame reed voort.

— Houd mijne *knevels* vast, — zei Jonkvrouw De Baussiere. — De page nam de teugels van *haar paard*. — Zij steeg af aan het einde van het terras.

Er zijn zekere gedachtenreeksen, welke teekens achter laten rondom de oogen en de wenkbraauwen; — en het hart heeft er eene zekere bewustheid van, welke slechts strekt om die teekens des te duidelijker te maken. — Wij zien, spellen, en verklaren ze zonder behulp van een woordenboek.

Ha! ha! Hi, hi! — lachten La Guyol en La Sabatière elkander vlak in de oogen ziende. — Ho, ho! — lachte La Battarelle en Maronette, hetzelfde doende. — Pst! — riep de ééne; — St! St! — eene tweede; — Stil! — zei de derde; — Kom, kom! — hernam de vierde; — Mijn hemel! — riep Freule Carnavalette, — diegene, welke St. Brigitta bekneveld had.

La Fosseuse trok een langen speld van achteren uit haar opgebonden haar, en den omtrek van een kleinen knevel, met den kop van den speld op haar bovenlip geteekend hebbende, gaf zij den speld aan La Rebours over: — La Rebours schudde het hoofd. —

Jonkvrouw De Baussiere hoestte driemaal in haar mof. — La Guyol glimlachte. — Foei! — zei Jonkvrouw De Baussiere. — De koningin van Navarra bragt den vinger aan het oog, — alsof zij zeggen wilde, — ik weet wel wat gij bedoelt!

Aan het geheele hof was het duidelijk, dat het woord veroordeeld was. La Fosseuse had er eene wond aan toegebragt; — en het woord was niet beter geworden met door als deze kronkelwegen te gaan. — Het hield zich echter nog eventjes staande gedurende eenige maanden, na welker verloop, — daar de Sieur De Croix het volstrekt noodzakelijk vond Navarra te verlaten uit gebrek aan knevels, — het woord natuurlijk onbetamelijk bevonden en (na eenigen geringen tegenstand), volstrekt niet meer gebruikt werd.

Het beste woord in de beste taal van de beste wereld had onder eene zoodanige combinatie moeten bezwijken. — De abt D'Estella schreef een boek tegen de knevels, — waarin hij het gevaar van de bijkomende gedachten uitlegde, en de bewoners van Navarra er tegen waarschuwde.

Weet de geheele wereld niet, — zei de abt D'Estella, aan het einde van zijn werk, — dat de neuzen hetzelfde lot hadden eenige eeuwen geleden, — in de meeste landen van Europa, — als nu de knevels in het koningrijk Navarra? — Het kwaad verspreidde zich toen inderdaad niet verder; maar hebben niet, sedert dien tijd, de bedden, de peluwen, slaapmutsen, en waterpotten op den rand van den ondergang gestaan? — Verkeeren niet broeken, en zakgaten, en pompslingers, en kraantjes en zwikjes, steeds, wegens dezelfde aaneenschakeling van denkbeelden, in gevaar? — De KUISCHHEID, is uit haren aard, de zachtste van al onze gemoedsaandoeningen: — als men haar echter den teugel laat schieten, wordt zij gelijk aan een woedenden en brullenden leeuw!

Men vatte de kracht der argumenten van den abt D'Estella niet: — men nam ze verkeerd op. — De wereld legde den toom op den staart van den ezel. — En als *het uiterste van kieschheid en het aanvangspunt van wellustigheid*, te zamen weder beraadslagen, — zullen zij misschien besluiten, dat ook *dit* onkieschheid is.

HOOFDSTUK II.

— Toen mijn vader den brief ontving, welke hem de treurige tijding van mijn broeder Robert's dood meldde, — was hij juist bezig met te berekenen hoeveel

het kosten zou, als mijn broêr met postpaarden van Calais naar Parijs reisde, en van dáár naar Lyon.

't Was over het geheel geen voorspoedige reis; daar
mijn vader, — toen hij bijna aan het einde gekomen
was, — elke schrede er van op nieuw moest doen, en zijne
berekeningen van meet af aan beginnen, omdat Obadiah
de deur openmaakte, om hem te vertellen, dat de gist op
was, en om hem te vragen, of hij niet den volgenden
morgen bij tijds het groote koetspaard kon nemen, om
hier of daar wat op te loopen. — Van harte gaarne,
Obadiah, — zei mijn vader, zijne reis vervolgende; — neem
het koetspaard; — best! — Maar een van de ijzers van het
arme dier is gebroken, — zei Obadiah. — Arm dier! —
zuchtte mijn oom Tobias, — de woorden herhalende op denzelfden toon, even als eene goedgestemde snaar. — Neem
dan het Schotsch hitje, — zei mijn vader ongeduldig. —
Dat dier is bij geen mogelijkheid onder den man te
berijden, — zei Obadiah. — Dat paard is bezeten! — riep
mijn vader uit; — Neem dan *Patriot* en maak de deur
toe. — *Patriot* is verkocht, — zei Obadiah. — Dat is me
wat liefs! — riep mijn vader, met zijn werk ophoudende,
en mijn oom Tobias aankijkende, alsof hij iets nieuws
gehoord had. — Mijnheer gaf mij in April reeds bevel,
om hem te verkoopen, — zei Obadiah. — Dan ga maar
te voet, — hernam mijn vader. — Ik ga liever te voet,
dan dat ik rijd, — antwoordde Obadiah, de deur achter
zich toetrekkende.

— Wat word ik geplaagd! — riep mijn vader uit,
zijne berekeningen weer opvattende. —

— Maar het water is zoo hoog! — zei Obadiah de deur
weer open doende.

— Tot op dit oogenblik had mijn vader, — die Sanson's
kaart, en een reisboek voor zich had, — zijn passer van
boven vastgehouden, met de punt er van op Nevers, —
het laatste station, dat hij betaald had, — met het voornemen, om van dáár zijne reis en zijne berekeningen te
vervolgen, zoodra Obadiah de kamer verlaten had: —
maar deze tweede aanval van Obadiah, — die de deur
weer opende, en het geheele land onder water zette,

was al te veel voor hem. — Hij liet zijn passer vallen; —
of liever, met eene beweging door toorn en toeval
tegelijk veroorzaakt, wierp hij dien op de tafel neer: —
en toen bleef hem niets anders over, dan (gelijk vele
andere menschen), even wijs naar Calais terug te keeren,
als hij er van daan was gegaan.

Toen de brief met de tijding van mijn broeders dood naar
binnen gebragt werd, was mijn vader weder, op ééne
schrede van den passer na, tot hetzelfde station bij Nevers
gekomen. — Met verlof, *Monsieur* Sanson, — zei mijn
vader, de punt van den passer door Nevers heen, in de
tafel stekende, — en mijn oom Tobias toeknikkende, dat
hij kijken moest wat de brief bevatte; — tweemaal in
denzelfden nacht, *Monsieur* Sanson, van zulk een ellendig
stadje als Nevers teruggedreven te zijn, is al te veel voor
een Engelschman en zijn zoon. Niet waar, Tobias? —
vroeg mijn vader op een opgeruimden toon. — Wel zeker,
tenzij de stad eene sterke bezetting heeft, — zei mijn oom
Tobias, — want in dat geval — — Ik zal zoo lang ik
leef niet wijs worden! — zei mijn vader in zichzelven,
glimlagchende. — Dus ten tweeden maal knikkende, en
met de eene hand den passer op Nevers vasthoudende en
met zijn reisboek in de andere hand, — half rekenende,
half luisterende, leunde hij met beide elbogen op tafel,
terwijl mijn oom Tobias den brief vlugtig doorlas: —

— — — — — — — — — — — — — — — — —

— — — — — — — — — — — — — — — — —

— — — — — — — — — — — — — — — —

— — — — — — — — — — — — — — — —

— — — — — — — — — — — Hij is weg! — zei
mijn oom Tobias. — Waarheen? Wie? — riep mijn vader
uit. — Mijn neef, — zei mijn oom Tobias. — Wat, —
zonder verlof, — zonder geld, — zonder gouverneur? —
riep mijn vader verbaasd. — Neen, waarde broêr; — hij
is dood, — zei mijn oom Tobias. — Wat! Zonder ziek
te wezen? — riep mijn vader weder. — Dat geloof ik
niet, — zei mijn oom Tobias, met eene zachte stem, en
een zwaren zucht lozende, uit de diepte van zijn hart; —

de arme jongen is zeker ziek genoeg geweest, — daarvoor durf ik in te staan, — want hij is dood!

Toen Agrippina den dood van haar zoon vernam, — zoo verhaalt ons Tacitus, — was zij niet in staat, de hevigheid van hare driften te beteugelen, en brak daarom haar werk in eens af. — Mijn vader stak den passer des te dieper door Nevers heen. — Welke tegenstelling! — Maar inderdaad zijne zaak was eene berekening! — Die van Agrippina moet eene geheel andere zaak geweest zijn; — of hoe zou men uit de geschiedenis gevolgtrekkingen kunnen maken?

— De beschrijving van hetgeen mijn vader verder deed, verdient, volgens mijne meening, een bijzonder hoofdstuk.

HOOFDSTUK III.

— — En een hoofdstuk zal er aan besteed worden, — en een hoofdstuk van belang; — dus weest op uwe hoede! 't Is of Plato, of Plutarchus, of Seneca, of Xenophon, of Epictetus, of Theophrastus, of Lucianus, — of welligt iemand uit latere tijden, — b. v. Cardanus, — of Budaeus, of Petrarca, of Stella, — of mogelijk, de een of ander Godgeleerde of Kerkvader, St. Augustinus, of St. Cyprianus, of Bernardus, — die beweert, dat het een onweerstaanbaar en natuurlijk iets is, den dood onzer vrienden of kinderen te beweenen: — en Seneca (dat weet ik zeker), zegt ergens, dat zulke droefheid zich op die wijze het best lucht geeft; — dus vinden wij, dat David om zijn zoon Absalom weende; Adrianus om zijn Antinoüs, Niobe om hare kinderen, en dat Apollodorus en Crito, beiden, Socrates nog vóór zijn dood beweenden.

Mijn vader hield zich anders in zijn leed; en inderdaad hij verschilde daarin van de meeste menschen, van ouderen of nieuweren tijd; — want hij weende niet om zijn hartzeer lucht te geven, gelijk de Hebreërs en Romeinen, — en hij vergat het niet in den slaap, gelijk de Laplanders, — noch knoopte hij zich er mede op, gelijk de Engelschen; — hij verdronk zich niet, gelijk de Duitschers, — noch vervloekte en verwenschte hij het, of excommuniceerde het, — of bezong het, — of floot hij er *Lillabullero* over. —

Evenwel wist hij het te overwinnen. —

Wilt gij mij veroorloven, op de twee volgende bladzijden een verhaal hier in te voegen?

Toen Cicero van zijne dierbare dochter Tullia beroofd was, trok hij het zich in den beginne zeer aan; — hij luisterde naar de stèm der natuur, en wijzigde zijne eigene stem dien overeenkomstig. — O, mijne Tullia! — mijne dochter! — mijn kind! — 't was steeds, steeds, steeds, — O, mijne Tullia, — mijne Tullia! — Ik verbeeld mij nog mijne Tullia te zien, — mijne Tullia te hooren! — Ik praat nog met mijne Tullia! — Maar zoodra hij begonnen had de schatten der wijsbegeerte te onderzoeken, en overlegde hoeveel fraaije dingen men over de zaak kon zeggen, — kan niemand begrijpen, — zegt de groote redenaar zelf, — hoe gelukkig, hoe verheugd ik werd!

Mijn vader was even trotsch op zijne welsprekendheid als Marcus Tullius Cicero het wel zijn kon; — en voor zoo ver ik weet, — met even veel regt: — het was inderdaad zijne kracht, — en zijn zwak ook. — Het was zijne kracht, want hij was van natuur welsprekend; — het was zijn zwak; want hij werd er dagelijks door gefopt; — en als hij slechts de gelegenheid vond, om zijne talenten aan den dag te leggen, of om iets wijs, geestigs of scherpzinnigs te zeggen, — behalve in het geval van systematische ongelukken, — ontbrak het hem aan niets meer. Een zegen, die mijn vader tot stilzwijgen noodzaakte, of een ongeluk dat hem goedschiks aan het praten bragt, stonden bijna gelijk: — inderdaad was soms het ongeluk het verkiesselijkste van beiden; — bij voorbeeld, in gevallen, waar het genoegen van het redeneren door *tien* voorgesteld kon worden, en de smart van het ongeluk slechts door *vijf*; — zoodat mijn vader de helft won, en dien ten gevolge nog één maal zoo goed er aan toe was, als wanneer het ongeluk hem niet was overkomen.

Dit zal tot leiddraad dienen, om datgene in mijn

vaders dagelijksch gedrag te verklaren, dat anders zeer
ongerijmd zou schijnen, en daarom was het, dat in al
de ergernissen ontstaande uit de verzuimen en vergissin-
gen der dienstboden, — of uit andere kleine onheilen,
die in een huishouding onvermijdelijk zijn, — zijn toorn,
of liever de duur er van, tegen alle vermoedens afliep.

Mijn vader bezat eene lievelings merrie, die hij had
laten dekken door een Arabischen hengst, om er een
rijpaard, tot zijn eigen gebruik, uit te fokken. — Hij was
vurig in al zijne plannen; — en dus praatte hij dage-
gelijks over het rijpaard, met even veel zekerheid, alsof
het reeds geboren, bereden, getoomd en gezadeld
voor de deur stond, wachtende totdat hij er verkoos op
te stijgen. — Door het een of ander verzuim van Obadiah, gebeurde het, dat mijn vaders verwachtingen door
niets anders dan een muilezel bekroond werden; en
daarbij het leelijkste dier van zijn soort, dat ooit geboren
werd.

Mijne moeder en mijn oom Tobias verwachtten, dat mijn
vader Obadiah vermoorden zou, — en dat er nooit een
einde aan het ongeluk zou komen. — Zie hier, schelm! —
riep mijn vader uit op den muilezel wijzende, — wat gij
gedaan hebt! — Ik heb het niet gedaan! — zei Obadiah. — Hoe kan ik dat weten? — hernam mijn vader.

Mijn vaders oogen schitterden zegevierende, over dit
antwoord; — het Attisch zout deed ze overloopen; —
dus hoorde Obadiah er niets meer van.

Keeren wij tot mijn broeders dood terug.

De philosophie heeft voor alles een fraai gezegde. —
Over den dood zijn er eene geheele reeks van; maar
ongelukkig vervulden ze allen tegelijk mijn vaders hoofd
zoodanig, dat het moeijelijk was, ze dermate aan elkander
te schakelen, dat hij ze met eenigen schijn van onderling
verband aan den dag kon brengen. — Hij nam ze dus juist
zóó als zij zich aanboden.

"Het is eene onvermijdelijke kans, — de eerste wet van
de *Magna Charta*; — het is een eeuwig geldige parlements
besluit, waarde broêr: — *Alle menschen moeten sterven!*

"Wij hadden ons er over moeten verwonderen als mijn

zoon niet sterfelijk geweest ware; — maar niet dat hij gestorven is.

"Koningen en vorsten kunnen, even min als wij, den dans ontspringen.

"*Sterven* is de groote schuld en schatting, die wij aan de natuur moeten afbetalen: zelfs de graftombes en gedenkteekens, welke onze nagedachtenis moesten vereeuwigen, betalen die schuld; — en de grootste pyramide van al degenen, welke rijkdom en wetenschap hebben opgerigt, is van den hoogsten top beroofd, en vertoont zich afgeknot in het verschiet aan den reiziger." (Mijn vader gevoelde zich zeer verligt en vervolgde:)

— "Koningrijken en provinciën, steden en dorpen, hebben ze niet allen een zekeren tijd van bestaan? — En als die grondbeginsels en krachten, welke ze in den beginne versterkten en bij elkander hielden, hunne evoluties verrigt hebben, vallen ze weer in het niet terug." — Broêr Shandy — —, zei mijn oom Tobias, bij het woord *evolutie* de pijp neerleggende; — *Revoluties*, wilde ik zeggen, — zei mijn vader; — waarachtig, ik bedoelde revoluties, broêr Tobias; *evoluties* is onzin! — 't Is geen onzin, — zei mijn oom Tobias. — Maar is het geen onzin den draad van zulk een gesprek bij zulk eene gelegenheid af te breken? — riep mijn vader uit: — Ik bid u, waarde Tobias, — vervolgde hij, hem bij de hand nemende, — ik bid u, val mij niet in de rede op zulk een gewigtig oogenblik! — Mijn oom Tobias nam zijne pijp weer op.

"Waar zijn Troja en Mycenae, en Thebe en Delos en Persepolis, en Agrigentum?" — vervolgde mijn vader, het reisboek opnemende, dat hij pas neergelegd had. — "Wat is er van Ninive en Babylonië en Cyzicum en Mitylene geworden, broêr Tobias? De schoonste steden, welke de zon ooit bescheen, zijn nu niet meer; slechts de namen er van zijn overgebleven; — en deze, — grootendeels verkeerd gespeld, — vervallen langzamerhand, en met der tijd zullen zelfs die vergeten worden en met alles, wat is, in eeuwigen nacht ondergaan. — De wereld zelve, broêr Tobias, — moet, ja, — moet eindelijk ondergaan!

"Toen ik uit Azië terugkeerende, van Aegina naar

Maegara overvoer," — (Wanneer is dat toch geweest? —
dacht mijn oom Tobias), — "begon ik het omliggend land
op te nemen. — Aegina was achter mij; — Maegara vóór
mij; — de Piraeus regts, Korinthe links. Welke bloeijende
steden, die nu vergaan zijn! — Helaas! helaas! — zei
ik tot mijzelven, — waarom zou de mensch zijne ziel
om het verlies van een kind verontrusten, terwijl dit alles
voor zijne oogen op zulk eene treffende wijze begraven
ligt! Herinner u, — zei ik weder tot mijzelven, —
herinner u dat gij een sterveling zijt!"

Nu wist mijn oom Tobias niet, dat deze laatste paragraaf een uittreksel was van den brief van rouwbeklag
door Servius Sulpicius aan Cicero gerigt: — de goede man
was even weinig bedreven in de fragmenten, als in het
geheel van de oude wereld: — en daar mijn vader, toen
hij nog op Turkije handel dreef, drie- of viermaal in
het oostelijke gedeelte van de Middellandsche Zee geweest
was, en ééns zich anderhalf jaar te Zante opgehouden
had; maakte mijn oom Tobias natuurlijk hieruit op, dat
hij op ééne dezer reizen een togtje ondernomen had over
den Archipel naar Klein-Azië, en dat met al dit zeilen,
met Aegina achter en Maegara en de Piraeus regts enz.
enz., toch niets anders bedoeld was, dan juist deze
reis en de overdenkingen van mijn vader. — 't Was
zeker in zijn trant; — en menige ondernemende criticus
zou een gebouw opgerigt hebben, dat twee verdiepingen
hooger was, op een veel zwakker fondament. —

— Mag ik u vragen, broêr, — zei mijn oom Tobias,
het einde van zijne pijp op mijn vaders hand leggende,
en hem op eene vriendelijke wijze in de rede vallende, —
maar toch wachtende, totdat hij zijn verhaal geëindigd
had; — in welk jaar van onze tijdrekening dit gebeurde? —
't Was in geen jaar van onze tijdrekening, — hernam
mijn vader. — Dat is onmogelijk! — riep mijn oom Tobias. — Loop heen! — zei mijn vader; — het was veertig
jaren voor Christus geboorte!

Mijn oom Tobias kon uit twee gevallen kiezen: — of
zijn broêr was de wandelende Jood, of zijn ongeluk had
hem het hoofd op hol gebragt. —

"De Heere des hemels en der aarde bescherme en ge-
neze hem!" — bad mijn oom Tobias in zichzelven, met
tranen in de oogen. —

Mijn vader schreef de tranen aan eene gepaste oorzaak
toe en vervolgde zijne redevoering met veel vuur: —

"Er is niet zooveel verschil, broêr Tobias, tusschen goed
en kwaad, als men zich over het algemeen verbeeldt." —

Ter loops gezegd, het was niet waarschijnlijk, dat zulk
een aanvang de vermoedens van mijn oom Tobias uit
den weg zou ruimen. — "Werk, leed, verdriet, ziekte,
gebrek en ellende, zijn de saucen van het leven." —
Mogen ze ons wèl bekomen! — zei zachtjes mijn oom
Tobias. —

"Mijn zoon is dood! — des te beter; — 't is schande
in zulk een storm slechts één anker te hebben!

"Maar hij heeft ons voor altijd verlaten! — Het zij
zoo! — Hij is uit de handen van zijn barbier ontsnapt
eer hij kaal werd; — hij is van een feestmaal opgestaan,
eer hij verzadigd was; — van de tafel, eer hij dronken werd.

"De Thraciërs weenden bij de geboorte van een kind" —
(Wij hadden het ook bijna gedaan, — zei mijn oom Tobias;) — en zij vierden feest en verheugden zich als
iemand deze wereld verliet: — en met regt. — De Dood
opent de deur voor den Roem, en sluit den Nijd uit: —
hij breekt de banden van den gevangene, — en legt de taak
van den slaaf aan een anderen op.

"Wijs mij den mensch aan, die het leven kent en den
dood vreest, — en ik zal u een gevangene aanwijzen, die
zijne bevrijding vreest." —

— "Is het niet beter, waarde broêr Tobias, — daar onze
lusten slechts ziekten zijn, — is het niet beter volstrekt
geen honger te hebben, dan te eten? — En niet dorstig
te zijn, dan om geneesmiddelen te moeten nemen om den
dorst te stillen?

— "Is het niet beter van zorg en koortsen bevrijd te
wezen, — van liefde en leed, — en van de overige heete
en koude koortsen van het leven, dan, even als een uitgeputte reiziger, die afgemat de herberg bereikt, — genood-
zaakt te zijn de reis van voren af aan te beginnen?

— "De dood heeft niets verschrikkelijks, broêr Tobias, in zijn uiterlijk, dan hetgeen hij ontleent aan zuchten en stuiptrekkingen, en het snuiten van neuzen en het af-droogen van tranen met de slippen der gordijnen van het bed des stervenden. — Als hij van dit alles ontdaan is, — wat blijft er dan? — 't Is toch beter op het slagveld, dan op het ziekbed, — zei mijn oom Tobias. — Ontneem er aan de lijkkoetsen, — de dragers, — de rouwgewaden, — de zwarte pluimen, — wapenschilden en overige uiterlijk-heden, — wat blijft er van over? — *Beter op het slagveld?* — vervolgde mijn vader, glimlagchende; want hij had mijn broêr Robert geheel en al vergeten: — 't is nergens ver-schrikkelijk, — want, overleg wel, broêr Tobias, — als wij *zijn*, *is* de dood niet; — en als de dood *is*, zijn wij *niet*.

Mijn oom Tobias legde de pijp neder om over deze stelling na te denken; — mijn vaders welsprekendheid was te vurig om, op wien het ook was, te wachten: — ze sleepte hem weg, en de denkbeelden van mijn oom Tobias werden mede gesleept. —

— "Om deze reden, — vervolgde mijn vader; — is het goed dat men er aan denkt, hoe weinig verandering de naderende dood in groote mannen veroorzaakt heeft. — Vespasianus stierf schertsende, op een nachtstoel. — Galba met een vonnis op zijne lippen; — Septimius Severus, een bevel schrijvende; — Tiberius huichelende; — en Caesar Augustus met een kompliment. —

— Ik hoop dat het gemeend was, — zei mijn oom Tobias. —

— 't Was tot zijne vrouw gerigt, — zei mijn vader.

HOOFDSTUK IV.

— En eindelijk, — want van al de úitgelezene anek-doten, welke de geschiedenis over deze zaak oplevert, — vervolgde mijn vader, — spant deze toch de kroon, even als een verguld koepeldak, dat het geheele gebouw ver-siert; — zij betreft Cornelius Gallus, den Praetor: — gij zult ze wel gelezen hebben, broêr Tobias? — Dat zal ik wel niet, — hernam mijn oom. — Hij stierf, — zei mijn vader, — toen ************. — Als hij maar bij zijne vrouw was, — zei mijn oom Tobias, — kon er geen kwaad in zijn. — Daar kan ik niet voor instaan, — hernam mijn vader.

HOOFDSTUK V.

— Mijne moeder ging zeer zachtjes in het donkere door den gang naar de huiskamer, op het oogenblik, dat mijn oom Tobias het woord *vrouw* uitsprak. — Het is op zich zelf reeds een kort, treffend woordje, en Obadiah had het nog hoorbaarder gemaakt door de deur eventjes te laten aanstaan, zoodat mijne moeder er genoeg van vernam, om zich te verbeelden, dat zij het onderwerp van het gesprek was; — dus den top der vingers op de lippen leggende, — den adem inhoudende, — het hoofd een weinig voorover, en den hals ter zijde buigende, — (niet naar de deur, maar er van af, waardoor haar oor digter bij den reet gebragt werd), — luisterde zij zoo scherp zij maar kon: — de loerende slaaf, met de Godin der Stilte achter hem staande, had geen beter onderwerp voor een *intaglio* kunnen opleveren.

In deze houding heb ik mij voorgenomen haar vijf minuten lang te laten staan, — totdat ik de zaken van de keuken, — (even als Rapin die van de kerk), — tot op hetzelfde tijdvak bijgewerkt heb.

HOOFDSTUK VI.

Hoewel, in zekeren zin, onze familie zekerlijk een eenvoudig werktuig was, daar het op slechts weinige raderen draaide; kan men toch ook er van zeggen, dat deze wielen, of raderen, door zoo veel verschillende veêren in beweging gebragt werden, en op elkander werkten volgens zulke uiteenloopende, vreemde grondbeginselen en aandriften, — dat hoewel het een eenvoudig werktuig

bleef, het toch al de voordeelen en al de eer van een zeer
ingewikkeld werktuig bezat, — en van binnen even veel
vreemde bewegingen vertoonde als een Hollandsche zijde-
fabriek.

Daaronder was er een, waarvan ik spreken wilde, die
niet geheel en al zoo vreemd was als vele anderen, namelijk die, dat welke beweging, discussie, redevoering,
gesprek, voornemen, of dissertatie in de huiskamer op
het touw gezet werd, er gewoonlijk een ander over hetzelfde
onderwerp en ter zelfder tijd, ook gelijken tred er mede
hield in de keuken.

Om dit gedaan te krijgen, was het tot een regel geworden, om zoodra er eene buitengewone boodschap, of
een brief, in de huiskamer gebragt werd, — of men dáár
een gesprek afbrak totdat de knecht de kamer verliet, —
of men teekens van ongenoegen bespeurde op het gelaat
van mijn vader, of van mijne moeder; — of, in een
woord, zoodra men veronderstelde, dat iets gaande was,
dat de moeite waard was te weten, of af te luisteren, —
was het tot een regel geworden, zeg ik, om de deur
niet geheel en al toe te doen; maar eventjes aan te laten
staan, — juist zoo als nu het geval is; — en dit was,
met behulp van het gebroken scharnier, (wat misschien één van de vele redenen was waarom het nooit
gemaakt werd), — geene moeijelijke zaak. — Door dit
middel werd er in al dergelijke gevallen gewoonlijk
eene opening gelaten, — die, hoewel niet zoo breed als
de Dardanellen, toch nog breed genoeg was, om zoo
veel van dezen sluikhandel te drijven, als voldoende was,
om mijn vader de moeite te besparen van zijn huis te
besturen; — en mijne moeder is op dit oogenblik bezig
om er gebruik van te maken. — Obadiah had hetzelfde
gedaan, zoodra hij den brief met de tijding van mijn
broeders dood op tafel neêrgelegd had; — zoodat
eer mijn vader van zijne ontsteltenis bekomen was, en
zijne redevoering aangevangen had, — Trim reeds aan
den gang was, met het uiten zijner gevoelens over dat
onderwerp.

Een fijne natuuronderzoeker, — al had hij al de rijkdommen van Job bezeten, — hoewel, terloops gezegd, een fijne natuuronderzoeker zelden een duit waard is, — zou gaarne de helft zijner bezittingen gegeven hebben, om den korporaal Trim en mijn vader, — twee redenaren zoodanig door de natuur en de opvoeding tegenover elkander gesteld, — over dezelfde lijkbaar te hooren spreken.

Mijn vader, een zeer belezen man, — vlug van geheugen, — die Cato, Seneca en Epictetus op zijn duimpje kende: —

De korporaal, die zich niets te herinneren had; — die nooit iets anders gelezen had, dan de monsterrol der soldaten, — die geene betere namen opnoemen kon, dan die, welke er op voor kwamen.

De één, van volzin tot volzin, met beelden en toespelingen voortgaande; — de verbeelding op weg boeijende (zoo als vernuftige en geestige menschen dat kunnen), — door het onderhoudende en het aangename zijner beelden en bloemen.

De andere, zonder vernuft of *antithese*, of draai of wending, in welke rigting ook, de beelden ter zijde latende, de bloemen vergetende, — regt uit naar het hart gaande. — O Trim, gave de hemel maar, dat gij een waardiger beschrijver hadt! Had maar uw beschrijver eene betere broek! — O, gij *Critici*, is er niets, dat u verteederen kan?

HOOFDSTUK VII.

— Onze jonge heer, te Londen, is dood! — zei Obadiah.

— Een groen satijnen, tweemaal gewasschen morgenjapon mijner moeder was het eerste denkbeeld, dat Obadiah's aankondiging in Susannah's hoofd opwekte. — Locke mogt waarachtig wel een hoofdstuk over de onvolmaaktheid der woorden schrijven. —

— Dan moeten wij allen in den rouw, — zei Susannah. — Maar, ten tweeden maal, verzoek ik op te merken, dat hoewel Susannah zelve het woord *rouw* gebruikte, — het toch zijne uitwerking miste: — het wekte geen één denkbeeld van somberen of zwarten aard: — alles was groen. — De groen satijnen morgenjapon zweefde haar nog steeds voor oogen. —

— Och! — onze mevrouw zal het niet overleven! — riep Susannah uit. — De geheele *garderobe* mijner moeder verscheen. — Welke rijkdom! — Haar rood damast, — haar oranje-geel, — haar wit en geel glanzend taf, — haar bruin taf, — hare kanten mutsen, — hare nachtjapons, en warme onderrokken! — Geen stukje werd vergeten! — *Neen, zij komt er niet van op!* — zei Susannah. —

Wij hadden eene dikke, dwaze schoonmaakster; — ik geloof, dat mijn vader haar in huis hield, omdat zij zoo onnoozel was; — zij had den geheelen herfst door tegen de waterzucht geworsteld. — Hij is dood, — zei Obadiah; — dat is zeker; — hij is dood! — Dat ben ik niet! — zei de onnoozele schoonmaakster. —

— Droevige tijding, Trim, — zei Susannah, de oogen afdroogende, toen Trim in de keuken trad; — de jonge heer Robert is dood en *begraven!* — De begravenis was een bijvoegsel van Susannah. — Wij moeten allen in den rouw, — zei Susannah.

— Ik hoop van neen, — zei Trim. — Gij hoopt van neen! — riep Susannah angstig uit. — Het was niet de rouw, die Trim in het hoofd spookte, wat het ook bij Susannah zijn mogt. — Ik hoop, — zei Trim, zijne woorden toelichtende; — ik hoop van ganscher harte, dat de tijding niet waar is. — Ik heb den brief met mijne eigene ooren hooren voorlezen, — zei Obadiah, — en wij zullen een werkje van belang hebben, om de beestenwei te ontginnen. — O, hij *is* dood! — riep Susannah. — Zoo waar ik leef! — voegde de schoonmaakster er bij.

— Het spijt mij, van ganscher harte, van ganscher ziel; — zei Trim zuchtend; — arme knaap! — arme jongen! — arme jonge heer! —

— Verleden Pinkster leefde hij nog! — zei de koetsier. —

— Pinkster! helaas! — riep Trim, den linkerarm uitstrekkende, en dadelijk dezelfde houding aannemende, waarin hij de preek voorgelezen had; — wat is Pinkster, Jonathan (zoo heette namelijk de koetsier); — of Vastenavond, of eenig ander feest, of dag, die voorbij zijn, met heden vergeleken? Zijn wij niet *nu* hier, — vervolgde de korporaal, zijn stok loodregt op den vloer plaatsende, om een denkbeeld van gezondheid te geven; — en zijn wij niet — (zijn hoed op den grond werpende), — in één oogenblik weg? — 't Was verbazend treffend! — Susannah barstte in tranen uit. — Wij zijn geen stokken en steenen. — Jonathan, Obadiah, de keukenmeid, — allen waren aangedaan. — Zelfs de onnoozele schoonmaakster, die op de knieën lag, bezig met een vischketel te poetsen, werd opmerkzaam. — Allen, in de keuken schaarden zich om den korporaal.

Daar ik nu duidelijk zie, dat het behoud van onze constitutie in kerk en staat, — en welligt het behoud van de geheele wereld, — of, wat op hetzelfde neerkomt, de verdeeling en evenwigt van magt en eigendom er in, — in het vervolg grootendeels afhangen zullen van het regt begrijpen van dit staaltje van des korporaals welsprekendheid, — eisch ik nu uwe oplettendheid: — later, mijne zeer geachte heeren, kunt gij daartegen tien pagina's van dit werk uitzoeken, waar gij verkiest, en op uw gemak er over in slaap vallen. —

Ik heb gezegd: "wij zijn geen stokken of steenen." — Zeer goed. — Ik had er ook moeten bijvoegen, — en ook geene engelen. — Ik wenschte, dat wij het waren; — maar wij zijn menschen in ligchamen opgesloten en door onze verbeeldingskracht beheerscht; — en het wordt zulk een lapwerk, met deze beiden, en de zeven zinnen er bij; — vooral met eenige er van, — dat ik beken mij te moeten schamen het hier te zeggen. Het zij dus genoeg te bewijzen, dat van al de zinnen, het gezigt — (want ik verloochen in dit geval het gevoel, hoewel ik weet, dat de meeste *barbati* het onder hunne bescherming nemen), — in de onmiddelijkste verbinding met het hart staat; — het treft meer, — en laat iets onbeschrijfelijks in de verbeelding na, dat men met woorden niet beschrijven kan, — en dat men met woorden niet wegpraten kan.

Ik heb een kleinen omweg gemaakt; — dat doet er niet toe, 't is gezond; — laat ons nu maar tot den val

II.   2

van Trim's hoed terugkeeren. — "Zijn wij niet *nu* hier, —
en in één oogenblik weg?" — Er was niets in dien vol-.
zin; — 't was een van die overbekende waarheden, die
wij dagelijks het geluk hebben te vernemen; — en als
Trim niet meer op zijn hoed dan op zijn hoofd vertrouwd
had, — zou hij er volstrekt niets van gemaakt hebben.

— "Zijn wij niet *nu* hier?" — vervolgde de korporaal, —
"en in een oogenblik" — (den hoed latende vallen, — en
eventjes wachtende eer hij het woord uitsprak) "weg!" —
De hoed viel even zwaar, alsof in den bodem er van
een klomp klei vast gestampt ware. — Niets had het
denkbeeld der sterfelijkheid, waarvan dit de type en het
zinnebeeld was, beter kunnen uitdrukken; — zijne hand
scheen er van onder te verdwijnen; — het viel dood; —
de korporaal vestigde het oog er op, als op een lijk; —
en Susannah barstte in tranen uit. —

Nu kan men een hoed tien duizendmaal, ja tien duizendmaal tien duizendmaal — (want stof en beweging zijn
oneindig), — ter aarde laten vallen zonder eenige uitwerking. — Had hij den hoed geworpen, of gesmeten, of
geslingerd, of gegooid, of laten glijden, of vallen, in alle
mogelijke rigtingen, of in de best mogelijke rigting; — had
hij dien met een onnoozel gezigt laten neerplompen, — of als
een kwast, — of een ezel; — of indien hij, terwijl hij het deed,
of naderhand, als een gek er uitgezien had, — of een domoor, — of een lompert, — zou het geheel mislukt geweest
zijn, — en de indruk op het hart ware verloren geraakt. —

Gij, welke deze magtige wereld en hare gewigtige zaken
met de wapens der welsprekendheid bestiert; — die alles
verhit en verkoelt, en versmelt en verzacht, — en weer
verhardt, als het met uwe bedoelingen overeenkomt; —

Gij, die de hartstogten der menschen met dezen gewel-
digen hefboom kunt rigten en keeren, en dat gedaan
hebbende, — diezelfde menschen overal heen leidt waar
het u goed dunkt: —

Gij, eindelijk, die drijft; — en waarom niet? —
Ook gij, die even als kalkoenen met een stok met een
rood lapje er aan naar de markt gedreven wordt; — denkt,
denkt, bid ik u, over Trim's hoed. —

HOOFDSTUK VIII.

— Wacht maar; — ik heb nog een rekeningetje met den lezer te vereffenen, eer Trim zijne redevoering vervolgen kan. — Het zal binnen de twee minuten afgemaakt worden.

Onder vele andere opgeteekende schulden, die ik allen met ter tijd zal afbetalen, — beken ik aan de wereld twee posten schuldig te zijn: — namelijk, één hoofdstuk over de werkmeiden en één over de knoopsgaten; — welke ik, in een vroeger gedeelte van mijn werk, beloofde en vast bepaald had, dit jaar af te maken: — daar echter eenige zeer geachte en zeer eerbiedwaardige menschen mij vertellen, dat deze twee onderwerpen, vooral als ze zoodanig verbonden zijn, voor de openbare zeden gevaarlijk konden worden, — verzoek ik, dat men mij het hoofdstuk over de werkmeiden schenke, — en in de plaats er van, het vorige hoofdstuk aanneme; — hetwelk inderdaad, met verlof, niets anders is, dan een hoofdstuk over werkmeiden, groene japonnen, en oude hoeden. —

Trim nam den hoed weer van den grond op, — zette hem op zijn hoofd, — en vervolgde zijne redevoering over den dood in dezen trant en met deze woorden: —

HOOFDSTUK IX.

— Voor ons, Jonathan, die geen zorg of gebrek kennen, — die hier leven in de dienst van twee der beste heeren — (uitgezonderd voor mij Zijne Majesteit koning Willem de Derde, dien ik de eer had in Ierland en in Vlaanderen te dienen); — wil ik bekennen, dat van Pinkster tot drie weken voor Kersmis, geen lange tijd is; — 't is bijna niets; — maar voor diegenen, Jonathan, die den dood kennen, en weten welke verwoesting en vernieling hij aanrigten kan, eer men den tijd heeft om rond te zien, — is het even zoo goed als eene geheele eeuw. — O, Jonathan, — 't zou een gevoelig mensch door het hart snijden, om te bedenken, — vervolgde de korporaal zich oprigtende, — hoe vele dappere en stevige kerels sedert

dien tijd gevallen zijn! — En geloof mij, Suze, — voegde
de korporaal er bij, zich tot Susannah keerende, wier oogen
weer overliepen, — voordat die tijd weer gekomen is, zal
ook het vuur van menig schitterend oog uitgedoofd zijn. —
Susannah nam de zaak op zoo als het behoorde; — zij
weende; — maar zij maakte tevens eene buiging. — Zijn
wij niet, — vervolgde Trim, Susannah steeds aanziende, —
gelijk de bloemen van het veld? — Een traan van hoogmoed baande zich een weg telkens tusschen twee tranen
van vernedering, — anders kan men Susannah's droefheid
niet schilderen. — Is niet alle vleesch gras? — Stof,
drek! — Allen keken dadelijk naar de schoonmaakster; —
de schoonmaakster had pas een vischketel geschuurd. —
't Was niet regtvaardig!

— Wat is het schoonste gezigt, dat men ooit aanschouwd
heeft, — (Ik zou altijd naar Trim kunnen luisteren! — zei
Susannah); — Wat is het — (Susannah legde de hand op
Trim's schouder), — dan verrotting! — Susannah trok
de hand weer terug. —

— Dit is het, wat u voor mij beminnelijk maakt; —
en 't is juist deze heerlijke vermenging in u, die u tot
de lieve schepselen maakt, die gij zijt; — en hij, die u
er om haat, — (meer kan ik er niet van zeggen), — heeft
of een hoofd als een pompoen, — of een hart als een
appel; — en als men hem ontleedt, zal men bevinden,
dat zulks ook zeker het geval is.

———

HOOFDSTUK X.

Hetzij dat Susannah, door de hand plotseling van des
korporaals schouder af te nemen (bij den plotselingen
ommekeer van hare gevoelens), — een weinig het verband
zijner redeneringen verbroken had, —

Of hetzij, dat de korporaal begon te veronderstellen,
dat hij op het terrein van den geleerde gekomen was, en
eerder als een veldprediker, dan als een korporaal
sprak, —

Of hetzij, — — — — — — — — — — — —

Of hetzij, — want in alle dergelijke gevallen, kan een mensch van talent en van verbeelding met gemak een paar bladzijden met veronderstellingen vullen; — maar ik laat het aan den diepen physioloog, of aan den diepen iets anders over, te beslissen waarom; — ten minste, het is zeker, dat de korporaal op deze wijze zijne aanspraak voortzette: —

— Wat mij betreft, ik verklaar, dat ik in het veld, niets om den dood geef; — niet zóó veel, — voegde de korporaal er bij, met de vingers knippende, — maar op eene wijze, waarop niemand dan de korporaal het had kunnen doen. — Op het slagveld geef ik niet zóó veel — om den dood, — als hij mij niet overvalt op eene lafhartige wijze, zoo als hij den armen Jozef Gibbons overviel, die bezig was met zijn geweer te poetsen. — Wat is hij? — Een ruk aan den trekker! — Een stoot van de bajonet, één duim te veel regts of links; — dat is al het onderscheid. — Kijk langs het front! — regts, — zie! Jan valt! — Nu hij is er even goed aan toe, alsof hij het bevel over een regement kavalerie had gekregen! — Neen, 't is Piet! — Dan is Jan er niet erger aan toe! — Het komt er niet op aan wie van beiden! — Wij dringen voorwaarts; — wij zijn druk aan het vervolgen: — men gevoelt zelfs de wond niet, welke den dood aanbrengt; — hij, die vlugt, loopt tienmaal meer gevaar, dan hij, die hem vlak in de oogen ziet. — Ik heb hem wel honderdmaal in het gezigt gezien, — voegde de korporaal er bij, — en ik weet zeer goed wat hij is! Niets, Obadiah, niets, volstrekt niets in het veld! — Maar hij is toch schrikbarend genoeg binnen 's huis, — zei Obadiah. — Ik zou er zelf niet bang voor zijn, op den bok, — zei Jonathan. — Het moet toch het natuurlijkst wezen in zijn bed te sterven, — hernam Susannah. — En als ik hem in het bed kon ontloopen, door in het slechtste stuk kalfsvel te kruipen, waaruit men ooit een ransel gemaakt heeft, zou ik het doen, — zei Trim; — maar dat is alles natuur!

— Natuur is natuur, — zei Jonathan. — En juist daarom, — zei Susannah, — beklaag ik onze mevrouw. Zij zal het nooit te boven komen! — Ik, voor mij, be-

klaag den kapitein het meest van de geheele familie, —
hernam Trim; — mevrouw zal zich verligten door tranen, — en mijnheer door er over te praten, — maar mijn
arme meester zal het in stilte verkroppen; — ik zal hem
weken lang 's nachts in zijn bed hooren zuchten, even
als hij deed, toen de Luitenant Le Fevre stierf. — Ach,
mijnheer, — zei ik wel tot hem, als ik naast zijn bed
lag, — als het u belieft, zucht maar niet zoo bedroefd. —
Ik kan het niet laten, Trim, — plagt mijnheer te zeggen: — 't Is zulk eene bedroefde zaak; — het wil mij
niet uit het hoofd. — Maar mijnheer is zelf nooit bang
voor den dood geweest! — Ik hoop, — zeide hij, — dat ik
nooit voor iets bang ben geweest, Trim, dan voor eene
slechte handeling. Nu, — voegde hij er soms bij, — wat
er ook gebeure; ik zal voor Le Fevre's jongen zorgen. —
En daarmede, alsof het een slaapdrankje was, viel mijnheer
gewoonlijk in slaap. —

— Ik houd er van, om Trim van den kapitein te hooren
vertellen, — zei Susannah. — Een beter mensch is er
niet! — zei Obadiah. — Hij is de dapperste soldaat, —
zei de korporaal, — die ooit voor het front heeft gestaan. —
Er is nooit een beter officier bij 's konings leger geweest, —
of een beter mensch op Gods aarde; want hij zou regtstreeks op een kanon toe marcheren, al zag hij de bran-
dende lont aan het zundgat; — en toch is hij zacht als een
kind voor anderen, en zou geen worm vertrappen. —
Ik zou liever, — zei Jonathan, — zoo iemand voor zeven
pond *sterling* 's jaars, dan anderen voor acht rijden. —
Heb dank, Jonathan, — zei de korporaal hem de hand
gevende, — heb dank voor dat ééne pond, — evenzeer
alsof gij het mij in de hand gestopt hadt. — Ik zou hem
voor niets, mijn geheele leven lang, willen dienen. Hij is
een vriend en broeder voor mij; — en als ik zeker wist, dat
mijn arme broêr Thomas dood was, — vervolgde de korporaal, den zakdoek te voorschijn halende, — zou ik elken
stuiver, dien ik ter wereld heb, en al ware het tien
duizend pond *sterling*, aan den kapitein nalaten. — Trim
kon zijne tranen niet bedwingen, bij deze testamentaire
beschikking, die de liefde tot zijn heer hem ingegeven

had: — allen in de keuken waren aangedaan. — Ach,
vertel ons toch van dien armen luitenant! — zei Susannah. — Van ganscher harte! — antwoordde de korporaal.

Susannah, de keukenmeid, Jonathan, Obadiah en
korporaal Trim vormden een kring om het vuur, en
zoodra de schoonmaakster de keukendeur toegedaan had,
begon de korporaal: —

HOOFDSTUK XI.

— Ik mag een Turk zijn, als ik mijne moeder niet evenzeer
vergeten had, alsof de Natuur mij zonder moeder, gekneed
en naakt aan de oevers van den Nijl had neergezet! —
Onderdanige dienaar, mevrouw Natuur! — Ik heb u veel
moeite gekost; — ik hoop, dat het gelukken zal; — maar
er is een barst in mijn rug; — en hier van voren is er
een groot stuk afgevallen; — en hoe zal ik het met dien
voet maken? — Ik kan het nooit tot Engeland er mede
brengen. —

Wat mij aangaat; ik verwonder mij over niets; — en mijn
eigen oordeel heeft mij zoo dikwerf gefopt, dat ik het
altijd wantrouw, — te regt of ten onregt: — ten minste
ik maak mij zelden warm over onverschillige zaken. —
Desniettemin is er niemand, die meer eerbied voor de
waarheid kan hebben dan ik; — en wanneer die zoek raakt,
als men mij maar bij de hand neemt, en bedaard met mij er
naar zoeken wil, als naar iets, dat men kwijt geworden is,
en dat men toch niet goed missen kan, — wil ik gaarne
medegaan, tot aan het einde van de wereld. — Maar ik
heb een afkeer van twisten, — en daarom (met uitzondering van godsdienstige en maatschappelijke vraagstukken),
zou ik liever alles goedkeuren, dat mij niet dadelijk in
de keel bleef, — dan mij in een twist laten wikkelen. —
Maar ik houd niet van stikken; — en het minst van al
van leelijke reuken. — Om welke reden, ik van het begin
af aan besloten heb, dat als het heir der martelaren vermeerderd, — of eene nieuwe schaar bij elkaar gebragt

moest worden, — ik volstrekt niet, op welke wijze ook er de hand in wil hebben.

HOOFDSTUK XII.

— Maar wij moeten tot mijne moeder terugkeeren. —

— Het gezegde, mevrouw, van mijn oom Tobias, — "Dat er geen kwaad in was, dat Cornelius Gallus, de Romeinsche Praetor, naar bed ging met zijne vrouw;" — of liever, het laatste woord van dit gezegde, (want dat was alles, wat mijne moeder er van vernam); — tastte het zwakke punt van het geheele vrouwelijk geslacht aan; — gij moet u niet vergissen; — ik bedoel niets anders dan hare nieuwsgierigheid. — Zij maakte daaruit dadelijk op, dat zij zelve het onderwerp van het gesprek was, en met deze vooringenomenheid in haar gemoed, zult gij gemakkelijk begrijpen, dat elk woord, hetwelk mijn vader zeide, op haar zelve, of op hare familiezaken toegepast werd. —

Mag ik u vragen, mevrouw, waar de dame te vinden is, welke dit niet gedaan zou hebben? —

— Van de vreemde sterfwijze van Cornelius, was mijn vader overgegaan tot die van Socrates, en hij gaf aan mijn oom Tobias een uittreksel van zijne pleitrede voor zijne regters: — het was onweerstaanbaar; — niet de oratie van Socrates, — maar de verleiding voor mijn vader om die voor te dragen. — Hij had zelf, het jaar voordat hij zijne handelszaken opgaf, een "Leven van Socrates" [1]) geschreven; — wat, naar ik vrees, hem gedreven had om zich te haasten den handel te verlaten; — zoodat niemand ooit met voller zeilen, of met een magtiger stroom van hoogdravendheid, de zaak ondernemen kon, dan mijn vader. — Er was geen volzin in de oratie van Socrates, die met een korter woord eindigde, dan *transmigratie*,

---

[1]) Dit werk heeft mijn vader nooit willen uitgeven; — het bestaat echter nog in manuscript, met eenige andere zijner verhandelingen, welke allen, of ten minste grootendeels, met der tijd, zullen uitgegeven worden.   SCHRIJVER.

of *annihilatie;* — er was geen minder denkbeeld in te vinden, dan *zijn,* of *niet te zijn;* — de intrede in een nieuwen, onbekenden toestand van zaken; — of het begin van een langen, diepen, rustigen slaap, zonder droomen of stoornis! — *Dat wij en onze kinderen geboren zijn om te sterven, — maar niet om slaven te worden.* — Neen, daarin vergis ik mij; dat is een gedeelte van de oratie van Eleazar, bij Josephus (*de bell. Judaic.*). — Eleazar bekent ook, dat hij het van de wijsgeeren van Indië gekregen had. — Het is tevens waarschijnlijk, dat Alexander de Groote, bij zijn inval in Indië, nadat hij geheel Perzië veroverd had, — ook dit gezegde gestolen had, onder de vele andere dingen, die hij stal; — en dat het dus gebragt werd, zoo niet den geheelen weg door hemzelven (want wij weten, dat hij te Babylon stierf), — ten minste door eenige zijner stroopers, naar Griekenland; — van Griekenland kwam het naar Rome, — van Rome naar Frankrijk, — en van Frankrijk naar Engeland. — Dus worden de zaken verspreid: —

Over land, anders begrijp ik het niet. —

Over zee had men het gemakkelijk kunnen vervoeren langs de Ganges naar de *Sinus Gangeticus,* of Golf van Bengalen, en van daar naar de Indische Zee: — en den handelsweg volgende, — daar de weg van Indië om de Kaap de Goede Hoop toen nog niet bekend was, — had het kunnen komen, met droogerijen en specerijen, de Roode Zee op naar Joddah, de haven van Mekka, of anders naar Tor of Suez, steden boven aan de Roode Zee, en van daar met karavanen naar Coptos, drie dagreizen verder, — en dus den Nijl af, regtstreeks naar Alexandrië, waar men het gezegde aan wal kon zetten, vlak vóór de groote trap van de Alexandrijnsche Bibliotheek; — uit welk magazijn men het weg had kunnen halen. — Mijn hemel! Wat dreven toch de geleerden voor een handel, in die dagen!

———

II. 2*

HOOFDSTUK XIII.

— Nu had mijn vader de gewoonte, — even als Job, — als ooit zoo iemand bestaan heeft; — en als hij het niet gedaan heeft, is er dadelijk een einde aan de zaak. —

Evenwel, ter loops gezegd, omdat de geleerden eenige zwarigheid er in vinden, om het juiste tijdstip te bepalen, wanneer zulk een groot man leefde, — vóór of na de aartsvaders, bij voorbeeld, — daarom te beweren, dat hij in het geheel niet geleefd heeft; — dat is niet billijk! — dat is wreed! — Hoe dat nu ook zij, — mijn vader, zeg ik, had de gewoonte, als de zaken eene zeer verkeerde wending voor hem namen, — vooral bij de eerste uitbarsting van zijn ongeduld, — te vragen waarom hij geboren was? — om zich dood en begraven te wenschen; — of nog erger; — en als hij zeer getergd werd en de droefheid hem buitengewoon welsprekend maakte, zou men hem, mijnheer, naauwelijks van Socrates zelven hebben kunnen onderscheiden. — Elk zijner woorden getuigde van eene ziel, die het leven minachtte, en onbekommerd was over wereldsche zaken; — om welke reden, hoewel mijne moeder geene zeer belezene vrouw was, het uittreksel van de oratie van Socrates, dat mijn vader aan mijn oom Tobias mededeelde, haar volstrekt niet vreemd klonk. — Zij luisterde dus met bedaard verstand, en zou het volgehouden hebben tot het einde van het hoofdstuk, als mijn vader, — wat volstrekt niet noodig was, — niet hals over kop met dat gedeelte van de oratie begonnen was, waarin de groote wijsgeer zijne betrekkingen, vrienden en kinderen opsomt, — maar tevens de genade versmaadt, die hij had kunnen verkrijgen, door op het gevoel zijner regters te werken. — "Ik heb vrienden, — ik heb bloedverwanten, — ik heb drie ongelukkige kinderen," — zegt Socrates. —

— Dus, — zei mijne moeder, de deur openende, — hebt gij er één meer, mijnheer Shandy, dan mij bekend is! —

— Bij den hemel! — ik heb er één minder! — zei mijn vader opstaande en de kamer verlatende.

HOOFDSTUK XIV.

— Het zijn de kinderen van Socrates, — zei mijn oom Tobias.

— Die is wel honderd jaren geleden gestorven, — hernam mijne moeder.

Mijn oom Tobias wist niets van chronologie; — dus niet gaarne één stap willende doen op een onbekenden weg, legde hij zijne pijp bedaard op de tafel, en opstaande, en mijne moeder op de meest liefderijke wijze bij de hand nemende, zonder een enkel woord, goed of kwaad, te spreken, bragt hij haar de kamer uit, bij mijn vader, opdat die haar zelf alles ophelderen zou.

HOOFDSTUK XV.

— Als dit boekdeel een kluchtspel geweest ware, — wat ik niet veronderstellen wil, tenzij "het Leven en de gevoelens" van iedereen een kluchtspel zij; — dan had dit hoofdstuk op de volgende wijze moeten beginnen: —

Trr.... rr.... ing.... ping.... pang — trt.... trt —; 't is eene vervloekt slechte viool! — Weet gij, of mijne viool stemt of niet? — Trt.... prut. — Het is de quint. — 't Is akelig besnaard! — Tra-a, e, i, o, u-pang. — De kam is een mijl te hoog! — Het stemhoutje is er af, — anders — trt.... prut. — Hoor maar! — de toon is zoo slecht niet. — Diedel, diedel, diedel, diedel, diedel, diedel, diedel, dom. — Het komt er niet op aan, als men voor bevoegde beoordeelaars speelt; — maar er zit daar een heer, — neen, die niet, met het pakje onder den arm, — maar die deftige heer in het zwart. — Wat drommel! — Niet de heer met den degen! — Mijnheer, ik zou liever een *capriccio* voor Calliope zelve spelen, dan mijn strijkstok in tegenwoordigheid van dien man opnemen, — en toch wil ik mijne Cremonasche viool tegen eene mondtrommel verwedden, en dit is de kraste muzijkale weddingschap, die er ooit gemaakt werd, dat ik op dit oogenblik drie honderd vijftig mijlen van de wijs àf kan

blijven, zonder één zijner zenuwen onaangenaam aan te
doen. — Todel-diedel, toedel-diedel, — diedel-iedel, —
todel-odel, diddel-doddel-prut-trut — kris, — kras, —
kras. — Mijnheer, ik heb u van streek gemaakt; —
maar gij ziet, dat het hem niet hindert; — en als Apollo
zelf na mij de viool wilde opnemen, zou het hem ook
geen genoegen geven!

Diedel, diedel, diedel, diedel, diedel, diedel, — tim, —
tam, — tom!

Gij, zeer geachte en zeer aanzienlijke heeren, houdt
van muzijk, — en God heeft u allen met een goed gehoor
gezegend; — eenigen uwer spelen ook zelf verrukkelijk
mooi; — trut-prut-prut-trut!

O! daar zit ***, dien ik dagen achter elkaar zou willen aanhooren; — wiens talent daarin bestaat, dat hij
ons datgene doet gevoelen, dat hij speelt; die mij met
zijne vreugde en hoop bezielt, en de diepste aandoeningen
van mijn hart opwekt. — Als gij, mijnheer, vijf *guinjes*
van mij leenen wilt, — dat is ongeveer tien *guinjes* meer
dan ik over heb, — of als gij, mijne heeren apotheker
en kleermaker, uwe rekeningen wilt betaald zien, — nu
is het oogenblik.

HOOFDSTUK XVI.

Het eerste waarop mijn vader bedacht was, zoodra
de rust weer eenigzins in de familie hersteld was, en
Susannah mijn moeders groen satijnen morgenjapon
in bezit gekregen had, — was om bedaard te gaan
zitten, en volgens het voorbeeld van Xenophon eene
Tristrapaedie, of opvoedingsstelsel, ten mijnen behoeve
te schrijven; — in de eerste plaats echter zijne eigene
losse gedachten, raadgevingen en begrippen verzame-
lende, en ze bij elkander inbindende, om een boek van
INSTITUTEN te vormen voor het bestuur mijner kindschheid en jongelingsjaren. — Ik was de laatste inzet
van mijn vader, — mijn broeder was geheel en al verloren; — volgens zijne eigene berekening, was ik reeds

drie kwart verloren, — dat wil zeggen, hij was ongelukkig
geweest in de drie eerste gewigtige worpen: — (mijne
voortteeling; — mijn neus, — en mijn naam!) — Er was
slechts één worp overgebleven; en daarom stelde mijn
vader er evenveel prijs op, als mijn oom Tobias op zijne
leer van de projectielen. — Het onderscheid tusschen beiden was, dat mijn oom zijne kennis der projectielen uit
Nikolaas Tartaglia geput had; — mijn vader, had elk
draadje van zijne kennis uit zijn eigen brein gesponnen, —
of hij had hetgeen andere spinners en wevers vóór hem
gesponnen hadden, zoodanig verdraaid en ineengevlochten,
dat het hem bijna dezelfde kwelling kostte alsof het zijn
eigen werk geweest ware. —

In ongeveer drie jaren, of iets langer, was mijn vader
bijna tot het midden van zijn werk gekomen. — Even
als alle overige schrijvers, ontmoette hij teleurstellingen op
weg. — Hij had zich verbeeld, dat hij alles, wat hij te
zeggen had, in zulke enge grenzen kon besluiten, dat
als het afgemaakt en ingebonden was, het in mijn moeders naaldenboekje kon liggen. — De stof groeit aan onder
onze handen. — Niemand kan zeggen: — "Kom, ik zal
gaan zitten en een deeltje *duodecimo* schrijven."

Mijn vader echter gaf zich er aan over met een vlijt,
die zeer pijnlijk voor hem was, stap voor stap, met elken
regel voortgaande, met dezelfde zorg en voorzigtigheid —
(hoewel ik niet zeggen kan met juist dezelfde godsdienstige grondbeginselen), — waarmede Jean de La Casse,
Aartsbisschop van Benevento, aan het werk ging, om zijn
Galateo te volmaken; — aan welk boek Zijn Hoog-Eerwaarde van Benevento bijna veertig jaren van zijn leven
besteedde; — en toch, toen het ding uitgegeven werd,
was het niet half zoo groot, of zoo dik, als het almanakje
van een koopmans reisbediende. — Hoe de heilige man
dit gedaan kreeg, tenzij hij een groot gedeelte van zijn
tijd besteedde met zijn baard te kammen, of met zijn
kapellaan *primero* te spelen, — zou geen sterveling gissen
kunnen, die het fijne van het geheim niet kent; — en
daarom is het de moeite waard, het aan de wereld uit
te leggen, ware het alleen ter aanmoediging van die

weinige menschen, die eerder schrijven om beroemd te
worden, — dan om den kost te verdienen. —

Ik wil bekennen, dat als Jean de La Casse, Aartsbisschop van Benevento, — voor wiens nagedachtenis,
niettegenstaande zijn Galateo, ik den hoogsten eerbied
koester, — niets anders geweest was, mijnheer, dan een
arme geleerde, — traag van verstand, — langzaam van
begrip, — stomp van brein, enz. — hij en zijn Galateo,
door mij ongemoeid te zamen even oud als Methusalem
hadden mogen worden, — hunne geheele verschijning ware
geen tusschenzinnetje waard geweest! —

Maar het omgekeerde hiervan is waar; — Jean de la
Casse was een genie, met groote vermogens en eene
vruchtbare verbeelding begaafd; en toch met al deze
buitengewone natuurgaven, welke hem met zijn Galateo
hadden moeten vooruit helpen, was het hem eene onmogelijkheid om meer dan anderhalve regel te vorderen
gedurende den loop van een geheelen zomerdag. — Deze
onmogelijkheid bij zijne Hoog-Eerwaarde was toe te
schrijven aan eene meening, waaronder hij gebukt ging: —
en deze meening was de volgende: — Dat wanneer een
Christenmensch een boek schreef, (niet tot zijn eigen
vermaak), — maar als hij *bona fide* het plan en voornemen koesterde het te drukken en uit te geven, — zijne
eerste gedachten dan altijd verleidingen waren van den
Satan. —

Dit was het geval met gewone schrijvers: — maar als
iemand van een eerwaardig karakter en van hoogen stand, in
kerk of staat, ééns aan het schrijven ging, — beweerde hij,
dat van het oogenblik af aan, dat hij de pen ter hand
nam, — alle duivels uit de hel losbraken om hem te verleiden. — 't Was alsof zij in de pleitzaal stonden: — elke
gedachte, van de eerste tot de laatste, was bedriegelijk; —
hoe schijnbaar schoon en goed zij ook wezen mogt, —
dat deed er niet toe; — in welken vorm of kleur zij
zich aan de verbeelding voordeed, — was het toch slechts
een aanval, dien de een of andere booze geest op hem
deed, — waarvoor hij zich wachten moest. — Zoodat het
leven van een schrijver hetzelfde was, als het leven van

een krijgsman — en zijne beproevingen er bij waren gelijk
aan die van elk ander kampvechter op aarde, daar men
niet zooveel van zijn verstand afhing, als van zijne
kracht om *wederstand* te bieden.

Mijn vader was zeer ingenomen met deze theorie van
Jean de La Casse, Aartsbisschop van Benevento; en (als
die hem niet een weinig in zijn geloof gehinderd had), —
verbeeld ik mij, dat hij wel tien morgen van de beste
landerijen der familie Shandy gegeven zou hebben, om
die uitgevonden te hebben. — In hoe ver mijn vader
wezenlijk aan den Duivel geloofde, zal men zien, als
ik, in den loop van dit werk over mijn vaders godsdienstige begrippen spreek; — het is voldoende hier te verklaren, dat daar hij de eer moest missen van de leer
zelve uitgevonden te hebben, — hij zich van de allegorie
meester maakte; — en hij zeide dikwerf, vooral als hij
wat achterlijk met de pen bleef, dat er evenveel gezond
verstand, waarheid en kennis was, onder den sluijer van
de parabolische voorstelling van Jean de La Casse verborgen, — als men vinden kon in eenig dichterlijk verzin-
sel, of geheimzinnig gedenkschrift der geheele oudheid. —
Het vooroordeel der opvoeding plagt hij te zeggen, — *is
de duivel*, — en de menigte vooroordeelen, die ons met
den paplepel ingegeven worden, — maakt een leger van
duivels uit. — Wij worden door hen vervolgd, broêr
Tobias, in al onze overpeinzingen en onderzoekingen; —
en als wij dwaas genoeg waren, ons geduldig te onderwerpen aan alles, dat zij ons opdringen, — wat zou ons
boek worden? — Niets, — voegde hij er bij, met geweld
zijne pen neerwerpende, — niets, dan een mengelmoes
van het gebabbel der kindermeiden, en van den onzin
van al de oude wijven (van beide geslachten), — die in
het rijk te vinden zijn! —

Dit is het beste berigt, dat ik te geven heb van
mijn vaders langzame vorderingen met de *Tristrapaedie*,
waarmede, gelijk ik gezegd heb, hij meer dan drie
jaren onvermoeid bezig was, toen hij, volgens zijne eigene berekening, nog naauwelijks de helft van zijne onderneming afgemaakt had. — Het ongelukkigst hierbij was,

dat ik dezen geheelen tijd volstrekt verwaarloosd en aan
mijne moeder overgelaten werd; — en wat bijna even erg
was, door deze vertraging, werd het eerste gedeelte van
mijn vaders werk, waaraan hij juist de meeste moeite
besteed had, geheel en al onnoodig; — met elken dag
werden er een paar bladzijden van overtollig. —

— Het is zeker om de menschelijke wijsheid te kastijden, dat het alzoo verordend is dat de wijsste van ons
allen ons zelven aldus moeten foppen, en eeuwig en altijd
ons doel voorbijloopen, door het op eene te onbedachtzame wijze na te jagen.

— Om kort te gaan, mijn vader bood zoo lang
weerstand, — of in andere woorden, — hij vorderde zoo
langzaam met zijn werk, en ik begon te leven en zoo
snel te vorderen, dat als zekere gebeurtenis — (welke,
zoodra wij er aan komen, indien ze op eene betamelijke
wijze beschreven kan worden, geen oogenblik aan den lezer
verborgen zal blijven), — niet plaats gevonden had, —
ik waarlijk geloof, dat ik mijn vader ver achter mij zou
gelaten hebben, en hem hebben bezig gezien met evenveel nut, alsof hij een zonnewijzer teekende, met geen
ander doel, dan hem onder de aarde te begraven. —

HOOFDSTUK XVII.

't Was niets: — ik verloor er geen twee droppels bloed
mee: — 't was niet de moeite waard den chirurgijn in te
roepen, al had hij naast onze deur gewoond. — Duizenden
lijden uit verkiezing, hetgeen mij door een toeval overkwam. — Dr. Slop maakte tienmaal meer drukte er over,
dan noodig was. — Eenige menschen verheffen zich door
de kunst van groote gewigten aan dunne draden op te
hangen; — en, heden, — 10 Augustus 1761, — moet ik een
gedeelte van den roem van dezen mensch betalen! — O,
het zou een engel ongeduldig maken te zien, hoe de zaken
in deze wereld behandeld worden! —

De werkmeid had geen ******** onder het bed gelaten. —
Kunt gij u niet behelpen, jonge heer, — zei Susannah,

het raam met de eene hand opschuivende, terwijl zij dit zeide, en mij tevens met de andere hand op de venster- bank helpende; — kunt gij u voor dezen keer niet behelpen, mijn lieve jongen, en *** *** **** ******? —

Ik was vijf jaar oud. — Susannah bedacht niet, dat er in onze familie niets goed hing; — dus viel het raam als een donderslag neer. —

— Er blijft niets meer over, — riep Susannah, — er blijft niets meer voor mij over, dan het land uit te loopen! —

Maar het huis van mijn oom Tobias bood haar eene veel veiliger wijkplaats aan, — dus vlugtte Susannah daar- heen. —

HOOFDSTUK XVIII.

Toen Susannah aan den korporaal het ongeluk van het raam beschreef, tegelijk met alle omstandigheden van hetgeen zij mijne *vermoording* noemde, — werd hij doods- bleek: — daar alle medepligtigen in moorden ook als bedrijvers er van beschouwd worden, gevoelde zich Trim in zijn geweten even schuldig als Susannah; — en als die leer waarheid bevatte, had mijn oom Tobias evenveel bloedvergieting te verantwoorden, als die beiden; — zoodat noch de Rede, noch het Instinkt, afzonderlijk of te zamen, Susannah's schreden naar eene betere wijkplaats hadden kunnen keeren. — Het is te vergeefs het aan de verbeeldingskracht van den lezer over te laten: — om eenige hypothese te vormen, die zijne gissingen waarschijn- lijk zou maken, zou hij zijn brein verschrikkelijk moeten inspannen; — en om het zonder dit gedaan te krijgen, — moet hij een brein hebben zoo als geen lezer ooit voor hem gehad heeft! — Waarom zou ik hem op de proef stellen, of aan kwellingen onderwerpen? — 't Is mijne eigene zaak: — ik zal het zelf uitleggen. —

HOOFDSTUK XIX.

— 't Is toch jammer, Trim, — zei mijn oom Tobias, de hand op des korporaals schouder leggende, terwijl zij hunne vestingwerken opnamen, — dat wij niet twee stukken geschut hebben, om ze in de *gorge* van die nieuwe *redoute* te plaatsen; — het zou de linie in die rigting geheel en al bestrijken, en den aanval van dien kant volmaken. — Laat er een paar gieten, Trim! —

— Mijnheer zal ze hebben vóór morgen vroeg! —

Het was eene innige vreugde voor Trim (en zijn vruchtbaar brein liet hem hierbij nooit in den steek), — om mijn oom in zijne veldtogten met alles te voorzien, wat zijne verbeelding noodzakelijk achtte; — als het zijn laatste daalder geweest was, zou hij hem tot een *paderero* geslagen hebben, om de wenschen van zijn meester te voorkomen. —

De korporaal had reeds, — door de einden van de regenpijpen af te hakken, bij mijn oom Tobias, — door de banden van de looden gooten af te zagen en af te scheuren, — door zijn metalen scheerbekken op te smelten, en eindelijk, even als Lodewijk de Veertiende, door op het kerkdak te klimmen, om oude overblijfsels enz. te zoeken, — in dezen veldtogt niet minder dan acht stukken zwaar geschut, behalve drie kleine slangstukken in het veld gebragt. — De behoefte van mijn oom Tobias aan twee nieuwe stukken, voor de *redoute*, had den korporaal weer aan het werk gezet; — en daar hij geen beter hulpmiddel kende, had hij de twee looden gewigten uit het raam van de kinderkamer genomen, — en daar de katrolletjes van het raam onnoodig waren, als het lood weg was, had hij die ook genomen om een paar affuitwielen, voor een der stukken er uit te maken. —

Reeds lang te voren, had hij alle vensters in het huis van mijn oom Tobias op dezelfde wijze beroofd, — hoewel niet altijd volgens denzelfden regel; — want nu eens had hij de blokjes noodig en niet het lood; — en dan, daar zoodra de blokjes weg waren, het lood onnoodig was, — werd dat ook in den smeltkroes geworpen. —

Men zou eene schoone ZEDELES hieruit kunnen halen;
maar daartoe ontbreekt het ons aan tijd: — het zij genoeg
te zeggen, dat waar ook de verwoesting begon, die altijd
even noodlottig werd voor het venster. —

HOOFDSTUK XX.

De korporaal had in deze zaak met de artillerie, zijne
maatregelen zoodanig genomen, dat hij ze best geheel en al voor zich had kunnen houden, en Susannah
het geweld van den aanval alleen doen verdragen: —
maar de echte krijgsmans moed zoekt zich niet op deze
wijze te redden. — De korporaal, als veldheer, of als
kommandant der artillerie, — dat doet er niet toe, —
had datgene gedaan, zonder hetwelk, — naar hij zich
verbeeldde, — het ongeluk nooit gebeurd zou zijn, — *ten
minste onder Susannah's handen.* — Wat zoudt gij gedaan
hebben, mijne heeren? — Hij besloot dadelijk zich niet
achter Susannah te verschuilen; — maar om haar zijne
bescherming te verleenen; en dit besloten hebbende, mar-
cheerde hij, met onbedeesde blikken, in de zitkamer, om
de geheele *manoeuvre* aan mijn oom Tobias uit te leggen.

Mijn oom Tobias had juist aan Yorick een berigt van
den slag bij Steenkerken gegeven, en het wonderlijke
gedrag van den Graaf Solms beschreven, die het voetvolk
deed stilstaan, en de ruiterij dáár liet optrekken, waar zij
niet te gebruiken was; wat lijnregt in strijd was met de
bevelen des konings, en het verlies van den slag bewerkte.

Er gebeuren toevallen in eenige familiën, zoo juist
overeenstemmende met hetgeen wezenlijk later volgen
moet, — dat ze naauwelijks overtroffen kunnen worden
door de vindingrijkheid van een dramatischen dichter, —
ik meen natuurlijk van vroegeren tijd. —

Trim deed, met behulp van den eersten vinger zijner
hand, dien hij vlak op de tafel legde, terwijl hij met de andere hand er een stuk van in een regten hoek afsneed, —
zijn verhaal op eene wijze, dat priesters en maagden

er naar hadden mogen luisteren; — en het verhaal gedaan zijnde ging men voort met het gesprek, als volgt: —

HOOFDSTUK XXI.

— Ik zou mij liever laten doodschieten, — zei de korporaal, Susannah's verhaal ten einde brengende, — dan zien, dat het meisje daarom leed: — 't was mijn schuld, met verlof, mijnheer, — en de hare niet. —

— Korporaal, — hernam mijn oom Tobias, den hoed opzettende, die voor hem op de tafel lag, — als men iets verkeerd kan noemen, dat de dienst bepaaldelijk eischt, — moet ik de schuld dragen; — gij hebt uwe orders opgevolgd. —

— Als Graaf Solms hetzelfde gedaan had, Trim, in den slag bij Steenkerken, — zei Yorick, om den korporaal te plagen, die op den terugtogt door een dragonder overreden werd, — zou hij u gered hebben! — Gered hebben! — riep Trim uit, Yorick in de rede vallende, op zijne eigene wijze den volzin afmakende: — hij zou vijf bataljons gered hebben, dominé, — vijf geheele bataljons: — dat van Cutts, — vervolgde de korporaal, den eersten vinger van de regterhand op den duim van de linkerhand leggende, en op de vingers tellende: — dat van Cutts, — van Mackay, — van Angus, — van Graham, — van Leven, — die werden allemaal over de kling gejaagd; — en dat zou ook met de Engelsche garde gebeurd zijn, als niet eenige regementen op den regtervleugel haar moedig te hulp gesneld waren, en het vijandige vuur vlak in het gezigt verduurd hadden, voordat een enkel schot uit hunne eigene *pelotons* viel: — maar zij zullen er ook voor in den Hemel komen! — voegde Trim er bij. — Trim heeft gelijk, — zei mijn oom Tobias, Yorick toeknikkende; — hij heeft volmaakt gelijk. — Wat hielp het hun, — vervolgde de korporaal, — dat hij met zijn paardenvolk optrok, daar het terrein zoo smal was, en de Franschen achter zulk eene menigte hekken en struiken en sloten en ter neergevelde boomen in alle mogelijke rigtingen

lagen, om zich te dekken, — zoo als zij altijd doen. —
Graaf Solms had ons moeten laten oprukken; — wij zouden
hun den loop van het geweer op de borst gezet hebben,
eer wij vuur gaven. — Het paardenvolk kon niets uit-
voeren: — maar de Graaf kreeg zijn loon, — vervolgde
de korporaal; — zij schoten hem den voet af, in den volgenden veldtogt, bij Landen. — Daar kreeg ook de arme
Trim zijne wond, — zei mijn oom Tobias. — Dat heb ik
aan Graaf Solms te danken, met verlof, mijnheer: —
als hij hen bij Steenkerken behoorlijk verslagen had,
zouden zij ons niet te Landen afgewacht hebben. — Dat
is wel mogelijk, Trim, — zei mijn oom Tobias; — maar
als zij een bosch achter zich hebben, of als men hun
den tijd geeft zich te versterken, is het toch een volk,
dat altijd door er op losbranden zal. — Er blijft niets
anders over, dan koelbloedig op hen los te gaan, — hun
vuur te ontvangen, en fiksch er op los te slaan: — Pif-
paf! — voegde Trim er bij. — Te paard en te voet, —
zei mijn oom Tobias. — Door dik en dun, — zei Trim. —
Regts en links, — riep mijn oom Tobias. — Voorwaarts,
voor den drommel! — schreeuwde de korporaal. —

De slag woedde: — Yorick schoof met zijn stoel een
weinig ter zijde, om zich te bergen, en na eene korte
stilte, hervatte mijn oom Tobias het gesprek, zijne stem
één toon lager latende zakken, op de volgende wijze: —

HOOFDSTUK XXII.

— Koning Willem, — zei mijn oom Tobias, zich tot
Yorick rigtende, — was zoo verschrikkelijk vertoornd op
Graaf Solms, omdat hij aan zijne bevelen niet gehoorzaamd
had, dat hij hem vele maanden naderhand niet zien wilde. —
Ik vrees, — hernam Yorick, dat uw broêr even kwaad op
den korporaal zal zijn, als de koning op den graaf. —
Maar het zou toch buitengewoon hard voor hem zijn, —
vervolgde hij, — als de korporaal, wiens gedrag zoo
regtstreeks tegenover dat van Graaf Solms staat, met
dezelfde oneer beloond zou worden: — slechts al te dikwerf

gaat het toch zoo in deze wereld. — Ik zou liever eene mijn leggen, — riep mijn oom Tobias uit, opstaande, — en mijne vestingwerken en mijn huis er bij in de lucht doen vliegen, en zelf onder de puinen begraven worden, dan zoo iets beleven! — Trim maakte eene ligte, maar bevallige buiging voor zijn meester, — en zoo eindigt dit hoofdstuk.

HOOFDSTUK XXIII.

— Dan zullen wij beiden, Yorick, — zei mijn oom Tobias, — te zamen vooruit gaan, — en gij, korporaal, volgt eenige schreden achter ons. — En Susannah, mijnheer, als het u belieft, — zei Trim, — zal bij de achterhoede blijven. — 't Was eene uitstekende schikking; en op deze wijze, zonder slaande trom, en vliegende vaandels, marcheerden zij langzaam van de woning van mijn oom Tobias naar *Shandy-Hall.* —

— Ik wilde, — zei Trim, toen zij de deur bereikt hadden, — dat ik in plaats van het lood van het raam, de waterpijp, bij de kerk had afgesneden, zoo als ik eerst van plan was. —

— Gij hebt al pijpen genoeg afgesneden, — hernam Yorick.

HOOFDSTUK XXIV.

Hoe vele beschrijvingen van mijn vader ook gegeven zijn, — hoezeer ze alle op hem gelijken mogen in verschillende houdingen en standen, — is er toch geen ééne van allen, die den lezer eenig denkbeeld kan verschaffen van de wijze waarop mijn vader denken, spreken, of handelen zou, bij eenige onverwachte gelegenheid of gebeurtenis. — Hij had zoo vele eigenaardigheden, en er bestonden zoo vele wijzen waarop hij iets aanpakken kon, — dat het, mijnheer, alle berekeningen te boven ging. — Het ware van de zaak is, dat zijn weg zoover verwijderd was van dien waarlangs de meeste menschen reizen, — dat elk voorwerp, hetwelk hij ontmoette, zich aan zijn oog van een geheel anderen kant, en uit een geheel ander gezigtspunt vertoonde, dan het zich aan de overige menschen voordeed. — Met andere woorden, het was voor hem een ander voorwerp, en werd dus natuurlijk door hem op eene andere wijze beschouwd. —

Dit is ook de ware reden, waarom ik en mijne lieve Jenni, even goed als alle andere menschen, steeds oneindige twisten hebben over nietigheden. — Zij ziet op haar uiterlijk; — ik op haar innerlijk. — Hoe is het mogelijk dat wij het over hare waarde ééns zouden worden?

HOOFDSTUK XXV.

— Het is eene uitgemaakte zaak, — en ik vermeld het hier tot troost voor Confucius [1]), die wel eens in de war raakt met het doen van het eenvoudigst verhaal, — dat zoo hij niet van den weg van zijn verhaal afwijkt, hij naar verkiezing vóóruit of achteruit kan gaan, zonder eenige afwijking te maken. —

— Dit vastgesteld zijnde, — neem ik de vrijheid, om zelf met mijn verhaal *achteruit* te gaan. —

HOOFDSTUK XXVI.

— Vijftig duizend manden vol duivels, — (niet van die van den Bisschop van Benevento, — ik bedoel van de duivels van Rabelais), — met afgesnedene staarten, hadden niet op zulk eene helsche wijze kunnen schreeuwen als ik het deed, toen het ongeluk mij overkwam. — Het

---

[1]) Men veronderstelt, dat de heer Shandy hiermede bedoelt, den heer **** — parlementslid voor *** — en niet den Chineeschen wetgever.

SCHRIJVER.

bragt mijne moeder dadelijk naar de kinderkamer; —
zoodat Susannah naauwelijks den tijd had langs de ach-
tertrap te ontsnappen, toen mijne moeder de groote trap
opkwam. —

— Nu, hoewel ik oud genoeg was, om zelf het verhaal
te doen, — en jong genoeg, dunkt mij, om het zonder
kwaadaardigheid te doen, — had toch Susannah in het
voorbijgaan, uit vrees voor ongelukken, het met een
enkel woord in de keuken aan de keukenmeid gedaan; —
de keukenmeid had het, met een bijvoegsel, aan Jonathan
oververteld, — en Jonathan aan Obadiah — zoodat toen
mijn vader wel zes maal gescheld had, om te vernemen,
wat er boven te doen was, — Obadiah in staat was,
hem eene naauwkeurige beschrijving te geven van hetgeen pas gebeurd was. — "Dacht ik het niet?" zei mijn
vader, — zijn kamerjapon optillende, — en dus ging hij
de trap op. —

Men zou hieruit opmaken, — (hoewel ik zelf er zeer
aan twijfel), — dat mijn vader reeds voor dezen tijd,
dat merkwaardig hoofdstuk der *Tristrapaedie* geschreven
had, dat voor mij het origineelste en onderhoudendste
hoofdstuk van het geheele boek is: — ik bedoel het
hoofdstuk over de *vensterramen*, met eene bittere *Philippica*
aan het einde er van over de vergeetachtigheid der werkmeiden. — Ik heb twee redenen te gelooven, dat zulks
niet gebeurd was.

Ten eerste: als men aan de zaak gedacht had eer het
ongeluk gebeurd was, zou mijn vader zekerlijk het raam
hebben doen toespijkeren; — hetgeen, als men in aanmerking neemt hoeveel moeite het hem kostte om boeken te maken, hij met een tiende gedeelte van de moeite
kon gedaan hebben, welke het hoofdstuk hem gekost
zou hebben. — Ik begrijp ook, dat dit argument evenzeer
bewijst tegen zijn schrijven van dat hoofdstuk, zelfs *na* de
gebeurtenis; — maar dit vervalt door mijne tweede reden,
die ik de eer heb voor te dragen, om mijne meening
te staven, dat mijn vader het hoofdstuk over de vensterramen en werkmeiden op den veronderstelden tijd niet
schreef, — deze reden is dat: —

Om de *Tristrapaedie* te volmaken, ik zelf dat hoofdstuk geschreven heb. —

HOOFDSTUK XXVII.

— Mijn vader zette den bril op, — keek er naar, —
zette den bril weer af, — deed dien in het brillenhuisje, —
alles in minder dan ééne minuut tijds, — en zonder een
woord te spreken, keerde hij zich om, en ging weer de
trap af. —

Mijne moeder verbeeldde zich, dat hij naar beneden
was gegaan, om pluksel en zalf te halen; maar toen zij
zag, dat hij terugkeerde met een paar folianten onder den
arm, terwijl Obadiah hem volgde met een grooten les-
senaar, hield zij het er voor, dat hij een receptenboek
gehaald had, en plaatste dus een stoel naast het bed,
zoodat hij de zaak op zijn gemak kon onderzoeken. —

— Als het maar goed gedaan is, — zei mijn vader,
het hoofdstuk opslaande *de sede, vel subjecto circumcisi-
onis*, — want hij had Spencer, *de legibus Hebraeorum
ritualibus*, — en Maimonides naar boven gebragt, — om
onderling te vergelijken en te onderzoeken:

— Als het maar goed gedaan is, — zei hij. — Zeg
ons maar, — riep mijne moeder uit, — welke kruiden wij
gebruiken moeten? — Om dat te weten, — hernam mijn
vader, — moet gij Dr. Slop laten halen. —

Mijne moeder ging naar beneden, en mijn vader las
verder in het hoofdstuk, als volgt: —

* * * * * * * * * * * * * * * * * * * *
* * * * * * * * * * * * * * * * * * * *
* * * * * * * * * Zeer goed, — zei mijn vader. —
* * * * * * * * * * * * * * * * * * * *
* * * * * * * * * * *, * * * * * * * * * *
* * * * * — Ja, — als het dat gemak heeft, — —
en dus zonder een oogenblik te wachten, om het eerst
met zichzelven eens te zijn, of de Joden het van de
Egyptenaren, of de Egyptenaren het van de Joden geleerd

II.   3

hadden, — stond hij weer op, en een paar maal met de vlakke hand over het voorhoofd strijkende, als iemand, die de sporen der zorg uitwisschen wil, als het kwaad hem met een ligteren tred dan hij verwacht had genaderd is, — deed hij het boek toe en ging naar beneden. — Ja, — zeide hij, den naam van het een of ander groot volk uitsprekende op elke trap, naarmate hij naar beneden ging, — als de Egyptenaren, — de Syriërs, — de Phoeniciërs, — de Arabieren, — de Kappadociërs, — de Kolchiërs en de Troglodyten, het beoefenden, — als Solon en Pythagoras zich daaraan onderwierpen, — wie is Tristram? — Wie ben ik, dat ik mij één oogenblik nog over de zaak kwellen en ergeren zou?

HOOFDSTUK XXVIII.

— Waarde Yorick, — zei mijn vader glimlagchende, (want Yorick had de zijde van mijn oom Tobias verlaten, toen zij door den smallen gang kwamen, en was dus het eerst in de huiskamer getreden), — onze Tristram, naar mij dunkt, komt niet gemakkelijk aan al zijne godsdienstige inwijdingen. Nooit werd de zoon van een Jood, Christen, Turk, of Heiden, op zulk eene slordige en scheeve wijze ingewijd. — Het heeft hem echter, hoop ik, geen kwaad gedaan, — zei Yorick. — Het een of ander is zeker met de planetenbanen in de war geweest, — vervolgde mijn vader, — toen deze mijn telg geschapen werd. — *Dat* weet gij beter dan ik, — hernam Yorick. — Dat weten de sterrewigchelaars het best van allen, — zei mijn vader: — de derde en zesde planeet in het horoskoop zijn uit de baan getreden, — of de tegenoverstaande sterren hebben het niet getroffen, zoo als het behoorde, — of de heeren der geboorte, gelijk zij heeten, zijn zoek geraakt, — of er is iets verkeerds met ons gebeurd in den hemel, of op aarde. —
— Dat is wel mogelijk, — hernam Yorick. — Maar heeft het kind daaronder geleden? — vroeg mijn oom Tobias. — De Troglodyten zeggen van neen, — hernam mijn vader. — En uwe theologanten, Yorick, vertellen

ons — — Theologisch gesproken? — vroeg Yorick, — of als apothekers? [1]) — of als staatslieden? [2]) — of als waschwijven? [3]) —

— Dat weet ik niet zeker, — gaf mijn vader tot antwoord; — maar men vertelt ons, broêr Tobias, dat het hem goed gedaan heeft. — Dat wil zeggen, — zei Yorick, — als men hem naar Egypte zendt. — Dat voordeel zal hij genieten, — hernam mijn vader, — als hij de Pyramiden gaat zien. —

— Gij zoudt even goed voor mij Arabisch kunnen spreken, — zei mijn oom Tobias. — Ik wenschte, dat het ook Arabisch was voor de halve wereld, — zei Yorick.

— Ilus, [4]) — vervolgde mijn vader, — liet zijn geheele leger op zekeren morgen besnijden. — Toch niet zonder een krijgsraad? — riep mijn oom Tobias uit. — Evenwel, — ging mijn vader voort, zonder op de opmerking van mijn oom Tobias te letten, en zich steeds tot Yorick rigtende, — zijn de geleerden het volstrekt niet eens, wie Ilus was; — eenigen houden hem voor Saturnus; — anderen voor het Opperwezen; — weer anderen voor zoo wat eena brigde-generaal onder koning Necho van Egypte. — Wie hij ook zijn moge, — zei mijn oom Tobias, — ik weet niet volgens welk krijgsartikel hij zich verdedigen kan. —

— De geleerden, — antwoordde mijn vader, — geven twee en twintig verschillende redenen op, waarom hij het deed: — anderen echter, die het met hen niet eens zijn, hebben de ongegrondheid van de meeste dezer redenen bewezen. — Maar daarentegen hebben onze beste polemieke theologanten, — — Ik wilde,

---

[1]) Χαλεπῆς νόσου, καὶ δυσιάτου ἀπαλλαγή, ἣν ἄνθρακα καλοῦσιν.

PHILO.

[2]) Τὰ τεμνόμενα τῶν ἐθνῶν πολυγονώτατα, καὶ πολυανθρωπότατα εἶναι.

[3]) Καθαριότητος εἴνεκεν. BOCHART.

[4]) Ὁ Ἶλος τὰ αἰδοῖα περιτέμνεται, ταὐτὸ ποῆσαι καὶ τοὺς ἅμ' αὐτῷ συμμάχους καταναγκάσας. SANCHONIATHO.

dat er geen polemieke godgeleerde was in het geheele rijk, — zei Yorick; — één once praktische geleerdheid is meer waard dan eene geheele scheepslading van al het- geen hun eerwaarden in de laatste vijftig jaren hier over- gebragt hebben. — Vertel ons toch, mijnheer Yorick, — zei mijn oom Tobias, — wat is eigenlijk een polemieke theologant? — De beste beschrijving, kapitein Shandy, die ik er ooit van gelezen heb, — hernam Yorick, — is van twee dezer heeren, in het berigt van het tweegevecht tusschen Gymnastes en den kapitein Tripet: — ik heb het juist in den zak. — Ik zou het zeer gaarne eens hooren, — zei mijn oom Tobias ernstig. — Dat zult gij ook doen, — zei Yorick. — En daar de korporaal mij aan de deur wacht, — zei mijn oom Tobias, — en ik weet, dat de beschrijving van een gevecht hem liever is dan zijn avond- eten, — verzoek ik, broêr, verlof voor hem om binnen te komen. — Van ganscher harte, — zei mijn vader. — Trim trad binnen, trotsch en gelukkig als een keizer, en de deur toegemaakt hebbende, nam Yorick een boek uit den regter rokzak en las, of deed alsof hij las, het volgende: —

HOOFDSTUK XXIX.

— "DAAR deze woorden door alle krijgslieden, welke tegenwoordig waren gehoord werden, en velen hunner er inwendig door verschrikt waren, weken zij terug en maak- ten plaats voor den vijand. Dit alles had Gymnastes opge- merkt en zeer goed begrepen; dus zich houdende alsof hij van het paard wilde afstijgen, ligtte hij zich in den zadel op, aan den kant waar men opstijgt, met zijn kort zwaard aan de zijde, — trok zeer vlug de voeten uit de stijgbeugels, tevens een sprong makende, waarbij hij zijn ligchaam voor- over boog, en zich tevens hoog in de lucht verheffende, beide voeten op den zadelknop plaatste, met den rug naar den kop van het paard gekeerd. — Nu, — (zeide hij), — vordert mijne zaak goed. Dan plotseling, steeds in dezelfde houding, sprong hij op den éénen voet, en zich links omkeerende en ronddraaijende, bragt hij zijn lig-

chaam rond, juist in dezelfde positie als te voren,
zonder dat er een haartje aan scheelde. — Hoe! — zei
Tripet, — ik zal dat deze keer niet doen; — en niet
zonder reden. — Goed, — zei Gymnastes; — het is mij dus
niet gelukt. — Ik zal dien sprong weer ongedaan maken. —
Daarop met verwonderlijke kracht en vlugheid, zich regts
keerende, maakte hij weer een sprong in de lucht als te
voren; — en dit gedaan zijnde, plaatste hij den duim zijner
regterhand op den zadelknop, ligtte zich op, en sprong
omhoog, het geheele gewigt van zijn ligchaam in evenwigt
houdende en doende steunen op de pezen en spieren van
voormelden duim, en aldus draaide en wentelde hij zich
driemaal rond; — de vierde keer zijn ligchaam omkeerende,
en over den kop keukelende, voor- en achterover *zonder
iets aan te raken*, en kwam te regt tusschen de ooren
van zijn paard, van waar hij, met een vluggen draai,
zich in eens op het achterdeel er van verplaatste: — —"

(Dit kan geen gevecht zijn, — zei mijn oom Tobias. —
De korporaal schudde het hoofd. — Heb maar geduld, —
zei Yorick): —

"Toen legde Tripet het regterbeen over den zadel en
plaatste zich *en croupe*. — Maar, — zeide hij, — het zou
beter voor mij zijn, als ik in den zadel kwam. — Dus
de duimen van beide handen voor zich op den staartriem
plaatsende, en daarop steunende, als de eenigste steun
van zijn ligchaam, sloeg hij dadelijk een rad in de lucht
en bevond zich daarna voor op den zadel, tamelijk goed
geplaatst: — toen over den kop in de lucht springende,
wentelde hij zich om, als een molen, en maakte wel honderd sprongen, draaijen en halve *voltes*." — Mijn hemel! —
riep Trim uit, zijn geduld verliezende, — één fiksche
stoot met de bajonet zou meer helpen dan dit alles! —
Dat geloof ik ook, — hernam Yorick.

—Ik ben niet van die meening, — zei mijn vader.—

———

HOOFDSTUK XXX.

— Neen, — zei mijn vader in antwoord op eene vraag, welke Yorick zoo vrij was geweest hem te doen, — neen, ik heb in de *Tristrapaedie* niets beweerd, dat niet even duidelijk is als eene stelling uit Euclides.

— Geef me eventjes het boek aan, Trim, dáár, van de schrijftafel. — Ik heb dikwijls lust gehad, — vervolgde mijn vader, — het aan u, Yorick en aan broêr Tobias voor te lezen; — en ik ben een weinig over mijzelven ontevreden, dat ik het niet reeds lang gedaan heb: — zullen wij nu een hoofdstukje of wat doorloopen, — en zoo verder, in het vervolg, naarmate het uitkomt, — totdat wij het geheel achter den rug hebben? — Mijn oom Tobias en Yorick maakten de vereischte buiging, tot teeken van toestemming; — en de korporaal, hoewel hij er niet onder begrepen was, legde de hand op het hart en maakte ook zijne buiging. — Trim, — zei mijn vader, — heeft zijn plaats betaald, om de voorstelling tot het einde toe, bij te wonen. — Het eerste stuk scheen hem niet te bevallen, — hernam Yorick. — 't Was maar een dollemans gevecht, eerwaarde heer, daar kapitein Tripet en de andere officier zoo vele kromme sprongen maakten bij het avanceren: — de Franschen doen dat ook soms wel; — maar niet zóó erg!—

Mijn oom Tobias had zich zelden in een behagelijker toestand bevonden, dan dien, waarin hem op dit oogenblik zijne eigene opmerkingen en die van den korporaal gebragt hadden; — hij stak de pijp op; — Yorick trok den stoel digter bij de tafel; — Trim snuitte de kaars; — mijn vader stookte het vuur op; — nam het boek ter hand; — hoestte een paar maal en begon. —

HOOFDSTUK XXXI.

— De eerste dertig bladzijden, — zei mijn vader, het boekje doorbladerende, — zijn een weinig droogjes, en

daar ze met het onderwerp niet regtstreeks in verband
staan, zullen wij ze voor het oogenblik overslaan. —
Het is maar eene voorrede tot inleiding, — vervolgde
mijn vader, — of eene inleiding tot voorrede, — (want
ik weet nog niet hoe ik het noemen zal), — over het
staatkundige, of burgerlijke bestuur, want daar de grond-
slagen hiervan steunen op de eerste verbindtenis van den
man en van de vrouw ter voortplanting van het geslacht, — werd ik er ongevoelig op gebragt. — Dat was
zeer natuurlijk, — zei Yorick. —

De oorsprong der maatschappij, — ging mijn vader
voort, — daarvan ben ik overtuigd, was zoo als Politianus
ons vertelt, niets anders dan het huwelijk, — niets meer dan
de vereeniging van een man met eene vrouw; — waarmede, volgens Hesiodus, de wijsgeer een dienstbaren
vereenigt: — maar, veronderstellende, dat er in den beginne geene mannelijke dienstboden geboren werden, —
zoekt hij den grondslag in een man, eene vrouw en een
stier. — Ik geloof, dat hij een os bedoelt, — zei Yorick,
de plaats aanhalende: "οἶκον μὲν πρώτιστα, γυναῖκά τε, βοῦν
τ᾽ ἀροτῆρα." — Een stier zou meer last gemaakt hebben,
dan hij waard was. — Maar er is nog eene betere reden
dan die, — zei mijn vader (inkt in de pen nemende); —
want daar een os het geduldigste van alle dieren is, en
vooral het nuttigste, om het land te beploegen, — was
een os ook het geschiktste werktuig en symbool voor
het pas vereenigd paar, dat bij de schepping met hen
had kunnen vereenigd worden. — En er is nog ééne
reden die beter is, dan al de overigen, — voegde
mijn oom Tobias er bij, — die men voor den os kan
aanhalen. — Mijn vader kon de pen niet uit den inktkoker nemen eer hij de gronden van mijn oom Tobias
aangehoord had. — Want, — zei mijn oom Tobias, —
toen men eens het land bebouwd had, en het de moeite
waard was het in te sluiten, begon men het met wallen
en grachten te beveiligen: en dit was de oorsprong der
vestingbouwkunde. — Dat is waar, zeer waar, mijn waarde
Tobias, — riep mijn vader uit, den stier doorhalende en
den os in zijne plaats zettende. —

Mijn vader gaf Trim een wenk om de kaars te snuiten en hervatte het gesprek.

— Ik treed in deze questie, — zei mijn vader bij zich zelven, het boek half sluitende, terwijl hij voortging, — alleen om den oorsprong der natuurlijke betrekking tusschen vader en kind aan te toonen, en de regten en magt welke de eerste over het laatste verkrijgt:

1^0. door huwelijk;

2^0. door aanneming;

3^0. door legitimatie;

4^0. door procreatie;

welke ik allen in behoorlijke orde behandel.

— Aan één dezer gronden, hecht ik weinig, — hernam Yorick; — die handeling, vooral als ze daarmede eindigt, legt het kind even weinig verpligting op, als de vader daardoor magt verkrijgt. — Dat hebt gij mis, — zei mijn vader, dadelijk door redenerende; — en eenvoudig om deze reden *
* *
* * * * * * * * * * * * * * * * * * * *
* * * * * * — Ik moet bekennen, — voegde mijn vader er bij, dat het kroost om deze reden niet zoo zeer onder de magt en heerschappij der moeder staat. — Maar dezelfde reden geldt ook voor haar, — hernam Yorick. — Zij staat zelve onder heerschappij, — zei mijn vader: — en bovendien, — vervolgde mijn vader, knikkende, en den vinger op den neus leggende terwijl hij zijne reden opgaf; — *zij is niet de hoofd-agent*, Yorick. — Waarbij? — vroeg mijn oom Tobias, de pijp stoppende. — Hoewel het zonder twijfel is, — voegde mijn vader er bij, volstrekt niet op mijn oom Tobias lettende, — dat *"de zoon haar eerbiedigen moet;"* zoo als gij veel uitvoeriger lezen kunt, Yorick, in het eerste boek der Instituten van Justinianus, elfde afdeeling, tiende paragraaf. — Ik kan het even goed in den katechismus lezen, — hernam Yorick. —

HOOFDSTUK XXXII.

Trim kan den geheelen katechismus woordelijk van buiten, — hernam mijn oom Tobias. — Bah! — riep mijn vader, die er niet op gesteld was om gestoord te worden door Trim's opzegging van den katechismus. — Dat kan hij op mijn woord van eer! — hernam mijn oom Tobias. — Het vijfde gebod, Trim? — zei Yoriek, met zachte stem en vriendelijken knik, alsof hij tot een katechisant sprak. — De korporaal zweeg. — Gij vraagt hem niet goed, — zei mijn oom Tobias, de stem verheffende, en sprekende, alsof het een kommando was. — Het vijfde? — riep mijn oom Tobias. — Ik moet met mijnheers verlof, — zei de korporaal, — met het eerste beginnen. —

— Yorick glimlachte in weerwil van zichzelven.

— De eerwaarde heer bedenkt niet, — zei de korporaal, zijn stok, als een geweer, op schouder nemende, en in het midden van de kamer tredende om zijne stelling te bewijzen, — dat het juist hetzelfde is als de exercitie in het veld. —

"*De regterhand aan den haan!*" kommandeerde de korporaal, tevens de beweging verrigtende.

"*Haal den haan over!*" — riep de korporaal tevens de dienst van adjudant en van gemeen soldaat verrigtende.

"*Haan in rust!*" — De eene beweging, zoo als gij ziet, eerwaarde heer, brengt ons op de andere; — dus als mijnheer maar beginnen wilde met het eerste — —

"Het eerste!" riep mijn oom Tobias uit, zijne hand in de zijde zettende, — *.

"Het tweede," — riep mijn oom Tobias uit, de tabakspijp zwaaijende, alsof het zijn zwaard geweest was, en hij aan de spits van zijn regement stond. — De korporaal liep al de handgrepen met de meeste naauwkeurigheid door, en *zijn vader en moeder geëerd hebbende*, — trok hij zich met eene diepe buiging achter in de kamer terug.

— Alles ter wereld, — zeide mijn vader, — is vol boert en geest en leering ook, — als wij het maar weten te ontdekken.

II.   3*

— Dit is de *stellaadje* van het onderwijs; — de dwaaste
kant er van, zonder het *gebouw* er achter te hebben.

— Hier is de spiegel voor paedagogen, praeceptoren,
leermeesters, gouverneurs, taalvitters, voor allen, welke
de jongens drillen; — de spiegel waarin zij zich in hunne
ware gestalte zien kunnen. —

O! er is steeds een schil en korst, Yorick, rondom
de geleerdheid, die zij niet bekwaam genoeg zijn, weg te
werpen. —

— *Men kan de wetenschappen, maar niet de wijsheid
van buiten leeren!*

Yorick dacht, dat mijn vader bij ingeving sprak. — Ik
wil mij dadelijk verpligten, — vervolgde mijn vader, — om
het geheele legaat van mijne tante Dinah tot liefdadige
doeleinden te besteden, — (hiervan koesterde mijn vader, •
ter loops gezegd, geene zeer gunstige meening), — als de
korporaal één enkel bepaald denkbeeld weet te hechten
aan eenig woord, dat hij opgedreund heeft. — Zeg eens,
Trim, — vervolgde mijn vader, zich tot hem keerende, —
wat bedoelt gij met *"uw vader en uwe moeder te eeren?"* —

— Hun drie stuivers daags van mijn traktement te
geven, als zij oud worden. —

— En hebt gij dat gedaan, Trim? — vroeg Yorick. —
Dat is wezenlijk gebeurd, — antwoordde mijn oom Tobias. —

— In dat geval, — zei Yorick, van zijn stoel opspringende en den korporaal bij de hand grijpende, — zijt gij
de beste Commentator op dat gedeelte van den Deka-
loog, en ik acht u meer daarvoor, Trim, dan ik het
zou gedaan hebben, al hadt gij een handje geholpen aan
den Talmud zelven. —

————

HOOFDSTUK XXXIII.

— O gezegende gezondheid! — riep mijn vader uit, —
de bladzijden van het volgende hoofdstuk omslaande; —
gij zijt meer dan goud en schatten; — gij verheft de ziel, —
gij maakt haar vatbaar om leering te ontvangen en om
genot te hebben van de deugd. — Hij, die u bezit, heeft

weinig meer te wenschen, — en hij, die het ongeluk heeft u te missen, — mist met u ook al het overige ! —

— Ik heb, — vervolgde mijn vader, — alles, wat men over dit belangrijk punt kan zeggen, in eene zeer kleine ruimte zaamgedrongen; — daarom zullen wij het geheele hoofdstuk eventjes doorloopen. —

— Mijn vader las als volgt: —

"Daar het geheele geheim der gezondheid afhankelijk is van den geregelden strijd om de overmagt tusschen de *radicale* hitte en de *radicale* vochten," — Deze daadzaak zult gij, waarschijnlijk, reeds te voren bewezen hebben, — zei Yorick. — Genoegzaam, — zei mijn vader.

Met dit woord, deed hij het boek toe, — niet alsof hij besloten had niet meer te lezen, want hij hield den voorvinger op het hoofdstuk; — ook niet op eene knorrige wijze, — want hij deed het boek langzaam toe; — zijn duim rustte toen hij het gedaan had, op den bovenkant van den omslag, terwijl de drie vingers dien van onderen steunden, zonder eenige geweldige drukking.

— Ik heb de waarheid van dit punt, — zei mijn vader, Yorick toeknikkende, — op eene zeer voldoende wijze in het voorafgaande hoofdstuk bewezen. —

Nu, als men aan een Maanbewoner vertelde, dat een mensch op aarde een hoofdstuk geschreven had, om op eene voldoende wijze te bewijzen, dat het geheim der gezondheid afhing van den gepasten strijd der *radicale hitte* en der *radicale vochten;* — en dat hij de zaak zoo goed aangelegd had, dat er geen enkel woord, nat of droog, over *radicale hitte* of *radicale vochten* in het geheele hoofdstuk te vinden was, — of eene enkele lettergreep *pro* of *contra*, of regtstreeks of zijdelings over den strijd dezer twee magten in eenig deel van het menschelijke ligchaam, zou hij uitroepen, zich met de regter hand op de borst slaande, — als hij eene regter hand mogt hebben: — "O, gij eeuwige Schepper van alle wezens! — Gij, wiens magt en goedheid de geestvermogens uwer schepselen tot deze trap van uitmuntendheid en volmaking verheffen kunnen! — Wat hebben wij Maanbewoners u gedaan?"

HOOFDSTUK XXXIV.

— Mijn vader kreeg het gedaan met twee steken: — de eene tegen Hippocrates, de andere tegen Lord Verulam.

De steek tegen den vorst der geneesheeren, waarmede hij begon, was niets meer dan eene korte spotternij over zijne bedroefde klagt: *ars longa et vita brevis!* — Het leven kort! — riep mijn vader uit, — en de geneeskunst lang? En aan wat anders, dan aan de onwetendheid der geneesheeren zelven hebben wij beiden te danken? — En aan de scheepsladingen van chemische kwakzalverijen en peripatetische prullen, waarmede zij, ten allen tijde, de wereld eerst vleiden en later bedrogen!

O, Milord Verulam! — riep mijn vader uit, Hippocrates verlatende, om zijn tweeden steek te doen tegen Verulam, als den voornaamsten kwakzalver van allen, dien men ook het best tot afschrik voor anderen kon kastijden; — wat zal ik tegen u zeggen, groote Milord Verulam? — Wat zal ik zeggen van uw *inwendigen geest*, — uw *opium*, — uw *salpeter*, — uwe vette zalven, — uwe dagelijksche purgaties, — uwe nachtelijke klisteren, en al wat er bij komt?

Mijn vader was nooit verlegen, wat hij zeggen zou aan wien ook, over eenig onderwerp ter wereld, — en niemand had minder behoefte aan een *exordium* dan hij. — Hoe hij het gevoelen van Lord Verulam behandelde, zult gij zien, — maar wanneer, weet ik niet: — wij moeten eerst zien welk dat gevoelen was. —

HOOFDSTUK XXXV.

"De twee groote oorzaken," — zegt Lord Verulam, — "welke zich vereenigen om ons leven te verkorten, — zijn: ten eerste, —

"De inwendige geest, die als eene zachte vlam het ligchaam tot den dood toe uitteert: — en ten tweede, —

"De buitenlucht, welke het ligchaam tot asch opdroogt; — en deze twee vijanden, ons aan weerskant van het lijf tegelijk aanvallende, vernietigen eindelijk onze organen en maken ze ongeschikt om de levens-functiën verder te verrigten."

Dit gesteld zijnde, is de weg tot een lang leven zeer duidelijk: — er is niets anders daartoe noodig, — zegt milord, — dan de verwoestingen, door den inwendigen geest aangerigt, te herstellen, door de stof van ons ligchaam te verdikken en te versterken, aan den éénen kant door geregeld *opium* te gebruiken, en de hitte aan den anderen kant met drie en een half grein salpeter te verkoelen, elken morgen, eer men opstaat. —

Maar ons ligchaam blijft nog steeds blootgesteld aan de vijandige aanvallen van de buitenlucht: — en deze moet men weren door toepassing van de vette zalven, welke zoodanig de poriëen der huid vervullen, dat geene *spicula* er in kunnen komen, — of er uit dringen. — Dit maakt een einde aan alle transpiratie, zoowel zigtbare als onzigtbare, — welke aanleiding geeft tot zoo vele scorbutieke ziekten: — voorts, moet men geregeld klisteren gebruiken, om de overvloedige sappen weg te voeren, en dan is het systeem volmaakt. —

Wat mijn vader te zeggen had over de slaapdranken van Lord Verulam, — over zijn salpeter, — zijne vette zalven en klisteren zult gij wel vernemen; — maar heden niet, en morgen ook niet; want de tijd is kort, — en de lezer wordt ongeduldig: — ik moet verder komen. — Gij zult dat hoofdstuk — (als gij het verkiest), — op uw gemak lezen, zoodra de *Tristrapaedie* uitgegeven wordt. —

Het zij genoeg voor het oogenblik te zeggen, — dat mijn vader de hypothese van Lord Verulam geheel en al afbrak; en terwijl hij het deed, weten de geleerden zeer goed, dat hij zijne eigene hypothese opbouwde en vestigde. —

HOOFDSTUK XXXVI.

— Daar het geheele geheim der gezondheid; — zeide mijn vader, den volzin weer beginnende, klaarblijkelijk afhankelijk is van den geregelden strijd tusschen de *radicale* hitte en de *radicale* vochten in ons, — zou men die met de minst

mogelijke bekwaamheid hebben kunnen onderhouden, als
de geleerden de zaak niet verkeerd begrepen hadden,
door — (zoo als de beroemde scheikundige Van Helmont
bewezen heeft), — steeds *radicale* vochten te verwarren
met het smeer en vet der dierlijke ligchamen. —

Nu zijn de *radicale* vochten volstrekt niet het smeer,
of vet der dieren, maar eene olieachtige en zalfachtige
zelfstandigheid; — want het smeer, of vet, even als de
slijm of waterachtige deelen, is koud; — terwijl de olieachtige en zalfachtige deelen vol geest en vuur zijn,
waardoor men de opmerking van Aristoteles opheldert,
dat, "*omne animal post coïtum est triste.*"

Verder is het zeker, dat de *radicale* hitte in de *radicale*
vochten leeft; — maar of dat *vice versa* gebeurt, is onzeker: — evenwel, als de eene vergaat, vergaat de andere
ook, en dus ontstaat er, òf eene onnatuurlijke hitte, die
eene onnatuurlijke droogte veroorzaakt, — of eene onnatuurlijke vochtigheid, welke waterzucht te weeg brengt: —
zoodat, als men een kind bij het opgroeijen kan inpren-
ten, dat het vuur en water vermijden moet, daar beiden
het met den ondergang bedreigen, — men op dat punt
niets meer behoeft te doen. —

HOOFDSTUK XXXVII.

— De beschrijving van het beleg van Jericho zelf,
had de aandacht van mijn oom Tobias niet meer
kunnen boeijen, dan dit laatste hoofdstuk: — hij hield
de oogen onophoudelijk op mijn vader gevestigd; —
die nooit van *radicale* hitte of vochten sprak, zonder dat
mijn oom Tobias de pijp uit den mond nam en het hoofd
schudde, en zoodra het hoofdstuk ten einde was, gaf hij
den korporaal een wenk om digt bij zijn stoel te komen,
waarop hij hem de volgende vraag deed, — *ter zijde:* —
* *
* * * * * * * * * * * * * * * *?— Dat was bij het
beleg van Limerick, met mijnheers verlof, — hernam de
korporaal met eene buiging. —

— Die arme jongen en ik ook, — zei mijn oom Tobias, mijn vader aansprekende, — konden naauwelijks uit onze tenten kruipen, toen men het beleg van Limerick op- brak, — juist om de reden, die gij aanvoert. — Wat ter wereld, — dacht mijn vader, — kan u nu door het hoofd spoken, waarde broêr? — Bij den hemel! — ver- volgde hij in zichzelven, — een Oedipus zelf zou het niet kunnen raden! —

— Ik voor mij, — zei de korporaal, — geloof, met ver- lof, dat zonder den overvloedigen brandewijn dien wij 's nachts verbrandden, en den rooden wijn met kaneel, dien ik mijnheer te drinken gaf, — — En de jenever, Trim, — voegde mijn oom Tobias er bij, — die ons het meeste goed deed, — — Ik geloof wel, — vervolgde korporaal, — dat wij ons leven in de loopgraven zouden gelaten hebben, en dat men ons daarin had kunnen begraven. — Dat is het schoonste graf, korporaal, — riep mijn oom Tobias, met schitterende oogen, — dat zich een krijgsman toe- wenschen kan! — Maar toch een rampzalige dood voor hem, met uw verlof, mijnheer! — hernam de korporaal. —

Dit was even goed Hebreeuwsch voor mijn vader, als de plegtigheden der Kolchiërs en der Troglodyten het voor mijn oom Tobias geweest waren: — mijn vader wist niet of hij zich ergeren, of glimlagchen moest.

Mijn oom Tobias, zich tot Yorick wendende, hervatte het verhaal van het gebeurde te Limerick op eene meer duidelijke wijze, dan hij het begonnen had; — dus was de zaak dadelijk voor mijn vader beslist.

HOOFDSTUK XXXVIII.

Het was zonder twijfel een groot geluk voor mij en den korporaal, — zei mijn oom Tobias, — dat wij, gedurende vijf en twintig dagen, dat de buikloop in het kamp heerschende was, aanhoudend eene bran- dende koorts hadden, door een woedenden dorst verge- zeld; — anders zouden onvermijdelijk, volgens mijne inzigten, hetgeen mijn broêr de *radicale* vochten noemt,

de bovenhand gekregen hebben. — Mijn vader haalde
zooveel lucht hij kon in zijne longen in, — en naar boven
ziende, blies hij die zoo langzaam mogelijk er weder uit.

— Het was de hemelsche genade, — vervolgde mijn
oom Tobias, — die den korporaal ingaf, om dien gepasten
strijd tusschen de *radicale* hitte en de *radicale* vochten
te onderhouden, door de koorts steeds te versterken
met warme wijn en specerijen, waardoor de korporaal,
als het ware, een aanhoudend vuur onderhield, zoodat
de *radicale* hitte van het begin tot het einde bewaard
bleef, en tegen de vochtigheid opgewassen was, hoe
verschrikkelijk die ook werd. — Op mijn woord van eer,
broêr Shandy, — voegde mijn oom Tobias er bij, — gij
hadt het rommelen in ons lijf op een afstand van twintig
toises kunnen vernemen. — Zoo lang als men niet
vuurde, — zei Yorick.

Wel, — zei mijn vader, diep ademhalende, en een
oogenblikje na dat woord stilhoudende, — als ik een
regter was, en de wetten van het land het mij veroorloofden, zou ik eenige der ergste misdadigers veroor-
deelen, mits zij door een geestelijke bijgestaan werden,
om — —

Yorick voorziende dat de volzin op geene zeer liefderijke wijze eindigen zou, legde de hand op mijn vaders
hart, en verzocht hem een oogenblikje te wachten, totdat
hij den korporaal iets gevraagd had. — Ik bid u, Trim, —
zei Yorick, zonder op mijn vaders antwoord te wachten, —
vertel ons eens opregt, wat gij denkt van deze *radicale*
hitte en *radicale* vochten?

— Met onderwerping aan mijnheers beter oordeel, —
zei de korporaal, met eene buiging tegen mijn oom Tobias. — Spreek maar vrij uit de borst, korporaal, —
hernam mijn oom Tobias. — De arme jongen is mijn
dienaar, niet mijn slaaf, — voegde mijn oom Tobias
er bij, zich tot mijn vader wendende.

De korporaal legde den hoed onder den linkerarm, en
met zijn stok er aan hangende, aan een zwarten riem,
die met een kwastje eindigde, marscheerde hij op de
plaats terug, waar hij den katechismus opgezegd had: —

daarop de onderlip eventjes aanrakende met den duim en de vingers der regterhand, eer hij den mond open deed, — uitte hij zijne meening als volgt: —

HOOFDSTUK XXXIX.

Juist als de korporaal kuchte om te beginnen, — waggelde Dr. Slop in de kamer. — Dat doet er niet toe: — in het volgende hoofdstuk zal de korporaal voortgaan, wie ook binnen mogt komen. —

— Nu, mijn beste Doctor, — riep mijn vader vrolijk; want de overgangen van zijne luim waren onverklaarbaar plotseling: — wat zegt mijn lummel van een jongen over de zaak? —

Als mijn vader van den afgekapten staart van een hondje gesproken had, kon zijne houding niet onverschilliger geweest zijn: — het stelsel echter, volgens hetwelk Dr. Slop de genezing van het ongeluk voorgenomen had, strookte met zulk eene houding volstrekt niet. — Hij ging zitten. — Ik bid u, mijnheer, — zei mijn oom Tobias, op eene wijze, die niet onbeantwoord kon blijven, — hoe maakt het de jongen toch? — 't Zal wel op eene *phimosis* uitloopen, — hernam Dr. Slop. —

— Nu weet ik er niets meer van, dan ik reeds wist, — zei mijn oom Tobias, de pijp weder in den mond stekende. — Laat dan de korporaal maar met zijne medische verhandeling voortgaan, — zei mijn vader. — De korporaal maakte eene buiging voor zijn ouden vriend Dr. Slop en uitte zijne meening over *radicale* hitte en *radicale* vochten, in de navolgende woorden: —

HOOFDSTUK XL.

— De stad Limerick, welker beleg onder aanvoering van Zijne Majesteit koning Willem zelven ondernomen werd, het jaar nadat ik in dienst trad, ligt, — met ver-

lof van de heeren, — te midden van een verduiveld nat,
moerasachtig land. — De Shannon, — zei mijn oom Tobias, — vloeit er om heen, en door hare ligging, is het
eene der sterkste plaatsen in Ierland. —

— Ik verbeeld mij, dat dit eene nieuwe wijze is, om eene
medische verhandeling te beginnen, — zei Dr. Slop. —
Maar het is geheel en al waar, — hernam Trim. — Ik
wilde dat de faculteit zich er aan spiegelde, — zei Yorick. —
Het land is geheel en al doorsneden, eerwaarde heer, —
vervolgde de korporaal, — met slooten en moerassen, en
bovendien, viel er zooveel regen gedurende het beleg,
dat de omstreken ééne plas werden; — het was dit en
niets anders, dat den buikloop veroorzaakte, en dat bijna
mijnheer en mij het leven gekost had. — Nu was het
niet mogelijk, na de eerste tien dagen, — vervolgde
de korporaal, — voor de soldaten om droog in de tenten
te blijven, zonder een sloot er om heen te graven, om
het water af te leiden; — en dat was ook niet voldoende
voor diegenen, die het betalen konden, even als mijnheer,
zonder iederen nacht eene koperen schaal vol brandewijn
in brand te steken, wat de vochtige lucht verdreef en
de tent zoo warm als een stoof maakte. —

— En welke gevolgtrekkingen haalt gij uit deze prae-
missen, korporaal Trim? — vroeg mijn vader.

— Ik maak er dit uit op, met mijnheers verlof, —
hernam Trim, dat de *radicale* vochten niets anders zijn,
dan slootwater, en dat de *radicale* hitte van diegenen,
welke het betalen kunnen, gebrande brandewijn is; — de
radicale hitte en vochten van een gemeen soldaat echter
zijn niets anders dan slootwater, — met een borreltje jenever, — en als wij er genoeg van krijgen, met eene pijp
tabak, om ons opgeruimd te maken en de neerslagtig-
heid te verdrijven, — kennen wij de vrees voor den dood
niet. —

— 't Is moeijelijk te beslissen, kapitein Shandy, —
zei Dr. Slop, — in welk vak van geleerdheid uw bediende
het meest uitmunt, — in de physiologie, of in de theologie. — Slop had Trims commentaar op de preek niet
vergeten.

— 't Is maar een uur geleden, — hernam Yorick, — dat de korporaal in het laatste vak zijn examen deed, en hij is er met veel eer door gekomen. —

— Gij moet weten, — zei Dr. Slop, het woord tot mijn vader rigtende, — dat de *radicale* hitte en vochten de *basis* en grondslag van ons bestaan zijn, — even als de wortel van den boom de bron en oorsprong der vegetatie is. — Ze zijn te vinden in het zaad van alle dieren, en kunnen op verschillende wijze bewaard worden; maar voornamelijk, volgens mijn begrip, door *consubstantialia*, *imprimentia* en *occludentia*. — Nu heeft deze arme jongen, — vervolgde Dr. Slop, op Trim wijzende, — het ongeluk gehad, eenig oppervlakkig, empirisch gesprek over dit moeijelijk punt af te luisteren, — — Dat is ook zoo, — zei mijn vader. — 't Is zeer waarschijnlijk, — zei mijn oom. — Ik ben er van overtuigd, — zei Yorick.

HOOFDSTUK XLI.

Dr. Slop geroepen zijnde, om eene pap te bekijken, die hij besteld had, gaf dit mijn vader de gelegenheid, om met een ander hoofdstuk van de *Tristrapaedie* voort te gaan. — — Kom! vrolijk, jongens! — ik zal u aan wal brengen; — want als wij dat hoofdstuk doorgeworsteld hebben, zal het boek in een geheel jaar niet meer geopend worden. — Hoerah! —

HOOFDSTUK XLII.

— Vijf jaren met een kwijllap onder den kin;
— Vier jaren om tot het einde van het ABC-boek te komen;
— Anderhalf jaar om zijn naam te leeren schrijven;
— Zeven lange jaren, of meer, met *amo* en τύπτω in het Latijn en Grieksch;
— Vier jaren met de *probaties* en *negaties;* — het schoone standbeeld nog steeds onuitgehouwen midden in

het blok marmer, — en niets gedaan, dan de werktuigen gescherpt, om het er uit te werken! — 't Is een bedroefd uitstel! — Was niet de groote Julius Scaliger op het punt van zijne werktuigen nooit gescherpt te krijgen? — Hij was vier en veertig jaren oud eer hij met het Grieksch te regt kon; — en Peter Damianus, bisschop van Ostia, zoo als iedereen weet, kon niet eens lezen toen hij volwassen was; — en Baldus zelf, hoe geleerd hij ook later werd, begon zoo laat met de regten, dat iedereen zich verbeeldde, dat hij advokaat in het volgende leven wilde wezen. — Geen wonder dus, dat Eudamidas, de zoon van Archidamus, toen hij Xenocrates in zijn vijf en zeventigste jaar over de wijsheid hoorde redetwisten, met grooten ernst vroeg: — "Als die oude man nog redetwist over, en onderzoek doet naar de wijsheid, — hoeveel tijd zal hij hebben, om er gebruik van te maken?"

Yorick luisterde met de meeste oplettendheid naar mijn vader; er was een kiem van wijsheid op eene onverklaarbare wijze vermengd met zijne vreemdste grillen, en hij werd dikwerf zoodanig verlicht te midden zijner donkerste eclipsen, dat ze bijna daardoor vergoed werden. — Wees op uwe hoede, mijnheer, als gij hem navolgen wilt!

Ik ben overtuigd, Yorick, — vervolgde mijn vader, half lezende en half pratende, — dat er een noordwestelijke doortogt naar de intellectuële wereld is, — en dat de menschelijke ziel een korteren weg vinden kan om zich met kennis en leering te voorzien, dan dien wij gewoonlijk volgen. — Maar helaas! er stroomt geene rivier of beek langs elken akker; — niet ieder kind, Yorick, heeft een vader om hem den weg te wijzen! —

Het geheel hangt van niets anders af, mijnheer Yorick, — voegde mijn vader met zachte stem er bij, — dan van de *hulpwerkwoorden!*

Als Yorick op de slang van Virgilius getrapt had, zou hij niet zoo geschrikt zijn. — Ik ben ook zeer verwonderd, — riep mijn vader uit, dit opmerkende, — en ik beschouw het als een der grootste rampen, welke de republiek der letteren ooit overkomen is, dat diegenen aan welke wij de opvoeding onzer kinderen toevertrouwen, en wier pligt het is, hun geest te ontwikkelen en bij tijds met denkbeelden te voorzien, waarop de verbeeldingskracht werken kan, — bij dit hun werk zoo weinig gebruik gemaakt hebben van de hulpwerkwoorden; — zoodat, met uitzondering van Raymond Lullius, en den oudsten Pelegrini, welke laatstgenoemde ze op zulk een volmaakte wijze wist te gebruiken, bij zijne *topica*, dat hij in weinige lessen een jongen heer kon leeren met gemak over elk onderwerp, *pro et contra* te redeneren, en alles er over te zeggen en schrijven, wat men bij mogelijkheid er van zeggen of schrijven kon, zonder zich met een enkel woord te vergissen, — tot de grootste verwondering van allen, die hem zagen, — —

— Ik zou gaarne, — zei Yorick, mijn vader in de rede vallende, — deze zaak leeren begrijpen. — Dat zult gij ook, — zei mijn vader.

— De hoogste trap van volmaking, waarvoor een enkel woord vatbaar is, is dat men het als eene verhevene *metaphora* gebruikt; — waardoor men, volgens mijn begrip, het denkbeeld eerder bederft dan verbetert: — hoe dat echter zij, — als de geest er mede gedaan heeft, — is het er meê uit; — de geest en het denkbeeld hebben beiden rust, — totdat een tweede denkbeeld opkomt; — en zoo voort.

— Nu dienen de hulpwerkwoorden, om dadelijk de ziel aan het werk te zetten met de bouwstoffen, die men haar levert, en door de veelzijdigheid van dit groote werktuig, om hetwelk zij gewonden worden, nieuwe wegen tot onderzoek open te stellen, en elk denkbeeld tot de moeder van millioenen van andere denkbeelden te maken. —

— Gij maakt mij zeer nieuwsgierig, — zei Yorick.

— Wat mij betreft, — zei mijn oom Tobias, — geef ik het op.

— De Denen, met mijnheers verlof, — zei de korporaal, — die bij het beleg van Limerick op den linkervleugel stonden, — waren ook daar tot hulp bij het werk.

— En ze deden ook goede dienst, — hernam mijn oom Tobias. — Maar de hulpwerkwoorden, waarover mijn broêr spreekt, zijn, — naar ik meen, — iets geheel anders.

— Zoo? — zei mijn vader opstaande. —

HOOFDSTUK XLIII.

Mijn vader ging éénmaal door de kamer, — zette zich daarop weêr neer en eindigde het hoofdstuk : —

— De hulpwerkwoorden, waarmede wij hier te doen hebben, — vervolgde mijn vader, — zijn : *Ik ben, ik was, ik heb, ik had, ik laat, ik moet, ik zal, ik zou, ik wil, ik wilde, ik kan, ik kon, ik mag, ik mogt,* — en deze vervoegd in al de tijden van het *tegenwoordige*, het *verledene* en het *toekomstige*, in verband met het werkwoord *zien*; — of met deze vragen er bij gevoegd : — *Is het? Was het? Zal het zijn? Zou het zijn? Kan het zijn? Kon het zijn?* — en deze vragen weer ontkennend gebezigd : — *Is het niet? Was het niet? Moest het niet?* — of bevestigend : — *Het is, het was, het moest zijn :* — of chronologisch : — *Is het altijd geweest? In den laatsten tijd?* — *Hoe lang geleden?* — of hypothetisch : — *Indien het ware? Indien het niet ware?* — Wat zou volgen? — Indien de Franschen de Engelschen overwonnen? — Indien de zon van den hemel verdween?

— Door het juiste gebruik en toepassing van dit alles, — vervolgde mijn vader, — waarbij men ook het geheugen van een kind moest oefenen, kon er geen enkel denkbeeld in zijn brein komen, hoe onvruchtbaar het ook was, zonder dat men een geheel magazijn van begrippen en gevolgtrekkingen er uit opmaken kon. — Hebt gij ooit een ijsbeer gezien? — vroeg mijn vader, tot Trim, die achter hem stond, het woord rigtende. — Neen, mijnheer, — hernam de korporaal. — Maar, des noods, zoudt gij over een ijsbeer kunnen spreken, — zei mijn vader. — Hoe zou dat mogelijk zijn, broêr, — vroeg mijn oom Tobias, — daar de korporaal er nooit een gezien heeft? — Dat is juist wat ik bedoel, — hernam mijn vader, — en de mogelijkheid is als volgt : —

Een ijsbeer ! Goed ! — Heb ik er ooit een gezien? — Heb ik er ooit een kunnen zien? — Zal ik er ooit een zien? — Moest ik er ooit een gezien hebben? — Of kan ik er ooit een zien?

Ik wilde dat ik een ijsbeer gezien had! (Want hoe kan ik het mij anders verbeelden?)

Als ik een ijsbeer zag, wat zou ik er van zeggen? — Als ik nooit een ijsbeer te zien krijg? — Wat dan? —

Als ik nooit een levenden ijsbeer gezien heb, of zien zal, of zien kan, of zien moet, — heb ik het vel van een ijsbeer gezien? — Heb ik er ooit een geschilderd gezien? — Of beschreven? — Heb ik er ooit van gedroomd?

— Hebben mijn vader en moeder, oom en tante, mijne broêrs en zusters ooit een ijsbeer gezien? — Hoeveel zouden zij geven om er een te zien? — Hoe zouden zij zich er bij houden? — Hoe zou de ijsbeer zich houden? Is hij wild? — of tam? Verschrikkelijk? Ruw? — of zacht?

— Is het de moeite waard, een ijsbeer te zien?

— Is er geene zonde in?

— Is een ijsbeer beter dan een *bruine beer?*

HOOFDSTUK XLIV.

— Wij zullen ons geen oogenblik ophouden, mijnheer; — maar daar wij reeds vijf deelen doorgeworsteld hebben, — (ga er eventjes op zitten, — daartoe zijn ze goed genoeg), — laat ons eventjes de streek bezien, waardoor wij getrokken zijn.

— Welk een woestijn! Welk een geluk, dat wij niet òf verdwaald zijn geraakt, òf verscheurd werden door de wilde dieren, die er in rondwaren!

— Geloofdet gij, mijnheer, dat er in de geheele wereld, zoo vele ezels te vinden waren? — Wat hebben zij ons bekeken en aangegaapt, toen wij over het beekje gingen, onder in het dal! — En toen wij den heuvel beklommen hadden en reeds bijna uit hun gezigt verdwenen waren, wat hebben zij een geschreeuw aangeheven!

— Ik bid u, herder, aan wie behooren al die ezels? — *****. — De hemel schenke hun vrede! — Hoe! —

worden ze nooit gepoetst? — Zet men ze 's winters nooit
op stal? — J-a! J-a! J-a! — schreeuwt maar voort: —
de wereld heeft u veel te danken; — nog harder! — dat
is nog niets: — waarlijk men behandelt u zeer slecht. —
Als ik een ezel was, dan verklaar ik plegtiglijk, dat ik
van 's morgens tot den avond, *do-re-mi-fa-sol* schreeuwen
zou!

HOOFDSTUK XLV.

Toen mijn vader zijn ijsbeer, door een half dozijn
bladzijden heen en weer had doen dansen, sloeg hij het
boek voor goed digt; — en, met eene zegevierende houding, gaf hij het aan Trim weer over, met een wenk,
om het op de schrijftafel neer te leggen, van waar hij het
genomen had. — Ik zal Tristram leeren, — zeide hij, —
elk werkwoord in de taal, op deze wijze te vervoegen —
zoo doende, wordt elk woord, Yorick, zoo als gij ziet,
eene soort van thesis, of hypothese; — elke thesis, of
hypothese, sleept eene reeks van stellingen met zich; —
en elke stelling heeft ook hare eigene gevolgtrekkingen
en conclusies; — en elke van dezen brengt weer den
geest verder naar nieuwe velden van onderzoek en twijfel. — De kracht van deze machine om een kinderhoofd
te openen, is ongeloofelijk! — voegde mijn vader er bij. —
Het is genoeg, broêr Shandy, — riep mijn oom Tobias
uit, — om het in duizend stukken te breken. —
— Ik verbeeld mij, — zei Yorick, met een glimlach, —
dat het hieraan toe te schrijven is, — want men kan het
niet verklaren door het gebruik der tien *praedicamenta*, —
dat de beroemde Vincentius Quirino, onder de vele andere
heldenstukken zijner kindschheid, — die zoo naauwkeurig
door den Kardinaal Bembo aan de wereld beschreven
zijn, — in staat gesteld was, om op zijn achtste jaar, in de
publieke scholen te Rome, niet minder dan vierduizend
vijfhonderd en zestig verschillende *theses* aan te plakken,
over de meest moeijelijke punten der meest ingewikkelde
godgeleerdheid; — en dat hij ze zoodanig wist te
defenderen en vol te houden, dat zijne opponenten het

opgeven en verstommen moesten. — Wat is dat? — riep mijn vader uit, — vergeleken bij hetgeen men ons vertelt van Alphonsus Tostatus, die nog naauwelijks uit de armen zijner min, al de wetenschappen en vrije kunsten leerde, zonder eenig onderwijs er in te ontvangen? — Wat moeten wij van den grooten Peireskius zeggen? — Dat is de man, — riep mijn oom Tobias uit, — van wien ik u eens vertelde, broêr Shandy, dat hij vijfhonderd mijlen, van Parijs naar Scheveningen heen en terug wandelde, alleen om den vliegenden wagen van Stevinus te zien. — Hij was een zeer groot man! — voegde mijn oom Tobias er bij (Stevinus bedoelende). — Dat was hij ook, broêr Tobias, — zei mijn vader (Peireskius bedoelende), — en hij had zijne denkbeelden zoodanig uitgebreid, en zijne kennis op zulk eene wijze vermeerderd, dat, — als wij eene anekdote van hem mogen gelooven, die wij niet verwerpen kunnen, zonder alle overige anekdoten van welken aard ook te verwerpen, — zijn vader hem, op zijn zevende jaar, de opvoeding van zijn jongeren broêr, een kind van vijf jaren, geheel en al toevertrouwde, — tegelijk met het volstrekte beheer over zijn zaken. — Was de vader even wijs als de zoon? — vroeg mijn oom Tobias. — Dat zou ik niet veronderstellen, — zei Yorick. — Maar wat is dit alles, — vervolgde mijn vader, door geestvervoering weggesleept, — wat is dit alles, vergeleken met die wonderen der kindschheid, die men opgemerkt heeft bij Grotius, Scioppius, Heinsius, Politianus, Pascal, Jozef Scaliger, Ferdinand de Cordoue en anderen; — waarvan eenigen, reeds op negenjarigen leeftijd, de *substantiële vormen* opgaven en zonder die aan het redeneren bleven! — Anderen hadden met de *Classici* gedaan met zeven jaren; — zij schreven treurspelen in het achtste jaar. — Ferdinand de Cordoue was zoo wijs op zijn negende jaar, — dat men hem door den duivel bezeten geloofde; — en te Venetië gaf hij zulke bewijzen van zijne geleerdheid en goedheid, dat de monniken beweerden, dat hij de Antichrist was, — of *niets*. — Anderen kenden, op hun tiende jaar, veertien talen; — hadden den cursus der rhetorica, der poëzij, der

4

logica, en der ethica met elf jaren afgeloopen; — gaven hunne commentaren op Servius en Martianus Capella op hun twaalfde jaar uit; — en promoveerden toen zij dertien jaren oud waren, in de philosophie, in de regten en in de theologie. — Maar gij vergeet den grooten Lipsius, — zei Yorick, — die een werk voortbragt op den dag zijner geboorte. [1])

— Zij hadden het uit den weg moeten ruimen en er niets meer van zeggen, — merkte mijn oom Tobias op.

* * *

HOOFDSTUK XLVI.

Toen de pap gereed was, ontstond er eene gewetensvraag bij Susannah, of het gepast was of niet, dat zij het licht hield, terwijl Dr. Slop de pap oplegde: — Slop had Susannah niet zacht behandeld; — dus was er twist tusschen beiden ontstaan.

— O, o! — zei Slop, een ongepast vrijmoedigen blik op Susannah vestigende, toen zij deze dienst weigerde, — dan meen ik u te kennen, juffer! — Gij mij kennen, mijnheer! — riep Susannah, met minachting den neus ophalende, klaarblijkelijk niet over zijn beroep, maar over den doctor zelven: — gij mij kennen! — riep Susannah weer uit. Dr. Slop plaatste oogenblikkelijk den duim tegen zijn neus. — Susannah werd woedend: — 't Is niet waar! — riep Susannah. — Kom, kom, kuische

---

1) "Nous aurions quelque intérêt," zegt Baillet, "de montrer qu'il n'a rien de ridicule, s'il était véritable, au moins dans le sens énigmatique que Nicius Erythræus a tâché de lui donner. Cet auteur dit que pour comprendre comment Lipse a pu composer un ouvrage le premier jour de sa vie, il faut s'imaginer que ce premier jour n'est pas celui de sa naissance charnelle, mais celui auquel il a commencé d'user de la raison; il veut que c'ait été à l'âge de neuf ans; et il nous veut persuader que ce fût à cet âge que Lipse fit un poëme. — Le tour est ingénieux, &c. &c.
                                                    SCHRIJVER.

dame, — zei Slop, niet weinig verheugd over den slag,
dien hij haar juist toegebragt had, — als gij de kaars niet
wilt houden en er naar kijken, — kunt gij de oogen
er bij toeknijpen. — Dat is een van uwe Paapsche streken; daar komt het vuile hemd te voorschijn! — riep
Susannah. — Dat is toch beter dan in het geheel geen
hemd te dragen, meisjelief, — zei Slop haar toeknikkende. — Mijnheer, — riep Susannah, — het is schande! —
en zij trok den hemdsmouw tot over den elboog. —

Het was bijna onmogelijk voor twee personen elkander
met opregter kwaadaardigheid, bij eene chirurgische operatie bij te staan.

Slop greep de pap: — Susannah greep het licht op. —
Een weinig naar dezen kant, — zei Slop. — Susannah,
in de ééne rigting ziende, en in de andere rigting het
licht houdende, stak Dr. Slop's pruik oogenblikkelijk in
brand, en daar deze zeer zwaar en vet was, brandde ze
af zoodra ze vuur vatte. — Gij gemeene ****! — riep
Slop. — (Wat is de drift anders dan een wild dier!) —
Gij gemeene ****! — riep Slop, zich oprigtende, met
de pap in de hand. — Ik heb toch nooit iemands neus
bedorven, — zei Susannah, — en dat is meer dan gij
zeggen kunt! — Zoo! — brulde Slop, haar de pap in het
gezigt werpende. — Ja, zoo is het! — hernam Susannah,
hem antwoordende met al de pap, die in het potje overgebleven was.

HOOFDSTUK XLVII.

Dr. Slop en Susannah klaagden elkander in de voorkamer aan, — en ·dit gedaan zijnde, daar de pap
verongelukt was, begaven zij zich naar de keuken, om
een nieuw verband voor mij gereed te maken; — terwijl
dit gebeurde, besliste mijn vader het punt, zoo als gij
nu lezen zult.

HOOFDSTUK XLVIII.

— Gij ziet, dat het al hoog tijd wordt, — zei mijn
vader, tegelijkertijd mijn oom Tobias en Yorick aansprekende, — om dit schepseltje uit de handen dezer
vrouwen te nemen, en hem in die van een gouverneur
over te geven. — Marcus Antonius had terzelfder tijd
veertien gouverneurs om de opvoeding van zijn zoon
Commodus te voltooijen! — en in den loop van zes weken
had hij er vijf van weggejaagd. — Ik weet zeer goed, —
vervolgde mijn vader, — dat de moeder van Commodus,
toen zij zwanger was, op een zwaardvechter verliefd
raakte, — hetgeen veel van de wreedheden van Commodus,
toen hij keizer werd, zeer goed verklaart; — maar ik
ben nog van meening, dat die vijf, welke Antonius weg-
zond, in dien korten tijd, het karakter van Commodus
meer benadeelden, dan de overige negen te zamen, zoo
lang zij leefden, in staat waren te verhelpen.

— Daar ik nu den persoon, die met mijn zoon wezen
zal, beschouw als een spiegel, waarin hij zich van den
morgen tot den avond bezien moet, en naar welken hij
zijne blikken, zijne houding en welligt ook de geheimste
gevoelens van zijn hart regelen moet, — zou ik er een
willen hebben, Yorick, die, zoo mogelijk, overal gepo-
lijst is, zoodat mijn kind bij alle gelegenheden zich er
in spiegelen kan. —

— Dat is nog al gezond verstand, — zei mijn oom
Tobias bij zichzelven. —

— Er bestaat, — ging mijn vader voort, — eene zekere
houding en beweging van het ligchaam en al zijne onder-
deelen, zoowel in het handelen als in het spreken, dat
voor de *inwendige* beschaving van den mensch pleit; —
en ik ben volstrekt niet verwonderd, dat Gregorius Nazianzenus, toen hij de overhaaste en lompe bewegingen
van Julianus ontwaarde, voorspelde, dat hij vroeger of
later een afvallige zou worden; — of dat de heilige Am-
brosius, zijn schrijver de deur uitzette, omdat hij zijn
hoofd op eene ongepaste wijze, even als een dorschvle-
gel, heen en weer bewoog. — Of dat Democritus begreep,

dat Protagoras een geleerde was, uit de wijze waarop hij
een takkebos opbond, met de dunne takjes naar binnen
gebogen. — Er zijn duizenderlei, bijna onmerkbare openingen, — ging mijn vader voort, — die, voor een scherp-
ziend oog, 's menschen ziel zigtbaar laten, en ik houd
vol, — voegde hij er bij, — dat een verstandig mensch
zijn hoed niet nederlegt, als hij in de kamer treedt, of
niet weer opneemt, als hij de kamer verlaat, zonder iets
te doen, dat hem als verstandig kenmerkt. —

— Om deze reden, — vervolgde mijn vader, — zal de
gouverneur, dien ik uitzoek, noch lispelen, [1]) noch scheel
zien, noch met de oogen knippen, noch te hard spreken,
noch knorrig zijn, noch een dwaas voorkomen hebben; —
hij zal niet op de lippen bijten, op de tanden knarsen,
noch door den neus praten, noch met de vingers aan den
neus komen, of zich met de vingers snuiten.

Hij moet noch al te snel, noch al te langzaam loopen,
noch de armen over elkander slaan, — want dat toont
luiheid aan; — noch ze laten hangen, — want dat is
een bewijs van dwaasheid; — noch de handen in den zak
steken, — want dat getuigt van onzin. —

Hij moet noch slaan, noch knijpen, noch kittelen, —
noch bijten, noch zich in gezelschap de nagels snijden,
noch proesten, of spuwen, of rogchelen, of met de vingers, of voeten trommelen; — en, — volgens Erasmus, —
moet hij ook met niemand spreken als hij watert, — of
op een aas, of een excrement opmerkzaam maken. —

— Dit is allemaal weêr onzin, — zei mijn oom Tobias
bij zichzelven. —

— Hij moet, — ging mijn vader voort, — opgeruimd,
vrolijk, gezellig zijn; — terzelfder tijd, voorzigtig, naauw-
lettend in zijn werk, waakzaam, scherpzinnig, vaardig in
het redeneren, vindingrijk, vlug in het oplossen van twijfelingen en speculative-vragen; — hij moet wijs zijn, en
oordeelkundig en geleerd, —

— En waarom niet nederig en gematigd en zachtaardig

---

1) Zie Pellegrina.   SCHRIJVER.

en goed? — vroeg Yorick. — En vrij en edelmoedig en milddadig en dapper? — zei mijn oom Tobias.

— Dat moet hij ook wezen, waarde Tobias, — hernam mijn vader opstaande en hem de hand gevende. — Dan, broêr Shandy, — hernam mijn oom Tobias, ook van zijn stoel opstaande, en zijne pijp neerleggende, om mijn vader met beide handen te kunnen vasthouden, — dan smeek ik u, op mijne aanbeveling, den zoon van den armen Le Fevre te nemen. — (Een vreugdetraan van het helderste water schitterde in het oog van mijn oom Tobias toen hij dit voorstel deed, en een tweelingstraan stond dadelijk in het oog van den korporaal.) — Gij zult begrijpen waarom, zoodra gij de geschiedenis van Le Fevre leest. — Dwaas, die ik ben! ik kan mij niet herinneren — (en gij welligt ook niet), — zonder het op te slaan, — wat het was, dat mij verhinderde het verhaal met de eigene woorden van den korporaal weer te geven, — maar de gelegenheid daartoe is voorbij: — ik moet het nu op mijne eigene wijze doen. —

HOOFDSTUK XLIX.

DE GESCHIEDENIS VAN LE FEVRE.

— Het was in den loop van den zomer van dat jaar in hetwelk de gealliëerden Dendermonde innamen, — dat is, ongeveer zeven jaren eer mijn vader naar buiten ging wonen, en ongeveer even zoo lang sedert mijn oom Tobias en Trim heimelijk mijn vaders huis in Londen verlaten hadden, om eenige der schoonste vaste plaatsen van Europa te gaan belegeren, — dat mijn oom Tobias, op zekeren avond, aan tafel was, terwijl Trim achter hem zat, bij een klein buffet; — ik zeg *zat*, — want des korporaals verlamde knie in aanmerking nemende, — die hem soms geweldig pijnlijk was, — wilde mijn oom Tobias nooit, — als hij alleen at, of het avondmaal gebruikte, — dat de korporaal zou blijven staan; — en zoo groot was de eerbied van dien armen jongen voor zijn heer, dat het mijn oom Tobias, met eene behoorlijke artillerie, minder moeite zou gekost hebben, Dendermonde zelf te nemen, dan des korporaals bezwaren op dit punt te overwinnen: — want, dikwerf als mijn oom Tobias veronderstelde, dat de korporaal zijn been liet rusten, keek hij rond, en betrapte hem achter zijn stoel in de eerbiedigste houding. — Dit gaf aanleiding, tot de eenigste kleine twisten, die zij in den loop van vijf en twintig jaren te zamen hadden; — maar dit doet er hier niets toe af; — waarom heb ik er ook van gesproken? — Men vrage het mijne pen; — die bestiert mij; — ik bestier haar niet.

Hij zat dus eens bij het avondeten, toen de kastelein van een klein logement in het dorp in de kamer trad, met een leeg fleschje in de hand, om een paar glazen wijn te vragen. — 't Is voor een ongelukkigen heer, die, naar ik meen, bij het leger dient, — zei de kastelein, — die sedert vier dagen bij mij ziek ligt, en het hoofd heeft laten hangen, en geen lust heeft gehad iets te gebruiken, tot op dit oogenblik, dat hij zin heeft gekregen in een glas wijn en een stukje geroosterd brood. — *Ik geloof*, — zei hij, met de hand over het voorhoofd strijkende, — *dat het mij goed zou doen*.

— Als ik den wijn niet afbedelen, of leenen, of koopen kon, — voegde de kastelein er bij, — zou ik hem bijna willen stelen voor den armen man; — zoo ziek is hij. — Ik hoop, dat God hem de gezondheid weer zal schenken; — vervolgde hij; — wij zijn allen met zijn leed begaan. —

— Gij zijt een goede vent, dat weet ik, — riep mijn oom Tobias, — en gij zult zelf op de beterschap van dien armen heer een glas wijn drinken, — en hem een paar flesschen brengen, met mijne complimenten, — en zeg hem, dat ze hem hartelijk gegund zijn, — en een dozijn meer er bij, als het hem goed doet.

— Hoewel ik overtuigd ben, Trim, — zei mijn oom Tobias, toen de kastelein de deur achter zich toegetrokken had, — dat hij een zeer goedhartig mensch is, kan ik toch niet nalaten ook eene zeer gunstige meening van zijn gast op te vatten. — Er moet iets meer dan gewoons in hem zijn, dat hem in staat gesteld heeft binnen zoo korten tijd, de genegenheid van den kastelein in zulk een hoogen graad te winnen. — En van zijne geheele familie ook, — voegde de korporaal er bij: — zij hebben allen medelijden met hem. — Loop hem eventjes achterna, — zei mijn oom Tobias, — en vraag hem, of hij weet, hoe die mijnheer heet?

— Dat heb ik waarlijk geheel en al vergeten, — zei de kastelein, met Trim weer in de kamer tredende; — maar ik zal het zijn zoon vragen. — Heeft hij een zoon bij zich? — zei mijn oom Tobias. — Een jongen, — hernam de kastelein, — zoo wat elf of twaalf jaar oud; — maar het arme schepsel heeft bijna even weinig als zijn vader gebruikt; — hij doet niets dan klagen en zuchten, van den vroegen morgen tot den laten avond. — Sedert twee dagen is hij niet van het ziekbed af geweest. — Mijn oom Tobias legde het mes en de vork neer, en stootte zijn bord van zich weg, toen de kastelein dit vertelde, en Trim, zonder dat het hem gezegd werd, ruimde de tafel op, en een paar minuten daarna, bragt hij mijn oom zijne pijp en tabak.

— Blijf nog een oogenblik in de kamer, — zei mijn oom Tobias. — Trim! — zei mijn oom Tobias, zoodra hij de pijp opgestoken had, en een paar halen gedaan had. — Trim trad vóór zijn meester en maakte zijne gewone buiging; — mijn oom ging voort met rooken, en sprak niets meer. — Korporaal! — zei mijn oom Tobias. — De korporaal boog weer. — Mijn oom Tobias ging niet voort, maar rookte de pijp uit. —

— Trim! — zei mijn oom Tobias; — ik heb een plannetje in het hoofd: — daar het slecht weêr is, zal ik mij in den mantel wikkelen en dien armen heer eens eventjes opzoeken. — Mijnheer heeft den mantel niet aan gehad, — hernam de korporaal, — sedert den nacht toen mijnheer zijne wond kreeg, terwijl wij op wacht stonden in de loopgraven voor de St. Nikolaas-poort; — en bovendien is het zoo koud en regenachtig, dat mijnheer met dien ouden mantel en dat slechte weêr, eene ziekte zal opdoen, en de oude pijnen in de lies weer krijgen. — Daar ben ik ook bang voor, — hernam mijn oom Tobias; — maar ik heb geen rust, na hetgeen mij de kastelein verteld heeft, Trim. — Ik wilde, dat ik niet zooveel van de zaak gehoord had, — of dat ik er meer van wist, — voegde mijn oom Tobias er bij. — Hoe zullen wij het aanleggen? — Mijnheer moet het maar aan mij overlaten, — zei de korporaal. — Ik zal mijn hoed en stok nemen, en naar het logement gaan en eene verkenning doen; en naar omstandigheden handelen; — en binnen een uur zal ik mijnheer een uitvoerig rapport komen doen. — Ga maar heen, Trim, — antwoordde mijn oom Tobias, — en daar hebt gij een *shilling* om zijn knecht op iets te trakteren. — Ik zal hem wel uithooren, — zei de korporaal, de deur achter zich toetrekkende.

Mijn oom Tobias stopte eene tweede pijp; — en ware het niet geweest, dat zijne gedachten tusschenbeide van het punt afdwaalden, om te overleggen, of het niet even goed zou zijn de *courtine* van de *tenaille* in eene regte als eene kromme lijn aan te leggen, — zou men kunnen zeggen, dat zoo lang hij aan het rooken bleef, hij aan niets anders dacht, dan aan den armen Le Fevre en zijn zoontje.

HOOFDSTUK L.

VERVOLG VAN DE GESCHIEDENIS VAN LE FEVRE.

— Mijn oom Tobias had reeds de asch uit zijne derde pijp geklopt, eer de korporaal uit het logement terugkeerde en hem het volgende berigt mededeelde: —

— In den beginne, — zei de korporaal, — wanhoopte ik aan de mogelijkheid, van mijnheer eenige berigten te verschaffen, omtrent den armen zieken luitenant. — Hij is dus in dienst? — vroeg mijn oom Tobias. — Ja wel, — zei de korporaal. — En bij welk regement? — vroeg mijn oom Tobias. — Ik zal mijnheer alles geregeld vertellen, — hernam de korporaal, — juist zoo als ik het gehoord

II.   4*

heb. — Dan zal ik nog eene pijp stoppen, Trim, — zei
mijn oom Tobias, — en u niet in de rede vallen eer gij
uitgepraat zijt; dus ga maar op uw gemak, op de venster-
bank zitten, Trim, en begin dadelijk op nieuw met uw
verhaal. — De korporaal maakte weer zijn gewone buiging, die over het algemeen uitdrukte, zoo duidelijk als
eene buiging zoo iets doen kon: — *Mijnheer is al te
goed!* — en dit gedaan hebbende, ging hij zitten, gelijk
hem bevolen was, en begon weer zijn verhaal voor mijn
oom Tobias, met bijna dezelfde woorden: —

— In den beginne, — zei de korporaal, — wanhoopte ik
aan de mogelijkheid van mijnheer eenige berigten omtrent
den luitenant en zijn zoon te verschaffen; — want toen
ik naar zijn bediende vroeg, — van wien ik overtuigd
was, alles, dat men met fatsoen vragen kon, te vernemen, — (Dat is eene zeer juiste bepaling, Trim, — zei
mijn oom Tobias;) — vertelde men mij, met mijnheers
verlof, dat hij geen knecht bij zich had, maar dat hij
naar het logement gekomen was met huurpaarden, die hij,
zich niet in staat gevoelende om verder te reizen (waarschijnlijk naar zijn regement), den morgen na zijne
aankomst teruggezonden had. — Als ik beter word,
kindlief, — zei hij, zijne beurs aan zijn zoon gevende,
om den koetsier te betalen, — kunnen wij hier ook
paarden krijgen. — Maar, helaas! de arme man zal
nooit verder komen, — zei mij de vrouw van den kastelein, — want ik heb den geheelen nacht het doodklop-
pertje hooren tikken; — en als hij sterft, zal het kind,
zijn zoon, zeker ook sterven; — want zijn hart is reeds
gebroken.

— Ik luisterde juist naar dit verhaal, — vervolgde de
korporaal, — toen de jongen in de keuken kwam, om het
geroosterd brood te bestellen, waarvan de kastelein gesproken had: — Maar ik zal het zelf voor mijn vader gereed
maken, — zei de jongen. — Mag ik u die moeite besparen,
jonge heer, — zei ik, de vork opnemende, en hem mijn
stoel aanbiedende, om hem naast het vuur te laten
zitten. — Ik verbeeld mij, mijnheer, — zei hij zeer bescheiden, — dat ik het zelf best naar mijn vaders smaak kan

doen. — Ik ben er van overtuigd, — zei ik, — dat het
mijnheer niet minder goed zou smaken, omdat het door
een oud soldaat geroosterd werd. — De jongen greep mij
bij de hand en barstte dadelijk in tranen uit. —

— Arme jongen! — zei mijn oom Tobias. — Hij is
zeker van kindsbeen af bij het leger geweest, en toen
gij het woord soldaat noemdet, Trim, was het hem juist
alsof gij een vriend genoemd hadt! — Ik wilde dat hij
hier was! — Nooit, zelfs niet na den langsten marsch,
heb ik zooveel trek tot eten gehad, — vervolgde de korporaal, als ik toen had om met hem te weenen. — Wat
was het toch, dat mij scheelde, mijnheer? — Niets ter
wereld, Trim, — zei mijn oom Tobias, den neus snui-
tende, — dan dat gij een goed hart hebt.

— Toen ik hem het geroosterd brood gaf, — vervolgde
de korporaal, — hield ik het voor gepast, hem te zeggen,
dat ik de knecht was van kapitein Shandy, en dat mijnheer, hoewel een vreemde voor hem, zeer bezorgd voor
zijn vader was; — en dat alles in mijnheers huis of
kelder, — (En gij hadt ook in mijne beurs kunnen zeggen, — viel hem mijn oom Tobias in de rede), — hem
van harte gegund was. — Hij maakte eene zeer diepe
buiging (die mijnheer gold), maar gaf geen antwoord,
want zijn hart was te vol; — dus ging hij met het geroosterd brood naar boven. — Ik sta er voor in, kindlief, — zei ik, de keukendeur openende om hem uit te
laten, — dat uw vader herstellen zal. — De hulpprediker
van mijnheer Yorick zat zijn pijpje te rooken bij het vuur;
maar zei geen enkel woord om den jongen te troosten. —
Dat beviel mij niet best; — voegde de korporaal er bij. —
Het bevalt mij ook niet, — zei mijn oom Tobias. —

Toen de luitenant zijn glaasje wijn en het geroosterd
brood gebruikt had, gevoelde hij zich een weinig versterkt,
en zond naar de keuken, om mij te laten weten, dat hij
mij verzocht over een minuut of tien naar boven te
komen. — Ik geloof, — zei de kastelein, — dat hij bidden
gaat; want er lag een boek op den stoel naast het
bed, en terwijl ik de deur toe trok, zag ik zijn zoon een
kussen opnemen.

— Ik dacht, mijnheer Trim, — zei de hulpprediker, —
dat de heeren militairen nooit baden? — Ik hoorde,
hoe die arme heer gisteren nacht hardop bad, en ook
zeer vroom, — zei de vrouw van den kastelein; — ik
hoorde het met mijne eigene ooren, of ik zou het nooit
geloofd hebben. — Weet gij het wel zeker? — hernam de hulpprediker. — Een soldaat, eerwaarde heer, —
antwoordde ik, — bidt even dikwerf (uit eigen beweging)
als een predikant, — en als hij voor zijn koning, zijn leven
en de eer strijdt, is er niemand ter wereld, die meer
reden heeft, een gebed aan God op te zenden. — Dat
was goed gezegd, Trim, — zei mijn oom Tobias. —
Maar als een soldaat, — zei ik, — met mijnheers verlof,
twaalf uren achter elkaar in de loopgraven, tot aan de
knieën toe in het water heeft gestaan, — of sedert
maanden, — zei ik, — op lange en gevaarlijke togten
geweest is; — misschien heden in de achterhoede aangevallen, — morgen weer op zijne beurt, zelf anderen aanvallende; — hier gedetacheerd; — daar weer teruggezonden; — den éénen nacht met de wapens in de hand
slapende, — den volgenden nacht in zijn hemd opgeroe-
pen; — in alle ledematen verstijfd; — misschien zonder
stroo in zijn tent, om er op te knielen, — dan moet hij
zijn gebed doen, *hoe* en *wanneer* hij kan. — Ik geloof, —
zei ik, — want ik was bezorgd, — vervolgde de korporaal, —
voor den goeden naam van het leger, — ik geloof, —
zei ik, — met mijnheers verlof, dat als een soldaat den
tijd kan vinden om te bidden, — hij ook even hartelijk bidt
als een predikant, — hoewel zonder zooveel drukte en
huichelarij. — *Dat* hadt gij niet moeten zeggen, Trim, —
zei mijn oom Tobias; — want God alleen weet, wie een
huichelaar is en wie niet. — Bij de groote en algemeene
monstering, korporaal, op den dag des laatsten oordeels, —
(en niet vóór dien tijd), — zal men zien, wie zijn pligt
in deze wereld vervuld heeft, en wie niet; — en dien
overeenkomstig zullen wij bevorderd worden. — Dat hoop
ik ook, — zei Trim. — Het staat in het Evangelie, —
zei mijn oom Tobias, — en ik zal het u morgen wijzen. —
Inmiddels kunnen wij gerust gelooven, Trim, tot onzen

troost, — ging mijn oom Tobias voort, — dat God zulk
een goede en regtvaardige Beheerscher dezer wereld is,
dat als wij maar onzen pligt gedaan hebben, — er niet naar
gevraagd zal worden, of wij het in een rooden of in een
zwarten rok gedaan hebben. — Dat hoop ik ook, — zei
de korporaal. — Maar ga toch voort met uw verhaal,
Trim, — zei mijn oom Tobias. —

   — Toen ik naar boven ging, — vervolgde de korporaal, — naar de kamer van den luitenant, — wat ik
niet deed eer de tien minuten verloopen waren, —
lag hij te bed, met het hoofd op de hand steunende, — met den elboog in het kussen gedrukt, en
eene schoone, wit linnen zakdoek naast hem. — De
jongen bukte zich juist om het kussen op te nemen,
waarop hij waarschijnlijk geknield had; — het boek lag
op het bed; — en toen hij opstond, met het kussen in
de ééne hand, strekte hij de andere uit, om het boek
ook te bergen. — Laat het maar liggen, kind, — zei de
luitenant. —

   — Hij maakte geene miene om mij aan te spreken,
totdat ik digt bij zijn bed gekomen was. — Als gij de
knecht van kapitein Shandy zijt, zei hij, moet gij uw
heer voor mij en mijn kleinen jongen bedanken, wegens
zijne beleefdheid. — Als hij bij Leven's regement gestaan
heeft, — zei de luitenant, — (ik verzekerde hem, dat
dit zoo was;) — dan, — zei hij, — heb ik drie veldtogten
met hem in Vlaanderen gemaakt, — en kan mij hem zeer
goed herinneren: — maar het is zeer waarschijnlijk, daar
ik de eer niet had persoonlijk met hem bekend te zijn,
dat hij niets van mij afweet. — Gij moet hem echter zeggen,
dat de persoon, dien hij zoo verpligt heeft, een zekere
Le Fevre is, luitenant bij het regement van Angus; —
maar hij kent mij toch niet; — zei hij ten tweeden male,
peinzende; — misschien echter, — voegde bij er bij, —
kent hij mijne geschiedenis. — Ik bid u, zeg aan den
kapitein, dat ik de vaandrig was, wiens vrouw zoo ongelukkig gedood werd door een geweerschot, toen zij in
zijn tent in zijne armen lag, bij Breda! — Ik herinner
mij het ongeluk zeer goed, mijnheer, — zei ik. — Zoo? —

zei hij, de oogen afvegende, — en ik verzeker u, ik
ook. — Dit zeggende, trok hij uit zijn boezem een kleinen ring, die naar het scheen, met een zwart lintje om
zijn hals gebonden was, — en dien hij tweemaal kuste. —
Hier, Willem! — riep hij: — de jongen vloog over de
kamer naar zijn bed, — en op de knieën vallende, kuste
hij ook den ring, dien hij in de hand genomen had, —
daarop kuste hij zijn vader, en ging op het bed zitten
en weende. —

— Ik wilde wel, — zei mijn oom Tobias, met een
zwaren zucht, — ik wilde wel, Trim, dat ik in slaap
was! —

— Mijnheer is maar al te zeer aangedaan, — hernam
de korporaal; — zal ik voor mijnheer een glas wijn in-
schenken bij de pijp? —

— Doe dat maar, Trim, — zei mijn oom Tobias. —

— Ik herinner mij, — zei mijn oom Tobias, op nieuw
zuchtende, — het verhaal van den vaandrig en zijne
vrouw, met eene omstandigheid er bij, welke zijne zedigheid hem heeft doen verzwijgen; — en vooral dat hij,
en zij ook, — om de eene of andere reden, welke ik niet
meer weet, — zeer beklaagd werd, door het geheele
regement; — maar breng uw verhaal ten einde.

— 't Is al ten einde, — zei de korporaal; — want ik
kon niet langer blijven; — dus wenschte ik mijnheer
goeden nacht. — De jonge Le Fevre stond van het bed
op, en geleidde mij tot onder aan de trap, en terwijl
wij naar beneden gingen, vertelde hij mij, dat zij uit
Ierland kwamen, en op weg waren naar het regement
in Vlaanderen. — Maar helaas! — ging de korporaal
voort, — de luitenant heeft zijn laatsten marsch achter
den rug! — Wat moet er dan van den armen jongen
worden? — riep mijn oom Tobias uit. —

HOOFDSTUK LI.

VERVOLG VAN DE GESCHIEDENIS VAN LE FEVRE.

— Het strekt tot blijvende eer van mijn oom Tobias, — hoewel ik het slechts hier vermeld ten behoeve van diegenen, welke steeds ingesloten tusschen de wet der natuur en de geschrevene wet, volstrekt maar niet weten, waarheen te gaan, — dat niettegenstaande mijn oom Tobias juist te dien tijde, ijverig bezig was met het beleg van Dendermonde, even als de geallieerden, die zoo driftig voortgingen, dat zij hem naauwelijks den tijd lieten zijn middagmaal te gebruiken, — hij toch Dendermonde opgaf, hoewel hij reeds de *contrescarp* bezet had, — en al zijne gedachten vestigde op het huisselijk ongeluk in het logement; — en nadat hij bevel gegeven had de tuindeur te sluiten, waardoor men zeggen kon, dat hij de belegering van Dendermonde in eene blokkade veranderde, — liet hij Dendermonde aan zijn lot over; — het mogt dan door den Franschen Koning ontzet worden, of niet, — al naar verkiezing van den Franschen Koning; — hij bedacht maar, hoe hij zelf den armen luitenant en zijn zoon zou helpen.

De Hemelsche vader, die een vriend is der verlatenen, zal u dat eenmaal vergelden! —

— Gij hebt toch iets in deze zaak verzuimd, — zei mijn oom Tobias tot den korporaal, terwijl deze hem hielp uitkleeden; — en ik zal u zeggen wat dat is, Trim. — Ten eerste, toen gij aan Le Fevre mijne hulp hebt aangeboden, — daar ziekte en reizen beiden kostbaar zijn, en gij weet, dat hij een arme luitenant is met een zoon, die van zijn traktement moet leven, — hadt gij hem ook mijne beurs moeten aanbieden; — omdat gij zeer wel weet, Trim, dat, als hij het noodig heeft, mijn geld ter zijner beschikking is. — Maar mijnheer weet, — zei de korporaal, — dat ik daartoe geen bevel had gekregen. — Dat is waar, — zei mijn oom Tobias; — als soldaat, Trim, hebt gij zeer goed gedaan; — maar als mensch voorzeker zeer verkeerd. —

— Ten tweede, — vervolgde mijn oom Tobias, — en
hierbij hebt gij ook weer dezelfde verontschuldiging, —
toen gij hem een aanbod deedt van hetgeen zich in
mijn huis bevindt, hadt gij hem ook mijn huis zelf er
bij moeten aanbieden. — Een zieke wapenbroeder, Trim,
moest de beste kwartieren hebben; — en als wij hem bij
ons hadden, konden wij bij hem waken en hem oppassen. —
Gij zijt zelf een uitstekende ziekenoppasser, Trim; —
en met behulp van uwe zorgen, en van de oude vrouw,
en van den jongen, en van mij, zouden wij hem dadelijk
weer klaar krijgen en op de been helpen. — In veertien
dagen, of drie weken, — voegde mijn oom Tobias er
bij, — zou hij op marsch kunnen gaan. — In deze wereld
zal hij, met mijnheers verlof, nooit weer op marsch gaan, —
zei de korporaal. — Hij *zal* weer op marsch gaan, — riep
mijn oom Tobias, van het bed opstaande, waarop hij
zat, met den éénen schoen aan, en den anderen reeds
uitgetrokken. — Met uw verlof, mijnheer, — herhaalde
de korporaal, — hij zal niet anders op marsch gaan, dan
naar het graf. — Hij *zal* marscheren, — riep mijn oom
Tobias, — met den voet, die nog in den schoen stak,
zelf marscherende, — evenwel zonder een duim vooruit te
komen; — hij *zal* marscheren, naar zijn regement. — Hij
kan niet eens staan, — zei de korporaal. — Men zal
hem dragen, — zei mijn oom Tobias. — Hij zal eindelijk
vallen, — zei de korporaal, — en wat moet er dan van
den jongen worden? — Hij zal *niet* vallen, — zei mijn
oom Tobias op vasten toon. — Och ja! — zuchtte Trim,
volhoudende, — wat wij ook voor hem doen, de arme
ziel moet sterven. — *Neen*, — *bij God!* — *hij zal niet*
sterven! — riep mijn oom Tobias.

— De beschuldigende engel, die dit misbruik van God's
naam in de hemelsche geregtszaal aanbragt, bloosde toen
hij het opgaf; — en de opteekenende engel, terwijl hij
het opschreef, liet een traan op het woord vallen, en
wischte het voor altijd uit. —

———

HOOFDSTUK LII.

— Mijn oom Tobias ging naar zijne schrijftafel, — stak zijne beurs in den broekzak, en nadat hij den korporaal bevolen had, om 's morgens vroeg een geneesheer te laten komen, — ging hij naar bed en viel in slaap. —

HOOFDSTUK LIII.

VERVOLG VAN DE GESCHIEDENIS VAN LE FEVRE.

— Den volgenden morgen schitterde de zon helder voor elk oog in het dorp, behalve voor dat van Le Fevre en zijn bedroefden zoon; — de hand des doods drukte hem reeds de zware oogleden toe, en het rad des levens stond bijna stil, toen mijn oom Tobias, — die een uur vroeger dan anders opgestaan was, — in de kamer trad, waar de luitenant lag, en, — zonder voorafgaande verklaringen of verontschuldigingen, — op een stoel ging zitten naast het bed, — in weerwil van alle gebruiken en gewoonten, de gordijnen opende, even als een oud vriend en wapenbroeder zou gedaan hebben, en vroeg, hoe de zieke het maakte, — hoe hij dien nacht gerust had, — wat hem scheelde, — waaraan hij pijn leed, — en wat hij voor hem doen kon; — en zonder hem den tijd te geven op eene dezer vragen te antwoorden, — ging hij voort en beschreef hem het plan, dat hij den vorigen avond reeds met den korporaal beraamd had.

— Gij zult dadelijk meê naar huis gaan, Le Fevre, — zei mijn oom Tobias, — bij mij; — en wij zullen een doctor later komen, om te zien waaraan het hapert, — en een apotheker ook; — en de korporaal zal u oppassen, — en ik zal u bedienen, Le Fevre. —

Er was iets openhartigs in mijn oom Tobias, — niet het *gevolg* van, maar de *aanleiding* tot gemeenzaamheid, — dat op eens zijne ziel voor anderen blootlegde, en zijne aangeborene goedheid bewees. — Bij dit alles, was er iets in zijne blikken, stem en manieren, dat altijd de ongelukkigen uitnoodigde bij hem te komen, en bescherming bij hem te zoeken; — zoodat eer mijn oom Tobias half gedaan had met zijne vriendelijke aanbiedingen ten behoeve van den vader, de zoon langzamerhand digt bij zijne knieën gekomen was, en hem van voren bij den rok gepakt had, en hem naar zich toe trok. — Het bloed en de levenskrachten van Le Fevre, welke reeds koud en traag begonnen te worden, en naar hunne laatste citadel, het hart, zich terugtrokken, flikkerden weer op: — de nevel verdween voor een poosje van zijne oogen; — hij keek mijn oom Tobias weemoedig aan; — dan wierp hij een blik op zijn zoon; — en die band, hoe fijn die ook was, werd nooit verbroken. —

De natuur bezweek oogenblikkelijk weer; — de sluijer viel weer voor zijne oogen, — de pols sidderde, — hield op, — klopte weer, — joeg, — hield weer op, — bewoog zich weer, — hield op. — — Zal ik voortgaan? — Neen.

HOOFDSTUK LIV.

Ik ben zoo verlangend tot mijne eigene geschiedenis terug te keeren, dat hetgeen er van de geschiedenis van den jongen Le Fevre over blijft, — dat wil zeggen, van dit ongeluk af, tot aan het oogenblik toen mijn oom Tobias hem aanbeval, tot leermeester voor mij, — met weinige woorden in het volgende hoofdstuk zal worden medegedeeld. — In dit hoofdstuk behoef ik slechts nog bij te voegen: —

— Dat mijn oom Tobias, met den jongen Le Fevre aan de hand, den armen luitenant naar het graf volgde.

Dat de gouverneur van Dendermonde hem de laatste militaire eerbewijzen betoonde, — en dat Yorick, om niet achter te blijven, — hem ook alle kerkelijke eerbewijzen aandeed, — want hij liet hem in zijne eigene kerk begraven. — Het blijkt ook, dat hij eene lijkpreek over hem hield. —

— Ik zeg *het blijkt*, — want het was Yorick's ge-

woonte, — even als bij de meesten van zijn beroep, — om
op de eerste bladzijde van elke preek, die hij maakte,
den tijd, de plaats en de gelegenheid op te teekenen,
wanneer hij die deed: en daarbij was hij gewoon eenige
korte aanmerking, of kritiek van de preek zelve te voegen, — wat echter zelden iets ter aanprijzing er van bevatte. — Bij voorbeeld, "Deze preek over de Joodsche
dispensatie bevalt mij in het geheel niet, hoewel ik bekennen moet, dat er veel schijngeleerdheid in steekt; —
maar het is zeer alledaagsch, en op eene zeer alledaagsche
wijze bij elkaar geklad. — Dit is slechts een zeer mager
stukje. — Wat spookte mij toch door het hoofd, toen
ik het maakte?

N. B. — "De schoonheid van dezen tekst is, dat die
voor elke preek past, — en de schoonheid van deze preek
is, dat ze voor elken tekst past." —

— "Wegens deze preek verdiende ik den strop; —
want het grootste gedeelte er van is gestolen. Doctor
Paidagunes heeft mij in de kaart gekeken. — ⁎⁎⁎ De
eene schelm betrapt den anderen."

Achter op een half dozijn preken, stond geschreven
"Zóó — tamelijk!" — en niets meer: — op een paar stond
"*Moderato*," — waarmede men zonder gevaar aannemen
kan, dat hij juist hetzelfde als "Zoo — tamelijk," bedoelde, — ten minste te oordeelen volgens Altieri's Italiaansch
woordenboek, — en vooral volgens het gezag van een eindje
oud groen touw, waarschijnlijk van Yorick's rijzweep afgetrokken, — waarmede hij de preken "*Moderato*" en het
half dozijn "Zóó — tamelijk's," in één bundeltje te zamen
vastgebonden heeft. —

Er is slechts ééne zwarigheid bij deze conjectuur, welke
daarin bestaat, dat de "*Moderato's*" vijfmaal zoo goed zijn
als de "Zóó-tamelijk's; — dat ze tienmaal meer kennis
van 's menschen hart aan den dag leggen; — met zeven-
tigmaal meer geest en vernuft geschreven zijn; — en (om
mijn climax geregeld te laten opklimmen), — van duizendmaal zooveel genie getuigen; — en om de kroon er
op te zetten, — oneindig onderhoudender zijn, dan de
overigen in hetzelfde pakje; — om welke reden, zoodra

de *dramatische* preken van Yorick uitgegeven worden, —
hoewel ik er slechts een der "Zóó — tamelijk's" bij zal
doen, — ik het gerust wagen zal, zonder eenigen schroom,
de twee *Moderato's* te laten drukken. —

— Ik kan mij volstrekt niet verbeelden, wat Yorick
bedoelde met de woorden *lentamente*, — *tenutè*, — *grave* —
en ook wel eens *adagio*, — op theologische geschriften
toegepast, en waarmede hij eenige zijner preken gemerkt heeft. — Het is mij nog onbegrijpelijker *a l'ottava
alta!* op de ééne te vinden; — *con strepito!* op eene
andere; — *Scicilliana*, op eene derde; — *alla capella*, op
eene vierde; — hier *con l'arco;* — daar weer *senza l'arco.* —
Alles, wat ik er van weet, is, dat het muzijkale kunst-
termen zijn, — welke eene zekere beteekenis hebben, —
en daar hij een liefhebber van muzijk was, — twijfel ik
er niet aan, dat zij door eenige vreemde toepassing op
zijne geschriften, een zeer duidelijk denkbeeld van den
aard dezer laatsten in zijne verbeelding opriepen, —
hoewel dat misschien niet het geval zij bij anderen. —

— Onder deze papieren, bevindt zich juist die preek, welke
mij ongevoelig tot deze afwijking verleid heeft, — namelijk
de lijkpreek op den armen Le Fevre, — netjes over geschreven, — als naar een klad. — Ik heb te uitvoeriger
er van gesproken, omdat het zijne lievelingspreek schijnt
te zijn geweest, — en over de lengte en breedte met een
touwtje zaamgebonden is, en dan opgerold en ingepakt
met een vel blaauw papier, — vroeger het couvert van
een tijdschrift, dat nog heden ten dage geweldig naar
paardenmedecijn ruikt. — Ik twijfel echter, of dit aan-
gemerkt moet worden als een blijk van nederigheid, vooral
omdat hij aan het einde van de preek, — (en niet aan het
begin er van), — geheel in strijd met zijne gewoonte, —
het woord

BRAVO!

geschreven had. — Maar volstrekt niet op eene hinderlijke
wijze; — want het woord staat ten minste twee en een
half duim ver van en onder den laatsten regel van de
preek, — geheel onder aan de pagina, — in den hoek,

aan den regterkant, — dien men, gelijk u bekend is,
gewoonlijk met den duim bedekt; — en, om de waarheid
te zeggen, is het ook zoo fijn geschreven, met eene kraaijen-
pen, en met zulk eene kleine letter, — dat het naauwelijks
in het oog valt, al is het niet door den duim bedekt; — dus
door *de wijze* waarop het geschreven is, moet men het
reeds half vergeven, — vooral daar de inkt zeer bleek
is, en zoodanig met water vermengd, dat men naauwelijks
er iets van zien kan. — Het heeft meer van een *ritratto*
van den schim der ijdelheid, dan van de ijdelheid zelve; —
het gelijkt meer op een flaauw bewustzijn van vluchtige
goedkeuring, die in het hart des schrijvers opgekomen
was, — dan op een onbeschaamd bewijs er van, op eene
verwaande wijze der wereld opgedrongen. —

In weerwil van al deze verontschuldigingen, weet ik wel,
dat ik door dit te openbaren, Yorick's karakter, ten
aanzien der bescheidenheid, niet bevoordeeld heb; — maar
iedereen heeft zijne gebreken, — en hetgeen dit gebrek ver-
mindert en geheel en al uitwischt, is de omstandigheid,
dat het woord later doorgehaald werd, — later, zoo als men
zien kan uit de geheel andere kleur van inkt, — alsof hij
veranderd was in de meening, die hij vroeger van de
preek koesterde, — of zich welligt er over schaamde. —

Deze korte beoordeelingen zijner preken waren altijd
geschreven, — behalve in dit ééne geval, — op het eerste
blad der preek, dat tot couvert diende; — gewoonlijk
aan den binnenkant, — naar den tekst toe gekeerd; —
maar aan het einde van het stuk, — waar hem vijf of
zes pagina's — en soms wel meer overbleven, waarover
hij beschikken kon, — nam hij een grooteren, — en inderdaad dikwerf een moediger sprong, — alsof hij de gelegenheid waargenomen had, om zijn hart lucht te geven
met eenige meer aardige zetten tegen de ondeugd, dan
de beperkingen van den kansel hem anders vergunden. —

Hoewel deze alle ligte troepen zijn, — en volstrekt
niet onder tucht staan, — zijn het toch bondgenooten
aan den kant der Deugd. — Zeg mij dus, mijnheer Van
Der Blonederdondergewdenstronke, waarom zou men ze
niet allen te zamen drukken? —

HOOFDSTUK LV.

Zoodra mijn oom Tobias alles tot geld gemaakt had,
en alle rekeningen tusschen den betaalmeester van het
regement en Le Fevre, en tusschen Le Fevre en de geheele wereld vereffend had, — bleef er niets meer over in
handen van mijn oom Tobias, dan eene oude uniform en
een degen, — zoodat mijn oom Tobias weinig of geen
tegenstand ondervond, toen hij het beheer van de boedel
op zich nam. — Den rok gaf mijn oom aan den korporaal. — Draag dien maar, Trim, — zei mijn oom Tobias, — zoo lang er de stukken van nog aan elkander
hangen, ter gedachtenis van den armen luitenant. — En
dit, — vervolgde mijn oom Tobias, het zwaard opnemende, en onder het spreken uit de schede trekkende, —
dit, Le Fevre, zal ik voor u bewaren, — het is de eenige
schat, — voegde mijn oom Tobias er bij, het zwaard tevens ophangende en met den vinger er op wijzende; — het
is de eenige schat, mijn lieve jongen, dien God u gelaten heeft; — maar als Hij u tevens moed geschonken
heeft, om u een weg in de wereld er mede te banen, —
en gij zulks als man van eer doen wilt, — is het meer
dan wij noodig hebben!

Zoodra mijn oom de eerste gronden gelegd had, en
den jongen Le Fevre geleerd had een regelmatigen veel-
hoek in een cirkel te trekken, zond hij hem naar eene
publieke school, waar hij, — behalve op Pinksteren en
Kersmis, als wanneer hij geregeld door den korporaal afge-
haald werd, — tot de lente van het jaar zeventien bleef,
toen de berigten van den togt der keizerlijke legers naar
Hongarije, om de Turken te bestrijden, een edel vuur
in zijn hart deden ontbranden, en hij, zonder verlof, het
Grieksch en Latijn vaarwel zeide, en een voetval voor
mijn oom Tobias doende, hem smeekte om het zwaard
van zijn vader en zijne vergunning om onder Prins Eugenius zijn geluk te gaan beproeven. —

Tweemaal vergat mijn oom Tobias zijne wond, — en
tweemaal riep hij uit: — Le Fevre, ik zal met u gaan,
en gij zult aan mijne zijde strijden! — en tweemaal legde

hij de hand op de lies, en liet het hoofd bedroefd en
neerslagtig hangen. —

Mijn oom Tobias nam het zwaard van de plaats, waar
het onaangeroerd gehangen had sedert den dood van den
luitenant, en gaf Trim bevel, om het te poetsen; —
en Le Fevre niet meer dan veertien dagen ophoudende, om
hem uit te rusten, en zijn overtogt naar Livorno te betalen, — gaf hij hem het zwaard in de hand. — Als gij
dapper zijt, Le Fevre, — zei mijn oom Tobias, — zal
dit u niet in den steek laten; — maar, — voegde hij er
bij, eenigzins peinzende, — het geluk kon het wèl doen; —
en gebeurt dat ooit, — vervolgde mijn oom Tobias,
hem omhelzende, — kom dan maar bij mij terug, Le Fevre,
en wij zullen wel raad weten te vinden. —

De grootste beleediging had niet zwaarder op het hart
van Le Fevre kunnen drukken, dan de vaderlijke genegenheid van mijn oom Tobias; — hij nam afscheid van
hem, als de beste der zonen van den besten der vaders: —
beiden weenden; — en bij de laatste omhelzing, drukte
hem mijn oom Tobias eene oude beurs van zijn vader
met zestig *guinjes* er in, en den ring zijner moeder er
bij, in de hand, — en bad God hem te zegenen. —

HOOFDSTUK LVI.

Le Fevre kwam juist bij tijds bij het keizerlijke leger
aan, om zijn zwaard te beproeven in de nederlaag van
de Turken bij Belgrado; — maar, sedert dat oogenblik,
werd hij buiten zijne schuld, vervolgd door eene reeks
van ongelukken, die hem vier jaren lang geene rust lieten. — Hij had, tot het laatste toe, in al deze rampen
goeden moed gehouden, totdat eene ziekte hem te Marseille overviel, van waar hij aan mijn oom Tobias schreef,
dat hij tijd, moeite, gezondheid, en, met één woord,
alles, behalve zijn degen verloren had; — en dat
hij op het eerste schip wachtte, om bij hem terug te
keeren. —

Daar deze brief ongeveer zes weken vóór Susannah's

ongeluk met mij ontvangen was, werd Le Fevre elk oogenblik verwacht, — en zweefde steeds voor den geest van mijn oom Tobias, terwijl mijn vader aan hem en aan Yorick eene beschrijving gaf van den persoon, dien hij tot mijn leermeester wilde uitzoeken: — daar echter mijn oom Tobias in den beginne zich verbeeldde, dat mijn vader eenigzins zonderling was in de volmaaktheden, die hij eischte, onthield hij zich van Le Fevre's naam te noemen, — totdat, door Yorick's tusschenkomst, de beschrijving onverwachts eindigde met de vereischten van zachtaardigheid, edelmoedigheid en goedheid, — en dit het beeld van Le Fevre en van zijne belangen zoo levendig aan de verbeelding van mijn oom Tobias voorstelde, dat hij oogenblikkelijk van zijn stoel opsprong, en de pijp neerleggende, om mijn vader met beide handen vast te houden, — zeide: — Mag ik u, broêr Shandy, den zoon van den armen Le Fevre aanbevelen? — Ik smeek u, toe te stemmen, — voegde Yorick er bij. — Hij heeft een goed hart, — zei mijn oom Tobias. — En hij is dapper ook, met mijnheers verlof, — zei de korporaal. —

— Menschen, die een goed hart hebben, zijn altijd dapper, Trim, — hernam mijn oom Tobias. — En de grootste lafaarden bij het regement, waren ook altijd de grootste schurken, mijnheer. — Daar was de sergeant Kumber, — en de vaandrig — —

— Wij zullen op een andere keer van hen spreken, — zei mijn vader.

HOOFDSTUK LVII.

— Wat zou dit toch eene vrolijke wereld zijn, met uw verlof, mijne heeren, — zonder dat verwarde doolhof van schulden, zorgen, grieven, gebrek, rampen, ontevredenheid, droefheid, groote weduwengiften, bedriegerijen en logens! —

Dr. Slop, dat duivelskind, zoo als mijn vader hem er voor noemde, — ten einde zichzelven te verheffen, — vernederde mij zoo veel mogelijk, — en maakte tienmaal meer ophef van Susannah's ongeluk, dan er reden toe bestond; zoodat binnen den tijd van ééne week, of nog minder, iedereen met het praatje rondliep, dat *de arme jonge heer Shandy* geheel en al! — terwijl de Faam, die gaarne alles vergroot, binnen de drie dagen er bijvoegde, en met een eed bekrachtigde, dat zij het gezien had! — en, zoo als gewoonlijk, schonk de geheele wereld haar vertrouwen, en geloofde hare verklaring, — dat, — "het raam van de kinderkamer niet slechts *, — maar dat * ook daarbij."

Indien men de wereld, even als een zedelijk, wettig erkend ligchaam had kunnen aanklagen, — zou mijn vader eene klagt ingediend, en het haar betaald gezet hebben; — maar om enkele menschen er over aan te vallen, zou, — daar iedereen, die over de zaak sprak, zulks met het grootst mogelijke medelijden deed, — niets anders geweest zijn, dan zijne beste vrienden voor het hoofd te stooten; — en toch het gerucht met stilzwijgen voorbij te gaan, zou zijn het ontegenzeggelijk voor waar te laten doorgaan, — ten minste in de oogen van de ééne helft der wereld, — en weder, door veel drukte te maken, met het tegen te spreken, — zou men het voor de andere helft evenzeer bekrachtigen. —

— Heeft men ooit een armen drommel zóó zien plagen, als men het mij doet! — zei mijn vader.

— Ik zou Tristram openlijk op de markt laten bekijken, — zei mijn oom Tobias.

— 't Zou niet helpen, — zei mijn vader.

HOOFDSTUK LVIII.

— Maar ik zal hem toch in de broek steken, — riep mijn vader, — wat men er ook van zegge!

II. 5

HOOFDSTUK LIX.

— Er zijn duizenden van besluiten, mijnheer, in kerk
en staat, — (en ook, mevrouw, van meer bijzonderen
aard), — welke, hoewel ze den schijn hebben, van op
eene overhaaste, onbedachtzame en vermetele wijze genomen te zijn, — desniettemin, — (zoo als gij, of ik,
als wij in het kabinet, of achter het scherm hadden kunnen
staan, ingezien zouden hebben), — gewikt, gewogen, overlegd, doordacht, — onderzocht en van alle kanten met
zooveel koelbloedigheid bekeken zijn geworden, dat de *Godin
der Koelbloedigheid* zelve, — (voor wier bestaan ik echter
niet instaan wil), — het niet anders wenschen, of beter
doen konde. —

Van dezen aard was ook mijn vaders besluit om mij
in de broek te steken, — hetwelk, ofschoon in één
oogenblik genomen, — om de geheele wereld als het ware
uit te tarten en te trotseren, — desniettemin reeds eene
maand te voren verstandig overlegd en besproken was,
door hem en mijne moeder op twee verschillende *lits de
justice*, bepaaldelijk door mijn vader daarvoor gehouden. —
In het volgende hoofdstuk zal ik dit uitleggen, en in het
daarop volgende hoofdstuk zult gij, mevrouw, eventjes
achter de gordijn staan, om te hooren op welke wijze
mijn vader en mijne moeder onderling raadpleegden over
deze gewigtige zaak; — en daaruit zult gij u een denkbeeld vormen van de manier, waarop zij dingen van
minder belang behandelden. —

HOOFDSTUK LX.

De aloude Germaansche Gothen, die, — (volgens
den geleerden Cluverius), — in den beginne het land
tusschen de Weichsel en de Oder bewoonden, — en met
welke later de Heruliërs en Bugiërs en eenige andere stam-
men der Vandalen vereenigd waren, — hadden de wijze
gewoonte van alle gewigtige staatszaken tweemaal te onderzoeken, — eenmaal als zij dronken, en eenmaal als

zij nuchter waren. — Als zij dronken waren, opdat het hun niet aan kracht, — en als zij nuchter waren, opdat het hun niet aan voorzigtigheid mogt ontbreken.

Daar mijn vader nu niets dan water dronk, — tobde hij zich bijna dood, eer hij wist, hoe hij dit evenzeer tot zijn voordeel zou kunnen keeren, als al het overige, dat de ouden gezegd of gedaan hadden; — en het was eerst in het zevende jaar na zijn huwelijk, — na duizenderlei verongelukte proeven en pogingen, — dat hij een middel uitvond, hetwelk aan zijn doel beantwoordde: — namelijk, als er eenig moeijelijk of gewigtig punt in de familie te beslissen was, dat tevens veel voorzigtigheid en moed eischte, — bepaalde hij den eersten Zondagnacht in de maand, en den onmiddelijk voorafgaanden Zaturdagnacht, om er over te beraadslagen met mijne moeder, als zij te bed lagen; — waardoor, mijnheer, als gij bedenkt, dat
* *
* *
*   .

Deze nachten noemde mijn vader, schertsende, zijne *lits de justice*, — want met behulp van de twee verschillende beraadslagingen, welke in twee verschillende luimen gehouden werden, — kwam hij gewoonlijk op een middenweg, die even digt bij de wijsheid was, alsof hij honderdmaal dronken en weer nuchter geweest ware: —

— Men moet niet voor de wereld geheim houden, dat dit even goed gaat in literarische discussies, als in krijgskundige of huwelijks-twisten; — maar niet ieder schrijver kan zulks op de wijze der Gothen en Vandalen beproeven; — en als hij dat kan, weet ik niet, of het altijd op zijn ligchamelijk welzijn voordeelig zou werken; — maar op de wijze van mijn vader, zou het altijd voor het beste zijner ziel wezen. —

— Ik zelf leg het op de volgende wijze aan: —

— Bij alle lastige en moeijelijke discussies, — (waarvan, de Hemel weet het! — er reeds al te veel in dit boek zijn), — als ik bevind, dat ik geen stap kan doen, zonder gevaar te loopen de Zeer Geleerde of Weleerwaarde heeren mij op den hals te halen, — schrijf ik de eene helft van het stuk met eene *volle*, — en de andere helft met eene *leege* maag. — Of ik schrijf het geheel met eene *volle* maag en verbeter het *vastende*, — of ik schrijf het *vastende* en verbeter het met eene *volle* maag; — want dat komt alles op hetzelfde neer. — Dus, minder afwijkende van mijn vaders plan, dan hij van het Gothische plan afweek, — gevoel ik, dat ik op gelijken voet met hem sta wat zijn eerste *lit de justice* betreft, — terwijl ik volstrekt voor hem onder doe, wat het tweede er van betreft: — Deze verschillende en bijna ongerijmde gevolgen, vloeijen voort uit de steeds wijze en verwonderlijke mechaniek der natuur; — waarvoor haar alle eer toekomt. — Alles wat wij te doen hebben, is, ons te beijveren om de machine te gebruiken ter verbetering en volmaking van de voortbrengselen der Kunsten en Wetenschappen. —

— Als ik nu met eene volle maag schrijf, — doe ik het, alsof ik nooit weer vastende moest schrijven; — dat is, ik schrijf zonder te denken aan de zorgen en ellende dezer wereld. — Ik tel niet het aantal mijner lidteekens, — en mijne verbeelding zoekt geene donkere hoeken en schuilplaatsen, om vooruit mijne steken te kunnen berekenen. — In één woord, mijne pen blijft vrij, en ik schrijf evenzeer uit een vol hart, als uit eene gevulde maag. —

— Maar, mijne heeren, als ik vastende schrijf, dan gaat het heel anders toe. — Ik heb alle mogelijke achting en eerbied voor de wereld, — en, — zoo lang het duurt, — heb ik even zooveel van de kruipende deugd der voorzigtigheid, als iemand ter wereld. — Dus schrijf ik, met het een en ander een ondoordacht, beleefd, onzinnig, goedaardig, Shandyaansch boek, — dat het uwe harten goed zal doen te lezen. —

En uwe hoofden ook, als gij het maar begrijpt.

HOOFDSTUK LXI.

— Wij moeten beginnen er aan te denken, — zei mijn vader, zich in het bed half rondkeerende, en zijn kussen iets digter bij dat mijner moeder brengende, toen hij de beraadslagingen opende; — wij moeten er aan denken, kindlief, om dezen jongen in de broek te steken. —

— Dat moeten wij ook, — zei mijne moeder.

— Wij hebben het schandelijk lang uitgesteld, mijne lieve, — zei mijn vader. —

— Dat hebben wij ook, — zei mijne moeder. —

— Maar het kind ziet er zoo goed uit in zijn kieltjes en jurkjes, — hernam mijn vader. —

— Ze staan hem al heel goed, — zei mijne moeder.

— Daarom is het haast zonde hem er uit te nemen, — voegde mijn vader er bij. —

— Dat is het ook, — gaf mijne moeder tot antwoord.

— Maar de jongen wordt al zoo groot, — hernam mijn vader. —

— Hij is zeer groot voor zijne jaren, — zei mijne moeder.

— Ik kan voor den drommel niet opmaken, op wien hij gaat gelijken! — zei mijn vader met nadruk. —

— Ik ook niet, — zei mijne moeder. —

— Hm! — zei mijn vader. —

(Het gesprek werd voor een oogenblik afgebroken). —

— Ik ben zelf zeer klein, — hervatte mijn vader, ernstig. —

— Ja, gij zijt nog al klein, — zei mijne moeder. —

— Hm! — zei weer mijn vader in zichzelven, tevens zijn kussen een eindje van mijne moeder wegtrekkende; — en daar hij zich omkeerde, werd de beraadslaging voor drie en een half minuut weder geschorst.

— Als de broek eenmaal gemaakt is, — riep mijn vader iets harder uit, — zal hij er als een gek meê uitzien. —

— In den beginne zal hij er nog al gek uitzien, — hernam mijne moeder. —

— En het zal gelukkig wezen, als er niets ergers gebeurt, — voegde mijn vader er bij.

— Ja, dat zou wel een gelukje wezen, — antwoordde mijne moeder. —

— Ik verbeeld mij toch, — hervatte mijn vader, na een oogenblik gezwegen te hebben, — dat hij juist er uit zien zal als een ander kind. —

— Juist, — zei mijne moeder. —

— Dat zou mij toch spijten, — voegde mijn vader er bij; — en de beraadslagingen werden weder gestaakt.

— De broek moet van leêr zijn, — zei mijn vader zich weder omkeerende. —

— Dat zou het langste duren, — zei mijne moeder. —

— Maar dat kan niet gevoerd worden, — hernam mijn vader. —

— Dat kan niet, — zei mijne moeder. —

— Het zou toch beter zijn, bombazijn te nemen, — zei mijn vader.

— Er is niets beter dan dat, — zei mijne moeder.

— Behalve diemet, — hernam mijn vader.

— Dat is het beste, wat men nemen kan, — zei mijne moeder.

— Hij moet echter niet dood verkouden worden, — hervatte mijn vader. —

— Wel, volstrekt niet, — zei mijne moeder; — en daarmede was het gesprek weer uit. —

— Ik heb mij echter vast voorgenomen, — zei mijn vader, ten vierden male het woord nemende, — dat hij er geene zakken in zal hebben. —

— Hij heeft ook geene zakken noodig, — zei mijne moeder. —

— Ik bedoel in zijn rok en vest, — riep mijn vader.

— Dat bedoel ik ook, — hernam mijne moeder. —

— Maar als hij een bromtol, — of andere tol krijgt, — voor zulke arme zieltjes is het even goed als kroon en schepter, — zal hij niet weten, waar hij er mede blijven moet. —

— Beschik het alles zoo als gij verkiest, — hernam mijne moeder. —

— Maar gelooft gij niet, dat het goed zou zijn? — vroeg mijn vader, haar het vuur aan de schenen leggende.

— Wel zeker, — zei mijne moeder, — als gij het maar goed vindt. —

— Wat drommel! — riep mijn vader, alle geduld verliezende. — Als ik het goed vind! — Gij zult nooit leeren **een** onderscheid te maken, — en ik kan het u niet bijbrengen, — tusschen een punt van genoegen en een punt van gemak! —

Dit gebeurde den Zondagnacht; — en meer zegt de geschiedschrijver niet. —

HOOFDSTUK LXII.

— Nadat mijn vader de zaak van de broek met mijne moeder overlegd had, — raadpleegde hij ook Albertus Rubenius er over, — en Albertus Rubenius behandelde mijn vader (zoo mogelijk), tienmaal erger in deze beraadslaging dan mijn vader mijne moeder behandeld had; — want, daar Rubenius één deel in quarto geschreven had bepaaldelijk *De re vestiaria veterum*, — had Rubenius ook mijn vader eenige inlichting moeten geven. — Maar mijn vader had even goed kunnen beproeven, de zeven hoofddeugden uit een langen baard te plukken, — als een enkel woord bij Rubenius over deze zaak te vinden. —

Over elk ander gedeelte der oude kleederdragt, gaf Rubenius mijn vader zeer uitvoerige berigten; — hij leverde hem eene zeer lange en voldoende beschrijving

Van de *Toga*, of wijden mantel;
" " *Chlamys;*
" " *Ephod;*
" " *Tunica;*
" " *Synthesis;*
" " *Paenula;*
" " *Lacema*, met den *Cucullus;*
" het *Paludamentum;*
" de *Praetexta;*
" het *Sagum*, of krijgsmansrok;
" de *Trabea;* — waarvan er drie soorten waren, volgens Suetonius.

— Maar wat is dit alles bij de broek? — zei mijn vader.

Rubenius wierp voor hem, als het ware op de toonbank, alle soorten van schoenen neder, welke de Romeinen gedragen hadden; als daar zijn: —

de open schoen;
″ digte ″
″ lage ″
″ houten ″
″ hooge ″
″ kothurn;

En de krijgsmansschoen, met groote spijkers er onder, die door Juvenalis vermeld wordt. —

Er waren ook verder de overschoen;

″ klompen;
″ sloffen;
″ muilen;
″ sandalen, met lissen er aan.

En daarenboven de vilten schoen;

″ linnen ″
″ geregen ″
″ geborduurde schoen;
″ *calceus incisus;*
En ″ *calceus rostratus.*

Rubenius toonde mijn vader, hoe goed ze allen pasten, — op welke manier ze gedragen werden, — met welke touwen, strikken, riemen, knoopen, banden, lintjes en haken. —

— Maar ik wenschte eenige broeken te zien, — zei mijn vader. —

Albertus Rubenius vertelde hem, dat de Romeinen stoffen van allerlei aard vervaardigden; — sommigen zeer eenvoudig; — anderen gestreept; — anderen met goud en zijde onder het wollen weefsel; — dat linnen niet algemeen gebruikt werd voor het verval van het rijk, toen de Egyptenaren, die zich daar vestigden, het invoerden: —

Dat menschen van hoogen stand en grooten rijkdom, zich onderscheidden door de fijnheid en witheid hunner kleeren; — en dat deze kleur (naast het purper, dat een teeken was van de hoogste waardigheden), het meest gezocht was, en gedragen werd op verjaardagen en bij openbare feestelijkheden: — dat het bleek, uit de beste geschiedschrijvers van dien tijd, dat ze dikwerf hunne kleeren naar den volmolen zonden, om ze te laten zuiveren en wasschen; — maar dat het lage volk, om die onkosten te vermijden, gewoonlijk bruine kleeren droeg, van een eenigzins grover weefsel, — tot het begin van de regering van Augustus, toen de slaaf zich als zijn heer kleedde, en bijna elk onderscheid van kleeding, behalve de *latus clavus*, verloren ging. —

— En wat was de *latus clavus?* — vroeg mijn vader. —

Rubenius vertelde hem, dat dit punt onder de geleerden nog niet uitgemaakt was; — dat Egnatius, Sigonius, Bossius Ticinensis, Bayfius, Budaeus, Salmasius, Lipsius, Lazius, Isaak Casaubon, en Jozef Scaliger het allen onderling oneens waren, — en dat hij het met hen ook niet eens was; — dat eenigen het hielden voor een knoop; — anderen weer voor den rok zelven; — anderen slechts voor de kleur er van; — dat de groote Bayfius, in zijn "Kleederdragt der Ouden," *Caput* 12, — ronduit bekende, dat hij niet wist, wat het was, — eene *fibula*, — een speld, — een knoop, — eene lis, — eene gesp, — of een slootje. —

Mijn vader verloor het paard, — maar niet den zadel. —

— Het zijn *haken en oogen*, — zei mijn vader, — en met haken en oogen liet hij ook mijne broek maken. —

HOOFDSTUK LXIII.

Wij gaan nu met eene nieuwe reeks van gebeurtenissen beginnen. —

Laten wij dus de broek in handen van den kleermaker, terwijl mijn vader met zijn stokje bij hem staat, hem onder het werk eene verhandeling over den *latus clavus* voorlezende, en de juiste plaats van den broekband aanwijzende, waar hij dien wilde laten zetten. —

II.   5*

Laten wij mijne moeder (die echte type van al de *Poco-curante's* van haar geslacht), — zich evenmin daarover bekommeren, als over andere dingen, die haar aangingen; — dat is, onverschillig *hoe* het gedaan werd, — mits zij het maar gedaan kreeg. —

Laten wij ook Slop over, om het volle voordeel mijner schande te genieten. —

Laten wij den armen Le Fevre aan zijn lot over, om, zoodra hij kan, te herstellen en van Marseille naar huis terug te keeren; — en eindelijk, — wat het moeijelijkst van allen is,

Laat mij, zoo mogelijk, *mijzelven* vergeten; — maar dat gaat niet; — ik moet, tot het einde van het boek bij u blijven. —

HOOFDSTUK LXIV.

Als de lezer zich geene duidelijke voorstelling kan maken, van de anderhalf roeden lands, aan het einde van den moestuin van mijn oom Tobias, en het tooneel van zoo vele gelukkige uren, — is de schuld niet aan mij, — maar aan de verbeeldingskracht van den lezer; — want ik heb hem waarlijk zulk eene naauwkeurige beschrijving er van gegeven, — dat ik mij bijna schamen moet. —

Toen het Noodlot, op zekeren namiddag, naar de groote gebeurtenissen van de toekomst uitkeek, en zich herinnerde tot welke doeleinden dit lapje gronds door een ijzeren besluit bestemd was, gaf de Godin een wenk er van aan de Natuur; — dit was voldoende; — de Natuur wierp er een schop vol der beste aarde op, met juist zooveel klei er in, als noodig was om de vormen der hoeken en uitgravingen te bewaren, — en niet zooveel er van, dat de grond aan de schop kon blijven hangen, om zulke roemrijke werken bij slecht weêr morsig te maken. —

Zoo als de lezer reeds vernomen heeft, kwam mijn oom Tobias daarnaar toe met de platte gronden van bijna elke versterkte plaats in Italië en Vlaanderen; — zoodat, voor welke stad ook de Hertog van Marlborough, of de gealliëerden het beleg verkozen op te slaan, mijn oom Tobias altijd er op voorbereid was. —

Zijne handelwijze dan, welke niets eenvoudiger kon zijn, was de volgende: —

Zoodra eene stad ingesloten was, — (en zelfs vóór dien tijd, als hij wist, dat het voornemen daartoe bestond), — nam hij den platten grond er van ter hand, — (van welke stad het ook zijn mogt), — en bragt die over juist op dezelfde grootte als zijn grasperk, op welks oppervlakte hij, door middel van een klos dun touw, en een aantal stokjes bij de verschillende in- en uitspringende hoeken in den grond gestoken, de lijnen op het papier na trok; — daarop het *profil* van de plaats met de versterkingen nemende, om de diepte en helling van de grachten te bepalen, — zoowel als den *talus* van het *glacis* en de juiste hoogte van de verschillende borstweringen, *banquettes*, enz., — zette hij den korporaal aan het werk, — dat ook voorspoedig vorderde. — De aard van den grond, — de aard van het werk zelf, — en vooral de goedaardigheid van mijn oom Tobias, — die van den vroegen morgen tot den laten avond er bij zat, — vriendschappelijk met den korporaal over vroegere heldendaden pratende, — lieten aan dit werk weinig meer dan den blooten *naam* van arbeid over. —

Als de plaats op deze wijze afgemaakt, en behoorlijk met verdedigingsmiddelen voorzien was, — werd ze belegerd; — en mijn oom Tobias en de korporaal openden de eerste loopgraven. — Ik verzoek, dat men mij niet ophoudt, door mij te vertellen, dat *de eerste loopgraven ten minste drie honderd toises van de hoofdversterking verwijderd moeten zijn, — en dat ik er geen duim voor opengelaten heb;* — want mijn oom Tobias was zoo vrij, inbreuk te maken op zijn moestuin, om zijne werken op het grasperk te kunnen vergrooten, — en om deze reden, opende hij gewoonlijk de eerste en tweede loopgraven tusschen twee rijen kool en bloemkool: — de gemakken en ongemakken hiervan zullen uitvoerig behandeld worden in de ge-

schiedenis van de veldtogten van mijn oom Tobias en
den korporaal, waarvan ik nu slechts eene schets schrijf,
die, — als ik mij niet vergis, — met drie pagina's af-
gedaan zal wezen; — maar dat kan men niet vooraf
bepalen. — De veldtogten zelve, zullen even zoo vele
boeken eischen; — daarom vrees ik, te veel van ééne
en dezelfde zaak in dit onzamenhangend werk te plaatsen, als ik, zoo als vroeger mijne bedoeling was, midden in het boek er over uitweiden wilde; — ze moeten
dus liever afzonderlijk uitgegeven worden. — Wij zullen eens
over de zaak nadenken; — stel u inmiddels met de volgende
schets tevreden: —

HOOFDSTUK LXV.

Zoodra de stad met hare vestingwerken voltooid
was, begonnen mijn oom Tobias en de korporaal de
eerste loopgraven te openen, — niet in het wild, of zonder berekening, — maar op dezelfde punten en afstanden als de gealliëerden met de hunne begonnen waren, —
hunne eigene vorderingen en aanvallen regelende volgens de berigten, welke mijn oom Tobias in de couranten vond, — zoodat zij gedurende de geheele belegering, stap voor stap, de gealliëerden bijbleven. —
Als de Hertog van Marlborough een punt bezette,
werd het ook door mijn oom Tobias bezet, — en als
een bastion vernield werd, of een verdedigingswerk gesloopt, — nam de korporaal dadelijk zijn houweel en deed
het na, — en zoo voorts; — steeds vorderende en één
voor één de werken in bezit nemende, totdat de stad in
hunne handen viel.
Voor iemand, die in het geluk van anderen vermaak
schept, kon er ter wereld geen schooner gezigt zijn, dan, —
des morgens, als de post aangekomen was, en de tijding
mede bragt, dat er door den Hertog van Marlborough
eene bres geschoten was, in de hoofdmuren van de
plaats, — achter het hek te staan en den frisschen moed
op te merken, waarmede mijn oom Tobias, met Trim
achter hem, uittrok, — de ééne met de courant in de

hand, — de andere met de schop op schouder, om de
hem gegeven bevelen uit te voeren. — Welk een opregte
triomf in de blikken van mijn oom Tobias, als hij naar
de wallen marscheerde! Welke diepgevoelde vreugde schitterde in zijne oogen, als hij bij den korporaal stond,
hem, tienmaal over, de paragraaf voorlezende, terwijl hij
werkte, — uit vrees, dat hij de bres een duim te wijd, — of
een duim te smal zou maken! — Maar als de roffel geslagen
werd, en de korporaal mijn oom Tobias door de bres
hielp, en hem met het vaandel in de hand volgde, om het
op de wallen te hijschen, — hemel! — aarde! — vuur! —
water! — Maar waartoe deze uitroepingen? — Uit alle
elementen, natte en drooge bij elkaar, — zou men zoo
iets bedwelmends niet kunnen bereiden!

Dezen gelukkigen weg bewandelden, vele jaren lang,
mijn oom Tobias en Trim, zonder eenige andere stoornis, dan dat de wind tusschenbeide eene week, of een
tiental dagen vlak in het westen stond, — wat de brie-
venpost uit Vlaanderen vertraagde, en beiden zoo lang
ontzaggelijk kwelde, — maar het was toch eene zalige
kwelling; — dezen gelukkigen weg, zeg ik, bewandelden
mijn oom Tobias en Trim vele jaren lang; — waarvan
elk jaar, en soms elke maand, — wegens de eene of andere uitvinding, door een van beiden gedaan, en welke
eene nieuwe betoovering of verbetering aan hunne krijgs-
verrigtingen verleende, — steeds nieuwe bronnen van genoegen opende.

De veldtogt van het eerste jaar werd van het begin
tot het einde op de eenvoudige wijze, die ik beschreven
heb, gedaan.

In het tweede jaar, gedurende hetwelk mijn oom Tobias
Luik en Roermonde innam, — besloot hij de onkosten
te maken van vier fraaije ophaalbruggen; — twee van
welke ik reeds vroeger in dit boek naauwkeurig beschreven
heb.

Aan het einde van hetzelfde jaar, voegde hij een
paar poorten er bij, met valdeuren; — deze laatsten werden
naderhand in stormtralies veranderd, als eene verbetering; — en in den loop van den winter van hetzelfde jaar,

trakteerde zich mijn oom Tobias, — in plaats van op een nieuw pak kleeren, dat hij altijd op Kersmis bestelde, — op een fraai schilderhuisje, dat geplaatst werd aan den hoek van het grasperk, tusschen hetwelk en den voet van het *glacis*, er eene soort van klein plein open bleef, waarop hij en de korporaal beraadslagen en hunne krijgsraden houden konden.

Het schilderhuisje was in geval van regen. —

Dit alles werd in den loop van de lente driemaal wit geverwd, waardoor mijn oom Tobias in staat gesteld was, met groote pracht te velde te trekken. —

Mijn vader zeide dikwerf tegen Yorick, dat als iemand anders ter wereld dan zijn broêr Tobias zoo iets ondernomen had, men het algemeen voor eene zeer fijne satire zou gehouden hebben op den praal en hoogmoed, waarmede Lodewijk XIV sedert het begin van den oorlog, — maar vooral sedert den aanvang van dat jaar, — te velde getrokken was. — Maar, — voegde mijn vader er bij, — het ligt niet in den aard van mijn broêr Tobias, dien goeden hals, — om wien het ook zij voor den gek te houden! —

Maar wij moeten verder gaan. —

EINDE VAN HET VIERDE DEEL.

TRISTRAM SHANDY.

Vijfde Deel.

Dixero si quid forte jocosius, hoc mihi juris
Cum venia dabis........
                                        HOR.

.... Si quis calumnietur levius esse quam decet theologum, aut
mordacius quam decet Christianum, - - - non ego sed Democritus
dixit.....   ERASMUS.

HOOFDSTUK I.

Ik moet opmerken, dat hoewel in den veldtogt van het eerste jaar het woord *stad* dikwerf vermeld wordt, — er toch, te dien tijd, nog geen stad zich binnen de *polygoon* bevond, — daar dit bijvoegsel niet gemaakt werd vóór den zomer op de lente volgende, in welke de bruggen en het schilderhuisje geverwd werden, — hetgeen gebeurde in het derde jaar der veldtogten van mijn oom Tobias. — Bij de inneming echter van Amberg, Bonn, en Rheinberg, Hoei en Limburg achtereenvolgens, kwam het denkbeeld bij den korporaal op, dat te praten over de inneming van zoo vele steden, *zonder eene enkele stad te hebben, die men aanwijzen kon*, — eene zeer ongelukkige manier van doen was; — dus stelde hij aan mijn oom Tobias voor, om een model eener stad te laten vervaardigen, van dun dennenhout — aan elkander geslagen en beschilderd, en in de *polygoon* geplaatst, om voor alle mogelijke versterkte steden te dienen. —

Mijn oom Tobias besefte oogenblikkelijk het doelmatige van dit plan, en stemde er dadelijk in toe, — twee groote verbeteringen echter er in brengende, waarop hij even trotsch was, alsof hij de oorsponkelijke uitvinder van het ontwerp geweest ware. —

De eerste verbetering was, dat hij de stad liet bouwen juist in den trant van die, welke ze waarschijnlijk zou moeten voorstellen, — met getraliede vensters aan de huizen, en overhangende gevels naar de straat toe, enz., enz., — even als te Gent en Brugge, en de overige Vlaamsche en Brabantsche steden. —

De tweede verbetering bestond daarin, dat hij de huizen niet, zoo als de korporaal voorgesteld had, aan elkander liet vastmaken, maar dat elk huisje afzonderlijk vervaardigd werd en aan de anderen kon vastgehaakt worden of niet, zoodat men den plattegrond van elke stad, die men wilde, getrouw blijven kon. — Dit alles werd oogenblikkelijk bestierd, en terwijl de timmerman aan het werk was, werd er menige blik van wederzijdsche gelukwensching tusschen mijn oom Tobias en den korporaal gewisseld. —

Den volgenden zomer ging het volmaakt goed: — het stadje was een volmaakte Proteus geworden. — Het speelde voor Landen en Trarbach, en Zandvliet, en Drusen, en Hagenau, en dan weer voor Ostende, Meenen, Ath en Dendermonde.

't Is zeker, dat sedert de tijden van Sodom en Gomorrha, geene stad zoo vele rollen speelde, als die van mijn oom Tobias. —

In het vierde jaar, daar mijn oom Tobias zich verbeeldde, dat eene stad er gek uitzag zonder kerk, voegde hij er eene zeer schoone bij, met een toren. — Trim wilde klokken er in hebben. — Mijn oom Tobias vond, dat men het metaal beter tot geschut kon aanwenden. —

Dit gaf aanleiding, in den volgenden veldtogt, tot het gieten van een zestal stukken kopergeschut, die drie aan drie geplaatst werden, aan weerskanten van het schilderhuisje van mijn oom Tobias; — binnen kort deden deze de behoefte gevoelen aan wat grover geschut, — en zoo voorts, — (zoo als altijd het geval is met stokpaardjesachtige zaken), — zoodat men van stukken, die een halve duim's *calibre* hadden, eindelijk tot mijn vader's rijlaarzen opklom. —

Het volgende jaar, toen Rijssel belegerd werd, en aan het einde van hetwelk Gent en Brugge in onze handen vielen, — kwam mijn oom Tobias, uit gebrek aan geschikte ammunitie, in groote verlegenheid, — ik zeg geschikte ammunitie, — omdat zijn grof geschut tegen

geen buskruid bestand was; — en dit was een geluk voor
de familie Shandy; — want de couranten waren, van het begin tot het einde der belegering, zoo vol van het onophoudelijke vuur door de belegeraars onderhouden, en de verbeeldingskracht van mijn oom Tobias raakte zoo verhit, dat hij
onfeilbaar zijn geheel vermogen verschoten zou hebben. —

Iets werd dus vereischt, om het buskruid te vervangen,
vooral bij een paar der hevigste oogenblikken van het
beleg, om het onafgebroken vuur in de verbeelding te
onderhouden; — en dit *iets* werd door den korporaal
verschaft, die vooral sterk op het punt van uitvindingen
was, — en een geheel nieuw stelsel van bombarderen
bedacht, — zonder hetwelk de militaire critici, tot aan
het einde der wereld toe, het gemis van een der grootste
noodzakelijkheden bij den toestel van mijn oom Tobias
opgemerkt zouden hebben.

Dit zal niet minder duidelijk worden, als ik mijne verklaring begin, zoo als ik dikwijls pleeg te doen, op
eenigen afstand van het onderwerp. —

HOOFDSTUK II.

Tegelijk met een paar andere kleinigheden, in zichzelve van geringe waarde, maar die door den korporaal
zeer geprezen waren, had zijn ongelukkige broêr, de
arme Thomas, hem, met het berigt van zijn huwelijk met
de Joodsche weduwe, overgezonden,

Eene Portugeesche *Montero*-muts en twee Turksche
tabakspijpen. —

De muts zal ik strakjes beschrijven. — De Turksche
pijpen waren niets bijzonders; ze waren gemonteerd
en versierd op de gewone wijze, met buigzame roeren
van marokijn leer, met gouddraad omwonden, en met
mondstukken, het eene van ivoor, het andere van ebben-
hout, met zilver ingelegd. —

Mijn vader, die alles ter wereld uit een ander licht
zag, dan ieder ander, zeide dikwijls tot den korporaal,

dat hij deze twee geschenken eerder als bewijzen van **de**
keurigheid, dan van de liefde van zijn broêr moest be-
schouwen. — Trim, — zeide hij, — Thomas wilde **zelf**
niet de muts of de pijp van een Jood gebruiken. —
Mijn' hemel, mijnheer! — zei de korporaal, een sterk
bewijs van het tegendeel willende geven; — hoe zou
dat mogelijk zijn? —

De *Montero*-muts was hoog rood van kleur, van extra-
fijn Spaansch laken, en met bont rondom omzoomd,
behalve van voren, waar het bezet was met een stuk
licht blaauw laken, ongeveer vier duim groot, en netjes
geborduurd; — de muts had waarschijnlijk aan een Por-
tugeeschen kwartiermeester toebehoord, — niet van de
infanterie, maar van de kavalerie, — zoo als men uit
de benaming er van ziet. —

De korporaal was er niet weinig trotsch op, zoowel
om zijn eigen, als om den wille van den schenker; dus
zette hij de muts zelden anders op, dan op feestdagen; —
en toch werd er nooit eene muts tot zoo vele verschillende
doeleinden gebruikt; — want in alle geschillen, hetzij
van krijgs- of kookkunst, — als de korporaal maar overtuigd was, dat hij gelijk had, — was de muts het onderwerp van des korporaals *eed*, — van zijne *weddingschap*, —
of zijne *wegschenking*.

Bij deze gelegenheid werd ze weer geschonken. —

— Ik verbind mij, — zei de korporaal tot zich zelven, — mijne *Montero*-muts aan den eersten besten
bedelaar te geven, die aan de deur komt, als ik dit
alles niet naar mijnheer's zin inrigt! —

Den volgenden morgen moest reeds alles gedaan zijn,
daar juist tegen dien tijd de bestorming van de *contre-
scarp* tusschen de Beneden-Deule en de St. Andries
Poort regts, — en links tusschen de St. Magdalena Poort
en de rivier, — plaats zou vinden. —

Daar dit de belangrijkste aanval was in den geheelen
oorlog, — bij welken men van weêrskanten het dapperste
en hardnekkigste vocht, — en waarbij ook het meeste
bloed verspild werd; — want de galliëerden verloren
zelven in den loop van dien morgen meer dan elfhonderd

man, — bereidde zich mijn oom Tobias er op voor met meer dan gewone plegtigheid. —

Den vorigen avond, toen mijn oom Tobias naar bed ging, liet hij zijne krulpruik, die sedert jaren omgekeerd in den hoek van een ouden reiskoffer gelegen had, er uit nemen en boven op den deksel leggen, zoodat ze voor den volgenden morgen gereed was, — en het eerste dat hij deed, toen hij 's morgens in zijn hemd uit het bed stapte, was om de pruik om te keeren, met het haar naar buiten, en — ze op te zetten. — Dit gedaan hebbende trok hij zijne broek aan, die hij om zijn lijf toeknoopte, hij gespte ook oogenblikkelijk den degen-koppel om, en had zijn zwaard reeds half er in gestoken, toen hij zich herinnerde, — dat hij zich scheren moest, — wat zeer ongemakkelijk zou zijn, als hij den degen om hield; — dus legde hij hem weer ter zijde. — Toen hij trachtte zijn uniform, — rok en vest, — aan te trekken, vond mijn oom Tobias, dat de pruik hem er bij hin-derde; — en ook die werd weer afgezet. — Dus met het een en ander, — zoo als altijd gebeurt, als de mensch haast heeft, — was het reeds tien uur, — een half uur na zijn gewonen tijd, toen mijn oom Tobias eindelijk de deur uit ging. —

HOOFDSTUK III.

Mijn oom Tobias was naauwelijks om den hoek van den ijpenheg gekomen, welke den moestuin van het gras-perk afzonderde, toen hij ontdekte, dat de korporaal reeds zonder hem den aanval begonnen had. —

Laat mij eventjes stilstaan, om u eene beschrijving te geven van den toestel van den korporaal, en van den korporaal zelven in het vuur van den aanval, — juist zoo als zij zich aan mijn oom Tobias voordeden, toen hij zich naar het schilderhuisje keerde, waar de korporaal aan het werk was; — want dit tooneel is eenig in zijne soort, — en geene vereeniging van alles wat grootsch en zonderling in de natuur is, kan zijns gelijken weder opleveren. —

De korporaal — —

Treedt zachtjes op zijn asch, gij mannen van genie, — want hij was met u naauw verwant: —

Laat geen onkruid op zijn graf groeijen, gij goede menschen, — want hij was uw broeder! — O, korporaal! had ik u maar nu, — nu, dat ik in staat zou zijn u een middagmaal en eene schuilplaats aan te bieden, — hoe zou ik u koesteren! — gij zoudt, elk uur van den dag, en elk uur van de week eene *Montero*-muts dragen; — en als die versleten was, zou ik u er twee nieuwe voor koopen! — Maar helaas, helaas, helaas! — nu dat ik dit, in weerwil van hunne eerwaarden kan doen, — vind ik er niet meer de gelegenheid toe; — want gij zijt niet meer; — uw geest is weder naar de sterren opgerezen, van welke die nedergedaald was; — en uw gevoelig hart, met al zijne mildheid en opregtheid, — is nu niets meer dan een "aardklomp!"

— Maar wat, — wat beteekent dit alles, bij de latere, gevreesde bladzijde, waarop ik eens beschrijven moet het fluweelen kleed, met de militaire eereteekens van uw meester versierd, — van hem, den edelsten en besten der stervelingen; — waarop ik u zal zien, gij getrouwe dienaar, met bevende hand, zijn degen en schede op de doodskist nederleggende, en u, doodsbleek, wendende naar de deur, om zijn treurend strijdros bij den teugel te nemen, om zijne lijkbaar er mede te volgen, gelijk hij u bevolen had. — Dan zullen al de stelsels van mijn vader door zijn leed worden verward; — en in weerwil van zijne wijsbegeerte, zal ik zien, hoe hij meer dan eens den bril van den neus afneemt, om den dauw er af te vegen, die de natuur er op heeft laten vallen, — als hij de woorden op de plaat gegraveerd, in de deksel van de doodkist, zoekt te lezen. — Ik zal zien, hoe hij bloemen op uw graf strooit, en in eene troostelooze houding, uitroept: — O Tobias, in welken hoek der aarde zal ik uws gelijken vinden? —

Genadige hemel, die de lippen der stommen eerst in den nood hebt geopend, — en de taal der stamelaars duidelijk hebt gemaakt, — als ik aan die gevreesde bladzijde kom, — onthoud mij uwe milde gaven niet!

HOOFDSTUK IV.

De korporaal, die reeds den vorigen avond besloten had, om te voorzien in iets, dat op een onophoudelijk vuur geleek, tegen den vijand gerigt gedurende het heetste van den aanval, — had het denkbeeld opgevat van iets uit te vinden, om tabaksrook tegen de stad te blazen, uit een van de zes veldstukken van mijn oom Tobias, die aan weerskanten van zijn schilderhuisje stonden; — en daar tevens het middel om dit gedaan te krijgen zich opdeed, hoewel hij zijne muts verpand had, begreep hij, dat die geen groot gevaar liep, dat zijne ontwerpen mislukken zouden.

Door een beetje er over na te denken, begreep hij weldra, dat hij met behulp van zijne beide Turksche pijpen, en van drie korte gewastlederen pijpen aan de einden er van vastgemaakt, en tevens gebonden aan een gelijk aantal kleine tinnen pijpen aan de zundgaten der kanonnen, met klei vastgekleefd, en dan hermetisch met gewastzijden draad bij de openingen in de Turksche pijpen gesloten, — dat hij, — zeg ik, — in staat zou zijn, zes stukken geschut tegelijk af te schieten, even gemakkelijk als of het er slechts één was. —

Laat niemand zeggen, dat men uit vodden en prullen geene werken kan uitpluizen ter bevordering van de menschelijke kennis. — Laat niemand, die de beschrijving van mijn vaders eerste en tweede *lit de justice* gelezen heeft, ooit zich verheffen en verklaren, dat uit de zamenkomst van deze of gene ligchamen geen vuur te slaan is, om de kunsten en wetenschappen er mede te helpen volmaken. — De hemel weet hoeveel ik er van houd; — de hemel kent de geheime gevoelens van mijn hart; — de hemel weet, zeg ik, dat ik op dit oogenblik, het hemd van mijn lijf zou willen geven om — — Gij zijt mal, Shandy, — zei Eugenius, — want gij hebt maar twaalf hemden ter wereld, — en gij zoudt het dozijn bederven. —

— Dat doet er niet toe, Eugenius, ik zou het hemd van mijn lijf willen geven, om tontel er van te maken, als het maar dienen konde, om één onrustigen onderzoeker te bewijzen, hoe vele vonken men met één fikschen slag van een steen en staal er in slaan kon. — Gelooft gij niet, dat door die er *in* te slaan, hij er ook welligt iets *uit* zou slaan? — Wel ja, — zoo zeker als tweemaal twee vier is!—

Maar dit alles zij in het voorbijgaan gezegd. —

De korporaal bleef het grootste gedeelte van den nacht opzitten, om zijn voornemen ten uitvoer te brengen; — en zijn geschut op de proef gesteld hebbende, door het tot aan de monding toe met tabak vol te proppen, ging hij naar bed. —

HOOFDSTUK V.

De korporaal was ongeveer tien minuten voor mijn oom Tobias naar buiten gegaan, om zijn toestel in gereedheid te brengen, en een paar schoten op den vijand te lossen, eer mijn oom Tobias aankwam. —

Tot dit einde had hij de zes kanonnen, allen digt bij elkaar voor het schilderhuisje van mijn oom Tobias opgesteld, slechts eene tusschenruimte van anderhalf el tusschen de drie kanonnen regts en de drie links open latende, — voor het gemak van het laden, enz., — en welligt, ook om twee batterijen te hebben, die hij zich misschien verbeeldde dat tweemaal zoo eervol waren als ééne. —

In de achterhoede, tegenover deze tusschenruimte, met zijn rug naar den ingang van het schilderhuisje, — had de korporaal — om te voorkomen, dat men hem in de flank zou aanvallen, — zeer voorzigtiglijk post gevat. — Hij hield het ivoren pijpje van de batterij aan de regterhand tusschen den duim en voorvinger van de regterhand; — en het ebbenhouten pijpje, met zilver beslagen, van de batterij links, tusschen den vinger en duim van de andere hand: — en met de regterknie vast op den grond steunende, alsof hij in het eerste gelid van zijn peloton ware, met zijne *Montero*-muts op het hoofd, was de korporaal druk bezig om zijne batterijen, welker vuur kruisde, met woede los te branden tegen de *contre-garde*, tegenover de *contrescarp*, waarop men dien morgen een aanval wilde doen. — Zijn eerste voornemen, — zoo als ik u reeds gezegd heb, — was slechts een schot of wat te doen; — maar het genoegen van den rook te zien, en van dien los te branden, had den korporaal ongevoelig weggesleept, en hem van schot tot schot verleid, tot in het heetste van den aanval, toen mijn oom Tobias zich bij hem voegde. —

't Was een gelukkig iets voor mijn vader, dat mijn oom Tobias op dien dag zijn testament niet behoefde te maken! —

HOOFDSTUK VI.

— Mijn oom Tobias nam het ivoren pijpje uit de hand van den korporaal, — bekeek het voor den tijd van ongeveer eene halve minuut en gaf het hem terug. —

In minder dan twee minuten, nam mijn oom Tobias het pijpje weer van den korporaal weg, — verhief het half naar zijn eigen mond, — en gaf het, ten tweeden male, haastig terug. —

De korporaal verdubbelde de woede van den aanval; — mijn oom Tobias glimlachte; — toen keek hij ernstig; — daarop glimlachte hij voor een oogenblik, — en dan keek hij weer voor een tijdlang ernstig. — Geef mij het ivoren pijpje, Trim, — zei mijn oom Tobias. — Mijn oom Tobias zette het aan de lippen, — trok het oogenblikkelijk weer terug, — en keek eventjes over het hek heen. — Nooit, in zijn geheele leven, had mijn oom Tobias zoo vurig naar een pijpje verlangd! — Mijn oom trok zich in het schilderhuisje terug met de pijp in de hand. —

Waarde oom Tobias, ga niet in het schilderhuisje met de pijp; — niemand kan zichzelven met zoo iets in een hoekje vertrouwen! —

HOOFDSTUK VII.

— Ik smeek den lezer mij hier te helpen het geschut van mijn oom Tobias achter de schermen te brengen; — om zijn schilderhuisje weg te schuiven, en zoo mogelijk het tooneel te bevrijden van horenwerken en halve manen, en ook al het overige krijgshaftige toestel uit den weg te ruimen: — als dat gedaan is, mijn waarde vriend Garrick, zullen wij de kaarsen snuiten, — het theater met een nieuwen bezem afvegen, — het scherm weer optrekken en mijn oom Tobias in eene nieuwe rol vertoonen, — waarin men zich onmogelijk zal kunnen voorstellen, hoe hij zich houden zal: — en toch, als het medelijden met de liefde naauw verwant, — en de dapperheid er niet vreemd aan is, — hebt gij blijken genoeg van beide in mijn oom Tobias gezien, om den familie-trek — (indien er een bestaat), — tusschen deze twee hartstogten, zelfs te kunnen opsporen. —

IJdele Wetenschap! Gij verleent ons geen bijstand in zaken van dezen aard, — en in alle andere zaken brengt gij ons in de war. —

— Mijn oom Tobias, mevrouw, was bezield met eene opregtheid van hart, die hem zoo ver verwijderde van al die kronkelpaden, langs welke zaken van dezen aard gevoerd worden, — dat gij u — ja, dat gij u er geene voorstelling van kunt maken: — bovendien was er zooveel eenvoudigheid en eerlijkheid in zijn gemoed, met zulk een onergdenkende onwetendheid van de diepten en geheimen van het vrouwelijk hart; — en hij stond zoo naakt en hulpeloos voor u (als hem geene belegering door het hoofd spookte), dat gij u hadt kunnen verschuilen in een uwer kromme wegen, onverschillig welken mevrouw, om mijn oom Tobias tienmaal 's daags door het hart te schieten: — als negenmaal u niet voldoende geschenen had. —

— Daarenboven, mevrouw, — en dit bragt alles weer van den anderen kant in de war, — was mijn oom Tobias bezield met die onvergelijkelijke zedigheid van aard, waarvan ik u vroeger gesproken heb, en die,

ter loops gezegd, eeuwig en altijd de wacht hield over
zijne driften, zoodat gij even goed — — Maar waartoe
laat ik mij verleiden? — Deze overdenkingen maak ik
ten minste tien bladzijden te vroeg, en verknoei den
tijd, dien ik met het beschrijven van feiten moest be-
zigen. —

HOOFDSTUK VIII.

— Van de weinige echte Adamskinderen, wier hart
nooit door den pijl der liefde getroffen werd, — (in
de eerste plaats aannemende, dat alle vrouwenhaters bas-
taards zijn), — hebben de grootste helden van oudere en
nieuwere tijden negen tiende van de eer weggedragen; —
en ik wenschte, om hunnentwille, dat ik slechts voor
vijf minuten den sleutel mijner studeerkamer uit den put
kon krijgen, waarin ik hem geworpen heb, om u hunne
namen mede te deelen: — ik kan mij allen niet herinneren; — stel u dus voor het oogenblik met de volgende tevreden: —

Daar was de groote koning Aldrovandus, en Bosphorus,
en Cappadocius, en Dardanus, en Pontus, en Asius, —
om niet te spreken van den hardvochtigen Karel XII,
met wien zelfs de Gravin van K**** niets beginnen kon. —
Daar waren ook Babylonicus, en Mediterraneus, en Po-
lixenes, en Persicus, en Prusicus; — van welke niemand, (behalve Cappadocius en Pontus, die beiden
eenigzins in verdenking komen), — ooit de knie voor
den Minnegod boog. — De waarheid er van is, dat zij
allen iets anders te doen hadden; — en dit was ook het
geval met mijn oom Tobias, — totdat het Noodlot, —
ik zeg het Noodlot, hem de eer niet gunnende om met
Aldrovandus en de overigen bij het nageslacht opge-
noemd te worden, — op eene verraderlijke wijze, den
Vrede van Utrecht zamenlapte. —

Gelooft mij, mijne heeren, het was het ergste, dat die
Godheid in den loop van dat jaar ten uitvoer bragt!

HOOFDSTUK IX.

Onder de vele treurige gevolgen van den vrede van
Utrecht, had het ook bijna mijn oom Tobias een afkeer
voor alle belegeringen gegeven; en hoewel later de lust
daartoe weer bij hem ontwaakte, liet zelfs het verlies
van Calais geene diepere wond in het hart van Maria
terug, dan die welke Utrecht aan mijn oom Tobias toe-
bragt. — Tot den laatsten dag van zijn leven, kon hij
niet verdragen, dat men een enkel woord van Utrecht
repte, — en hij kon niet eens een nieuwsberigt lezen,
uit de Utrechtsche Courant overgenomen, zonder er bij
te zuchten alsof zijn hart gebroken was.

Mijn vader was een man, die er veel van hield de
reden van alles te onderzoeken, en daarom was hij ook
een zeer gevaarlijk persoon om bij iemand te zitten, die
òf lachte òf weende; — want over het algemeen, wist
hij beter dan de mensch zelf die het deed, hoe men
er toe kwam, — en hij troostte mijn oom Tobias bij
deze gelegenheden, altijd op eene wijze, die duidelijk
zijne meening te kennen gaf, dat niets bij de geheele
zaak mijn oom Tobias zoo zeer ergerde, als het verlies
van zijn STOKPAARDJE. — Wees gerust, broêr Tobias, —
plagt hij te zeggen, — als de Hemel er niet tegen is,
zal er spoedig weer een oorlog losbarsten; — en als dat
het geval is, — kunnen de oorlogvoerende mogendheden
bij geene mogelijkheid ons buiten het spel laten. — Ik zet
het hun, waarde Tobias, — voegde hij er bij, — om een
land te bezetten zonder steden in te nemen, — of om steden in te nemen zonder ze te belegeren. —

Mijn oom Tobias nam dezen slinkschen steek van
mijn vader tegen zijn STOKPAARDJE gerigt, nooit al te
goed op. — Hij hield het voor een onridderlijken steek; —
vooral omdat de ruiter even goed als het paard getroffen
werd, — en dat ook op de schandelijkste plaats waarop
een slag kon vallén; zoodat hij bij deze gelegenheden
altijd de pijp op tafel neerlegde, om zich met buitengewoon veel vuur te verdedigen. —

Ik vertelde den lezer, reeds twee jaren geleden, dat

mijn oom Tobias niet welsprekend was: — op dezelfde
bladzijde gaf ik een voorbeeld van het tegendeel. — Ik
moet de opmerking herhalen, en tevens eene daadzaak vermelden, die dadelijk weer in strijd er mede is. —
Hij was niet welsprekend; — het was voor mijn oom
Tobias niet gemakkelijk om lange redevoeringen te maken, — en hij had een afkeer van bloemrijke taal; —
maar er waren gelegenheden, waarbij de stroom hem
medesleepte, en zoodanig buiten zijne oevers trad, dat
in sommige opzigten mijn oom Tobias, voor het oogenblik Tertullus evenaarde, — en in vele andere opzigten,
volgens mijn begrip, hem verre overtrof. —

Mijn vader was zoodanig ingenomen met eene dezer
apologiën van mijn oom Tobias, die hij op zekeren avond,
toen ook Yorick er bij was, uitgesproken had, dat hij
alles opschreef eer hij naar bed ging. —

Ik heb het geluk gehad dit stuk onder mijn vaders papieren te vinden, met hier en daar een bijvoegsel van hem
tusschen twee haken: dus ( ); — het is betiteld:

*Mijn broêr Tobias' regtvaardiging van zijne eigene
grondbeginselen en gedrag, in zijne wenschen om den
oorlog voort te zetten.*

Ik kan gerust verklaren, dat ik deze apologie van
mijn oom Tobias wel honderdmaal gelezen heb, en houd
ze voor zulk een schoon voorbeeld van zelfverdediging,
die van zooveel zachtaardigheid, moed en gezonde grondbeginselen getuigt, dat ik het stuk woord voor woord
(met de bijvoegsels er bij), aan de wereld geef, juist zoo
als ik het gevonden heb. —

HOOFDSTUK X.

APOLOGIE VAN MIJN OOM TOBIAS.

Ik ben wel overtuigd, broêr Tobias, dat als iemand,
die krijgsman van beroep is, even als ik, den oorlog
wenscht, zulks voor de wereld een boozen schijn heeft; —
en dat hoe regtvaardig en eerlijk ook zijne bedoelingen

en beweegredenen zijn mogen, — hij in eene slechte positie staat, als hij zich verdedigen moet tegen de beschuldiging van door bijoogmerken bezield te zijn. —

Om deze reden, als een soldaat een voorzigtig mensch is, — hetgeen best het geval kan zijn, zonder zijne dapperheid in het minst te kort te doen, — zal hij zijn wensch in de tegenwoordigheid van een vijand niet uiten; — want, wat hij ook zegge, zijn vijand zal hem niet gelooven. — Hij zal tevens voorzigtig zijn, hoe hij zich uitlaat zelfs tegenover een vriend, — uit vrees, dat hij zijne achting mogt verbeuren; — maar als zijn hart bezwaard is, en hij in het geheim eens zuchten moet naar den strijd, — zal hij zulks doen in het bijzijn van een broêr, die zijn karakter door en door kent, zoo wel als zijne wezenlijke begrippen, neigingen en grondbeginselen. — Hoe ik hoop in dit alles mij gedragen te hebben, broêr Shandy, zou het mij niet betamen nu te zeggen; — welligt ben ik lang niet zoo goed als ik had moeten wezen, — en welligt zelfs iets minder goed dan ik mij zelf verbeeld; — maar wat ik ben, — mijn waarde broêr, kunt gij, dien dezelfde borst gevoed heeft, — met wien ik sedert mijne kindschheid ben opgegroeid, en voor wien ik, sedert de eerste jaren van onze kinderspelen tot heden toe, geen ééne daad, en naauwelijks ééne gedachte van mijn leven verborgen heb, — kunt gij, zeg ik, weten, en mijzelven en al mijne gebreken en zwakheden ook, hetzij van den ouderdom, of van luim, of van driften, of van verstand kennen.

Zeg mij dan, waarde broêr Shandy, om welke mijner gebreken het is, dat toen ik den vrede van Utrecht afkeurde, en het betreurde, dat de oorlog niet met een weinig meer kracht werd doorgezet, gij u verbeelddet, dat uw broeder zulks uit eene onwaardige beweegreden zou doen; — of waarom gij dacht, dat toen hij den oorlog wenschte, hij slecht genoeg was te wenschen, dat zijne medemenschen gedood, of tot slaven gemaakt, en vele huisgezinnen uit hunne vreedzame woningen verdreven zouden worden, alléén om zijn eigen vermaak. — Zeg mij, broêr Shandy, op welke mijner daden hebt gij deze veronderstelling gegrond? (*De eenige daad, die ik ken, waarde Tobias, is de honderd pond, die gij van mij geleend hebt, om deze verwenschte belegeringen er mede voort te zetten!*)

Was het mijne schuld, — dat toen ik nog een schooljongen was, ik de trom niet kon hooren slaan, zonder hartkloppingen te krijgen? — Heb ik deze gewaarwording opgewekt? — Of was het de natuur, die de roffel sloeg? —

Toen het Leven van Guy, Graaf van Warwick, en van Parismus en Parismenus, en de Schoone Slaapster in het bosch, — en de Zeven Kampioenen van Engeland in de school rondgingen, — heb ik ze niet allen met mijn eigen zakgeld gekocht? — Was dat zelfzucht, broêr Shandy? — Toen wij van de belegering van Troje lazen, die tien jaren en acht maanden duurde, — hoewel men de plaats met de artillerie, die wij te Namen hadden, binnen de week had kunnen bedwingen, — treurde ik niet, even zoo goed als ieder andere jongen op school, over den dood der Grieken en Trojanen? — Kreeg ik niet drie slagen met de *ferula*, twee op de regter- en één op de linkerhand, — omdat ik Helena eene ligtekooi noemde, wegens de rol, die zij er bij speelde? — Was er iemand uwer, die meer tranen om Hector stortte? — En toen koning Priamus naar het kamp kwam, om zijn zoons lijk terug te vragen, en weenende er mede naar Troje terugkeerde, — toen, weet gij wel, broêr Shandy, dat ik 's middags geen stukje eten kon. —

Bewijst dit, dat ik wreedaardig ben? — Of, broêr Shandy, omdat mijn bloed mij naar het slagveld dreef, en mijn hart naar den oorlog zuchtte, — was dat een bewijs, dat het tevens voor de rampen van den krijg ongevoelig was? —

O Broêr, het is geheel iets anders voor een krijgsman om lauweren te plukken, of om cypressen te planten. — (*Wie toch heeft u, waarde Tobias, verteld, dat de ouden cypressen gebruikten bij treurige gelegenheden?*) —

't Is iets anders, broêr Shandy, voor den soldaat, om zijn eigen leven te wagen; — om het eerst in de loopgraven te springen, waar hij zeker is, dat men hem

over de kling zal jagen; — uit liefde tot zijn vaderland
en uit zucht naar roem, de eerste te zijn, die in de
bres springt; — om in het voorste gelid te staan, en dapper voorwaarts te dringen met vliegende vaandels, en
slaande trommels en knetterende trompetten; — 't is iets
anders, zeg ik, broêr Shandy, dit alles te doen, dan
na te peinzen over de rampen van den oorlog: — om
geheele landstreken verwoest te zien, en om na te denken
over de ondragelijke vermoeijenissen en ontberingen, die
de soldaat zelf, de bewerker van al die ellende, — voor
een paar stuivers 's daags (als hij het krijgen kan), —
door moet staan. —

Is het noodig mij te zeggen, waarde Yorick, hetgeen ik eens van u hoorde, in de lijkpreek van den armen
Le Fevre, *dat zulk een zachtaardig en goedig wezen
als de mensch, voor liefde, barmhartigheid en weldadig-
heid geschapen, voor zoo iets niet geschikt is?* — Maar,
Yorick, gij hadt er bij moeten voegen, dat zoo niet
de *natuur*, wel eens de *noodzakelijkheid* hem daartoe
dwingt. — Want, wat is oorlog? — Wat is het anders
Yorick, — als het een oorlog is, zoo als de onze, voor
vrijheid -en voor *eer*, — wat is het anders, dan het vergaderen van rustige, onschuldige menschen, met wapens
in de hand, om de eerzuchtigen en onruststokers binnen
de behoorlijke palen te houden? — En ik neem den Hemel
tot getuige, broêr Shandy, dat het genoegen, dat ik in
deze zaken gesmaakt heb, — en vooral het oneindig genot,
dat mijne belegeringen op het grasperk mij opgeleverd
hebben, — bij mijzelven, en naar ik hoop ook bij den korporaal, toe te schrijven is aan de bewustheid, die ons
beiden bezielde, dat wij niets anders deden, dan aan onze
bestemming op deze aarde beantwoorden. —

HOOFDSTUK XI.

— Ik heb den Christelijken lezer verteld; — ik zeg
Christelijken, — hopende, dat hij het is; — en als dat
niet het geval is, spijt het mij, — en ik verzoek hem

de zaak wel eens bij zichzelven te overleggen, en de schuld er van niet geheel en al op dit boek te schuiven; —

Ik heb hem verteld, mijnheer; — want waarachtig als men een verhaal doet op de vreemde wijze, waarop ik het doe, moet men steeds heen en weer draven, om alles in de verbeelding van den lezer bij elkander te houden; — en als ik niet zorgde, dit meer te doen, dan in den beginne, — er komen zoo vele onduidelijke en dubbelzinnige zaken voor, — met zoo vele uitlatingen en afbrekingen er in, en de *sterretjes* geven zoo weinig licht, die ik in eenige der donkerste passages uithang, — omdat ik weet, dat de wereld, zelfs op den klaren, lichten dag, gemakkelijk op een dwaalweg raakt — — en nu ben ik zelf verdwaald geraakt! —

— Maar dat is de schuld van mijn vader; — en wanneer men mijn brein ontleedt, zult gij, ook zonder bril, kunnen zien, dat hij er één langen, ongelijken draad in gelaten heeft, — zoo als men soms ziet, in een onverkoopbaar stuk batist, — door het geheel doorloopende, en op zulk eene ongelukkige wijze, dat men er niet eens een ** (hier hang ik weer een paar lichtjes uit), — of een streepje, — of een vingerlapje, uitsnijden kan, zonder dat men dien draad ziet, of gevoelt. —

Quanto id diligentius in liberis procreandis cavendum, — zegt Cardanus. — Dit alles in aanmerking nemende, — en daar gij ziet, dat het zedelijk onmogelijk voor mij is, om nu terug te keeren naar het punt van waar ik uitging, —

— Zal ik het hoofdstuk weer van voren af aan beginnen. —

HOOFDSTUK XI.

— Ik vertelde den Christelijken lezer, — in den beginne van het hoofdstuk, vóór de apologie van mijn oom Tobias, — hoewel met een ander beeld, dan ik nu gebruiken zal, dat de vrede van Utrecht op het punt was geweest, dezelfde verkoeling tusschen mijn oom Tobias en zijn Stokpaardje te weeg te brengen, als tusschen de

II.   6*

Koningin en de overige hooge, contracterende mogendheden. —

Een mensch kan soms op eene knorrige wijze van
zijn paard afstijgen, alsof hij zeggen wilde: — "Nu
loop ik liever mijn geheel leven te voet, dan dat ik
ooit weer een uurtje op uw rug ga zitten." — Men
kan echter niet zeggen, dat mijn oom Tobias op deze
wijze afsteeg; — want, streng genomen, kan men in het
geheel niet zeggen, dat hij er afsteeg; — het was eerder
zijn paard, dat hem er af wierp, — en dat ook op eene
eenigzins *kwaadaardige* wijze, — wat ook maakte, dat
mijn oom Tobias zich het zeer ter harte nam. — De
staats-jockey's mogen deze zaak naar hun eigen zin uitmaken; — maar zoo als ik gezegd heb, bragt dit eene
soort van verkoeling tusschen mijn oom Tobias en zijn
Stokpaardje te weeg. — Hij had het dier niet noodig,
van Maart tot November toe, — dus den geheelen zomer
nadat de vrede onderteekend was, — behalve om tusschenbeide een ridje te doen, om te zien of de versterkingen en de havendam van Duinkerken volgens de overeenkomst, gesloopt werden. —

De Franschen waren den geheelen zomer zoo lui in
het aanpakken van dit werk; en Monsieur Tugghe, de afge-
vaardigde van de magistraat van Duinkerken, bood zoo
vele aandoenlijke smeekschriften aan de Koningin aan, —
hare Majesteit verzoekende slechts de vestingwerken, welke
hare ongenade verdiend hadden te vernielen, en om den
havendam, — den havendam toch te sparen, — die in zijn
ontblooten toestand slechts een voorwerp van medelijden
was; — dat de Koningin, (die toch maar eene vrouw bleef),
— mededoogend van aard zijnde, — en hare ministers ook,
die in hun hart niet wenschten, de stad geheel en al
vernield te zien, — om deze bijzondere redenen, * * * *
* *
* *
* *
* * * * zoodat het voor mijn oom Tobias te langzaam
ging; — en het was eerst ruim drie maanden, nadat hij
met den korporaal de stad gebouwd, en zoodanig in-

gerigt had, dat men ze slopen kon, dat de verschillende commandanten, commissarissen, afgevaardigden, onderhandelaars, en intendanten, hem veroorloofden aan den gang te gaan. — Rampzalige tijd van werkeloosheid!

De korporaal wilde de sloping beginnen, door eene bres in de wallen, of hoofdversterkingen der stad te maken. — Neen; dat gaat niet, korporaal, — zei mijn oom Tobias; — want als gij zoo begint, zal het Engelsche garnizoen in de stad geen uur meer in veiligheid zijn: — omdat als de Franschen verraderlijk te werk willen gaan — — Zij zijn verraderlijk als duivels, met mijnheers verlof, — zei de korporaal. — Het spijt mij altijd, als ik dat hoor, Trim, — zei mijn oom Tobias, — want het onbreekt hun niet aan persoonlijke dapperheid: — en als men eene bres in de wallen maakt, kunnen zij er indringen en de plaats overrompelen zoodra het hun goed dunkt. — Laat ze maar binnen komen! — zei de korporaal, de schop met beide handen opheffende, alsof hij er mede op los gaan wilde; — laat ze maar binnen komen, mijnheer, als zij durven! — In gevallen als het tegenwoordige, korporaal, — zei mijn oom Tobias, zijn stok door zijne regterhand latende glijden, totdat hij hem bij het midden vasthield, en hem dan als een veldheersstaf ophoudende, met uitgestrekten voorvinger, — moet de veldheer niet bedenken, wat de vijand zal durven, of niet durven ondernemen; — maar hij moet met voorzigtigheid handelen. — Wij zullen met de buitenwerken beginnen, zoowel aan de zee- als aan de landzijde, en vooral met Fort Louis, het meest verwijderd punt van allen, en dat eerst vernielen; — en dan de overige versterkingen, één voor één, regts en links, ons steeds in de rigting van de stad terug trekkende; — dan zullen wij den havendam vernielen, — en de haven dempen, — ons naar de citadel verder terug trekken en die eindelijk in de lucht laten vliegen; — en als wij dit gedaan hebben, korporaal, zullen wij ons naar Engeland inschepen. — Wij zijn er al, — zei de korporaal zich bedenkende. — Dat is ook waar! — hernam mijn oom Tobias, naar den kerktoren kijkende.

HOOFDSTUK XII.

— Een paar beraadslagingen van dezen aard, rijk in illu-
siën, maar ook in genot, tusschen mijn oom Tobias en Trim
over de slechting van Duinkerken, — riepen voor het oogenblik de herinnering aan die genoegens terug, welke nu
vervlogen waren. — Toch, — toch ging alles zwaar van
de hand: — de vroegere betoovering had den geest verzwakt; — de *Stilte*, met het *Stilzwijgen* achter haar, trad
in de zitkamer, en wierp haar benevelenden sluijer over
het hoofd van mijn oom Tobias; — en de *Onver-
schilligheid*, — met slappe spieren, en oogen zonder
uitdrukking, plaatste zich stil naast hem op den leuningstoel. — Het vooruitzigt op Amberg, en Rheinberg, en
Limburg, en Hoei en Bonn, in hetzelfde jaar, en de hoop
op Landen, en Trarbach, en Drusen en Dendermonde in
het volgende jaar, deden den pols niet meer kloppen: —
bommen, en mijnen, en blinden, en schanskorven en pa-
lissaden, boden geen wederstand meer aan deze schoone
vijandin van 's menschen geluk; — mijn oom Tobias kon
nu niet meer, nadat hij de Fransche liniën doorbroken
had, terwijl hij zijn eitje 's avonds at, tot in het hart
van Frankrijk doordringen, — over de Oyes trekken, en
met geheel Picardie achter zijn rug open, tot onder de
muren van Parijs marscheren, en met roemrijke beelden
voor den geest in slaap vallen: — Hij droomde niet meer,
dat hij den koninklijken standaard op den toren van de
Bastille geplant had, en ontwaakte niet meer in de verbeelding, dat hij boven zijn hoofd wapperde: —

— Zachtere beelden, — zoetere wenschen baanden
zich langzamerhand een weg tot zijne droomen; — de
oorlogstrompet viel uit zijne hand; — hij nam de luit
op, — het schoonste van alle muzijk-instrumenten! — het
teederste van allen! — Het moeijelijkste te bespelen! —
Wat zult gij er van maken, waarde oom Tobias?

HOOFDSTUK XIII.

Omdat ik nu een paar maal, met mijne gewone ónbedachtzaamheid gezegd heb, vast overtuigd te zijn, dat de volgende gedenkschriften van de liefde van mijn oom Tobias voor de weduwe Wadman, — zoodra ik er aan kwam, — een der meest volmaakte stelsels bevatten zouden èn van het elementaire èn van het praktische gedeelte der liefde en der verliefdheid, dat ooit de wereld gezien heeft, — moet gij u, om deze reden verbeelden, dat ik beginnen zal met eene beschrijving van *hetgeen de liefde is?* — Een halve god, — of een halve duivel? — zoo als Plotinus beweert; —

— Of volgens eene meer oordeelkundige *equatie*, — aannemende, dat de liefde in het geheel *tien* voorstelt; — dat ik, even als Ficinus, beslissen zal *"hoeveel deelen ze bevat van den één — en hoeveel van den anderen?"* — Of, dat ik even als Plato, volhouden zal, *dat zij maar één groote duivel is,* — van top tot teen? — Over welk begrip ik mijne meening niet uiten zal: — mijn denkbeeld echter van Plato is; — dat hij, volgens dit voorbeeld, iemand schijnt geweest te zijn van denzelfden aard, en denkwijze als Dr. Baynyard; — die een groote vijand van Spaansche vliegen zijnde, omdat hij zich verbeeldde dat een half dozijn er van een mensch even zeker naar het graf zouden slepen, als eene lijkkoets, met zes paarden, — daaruit op eene vermetele wijze opmaakte, dat de duivel zelf niets anders was dan eene groote *cantharide.* —

Ik heb niets anders tot menschen te zeggen, die in het redeneren zulke verbazende vrijheden nemen, dan hetgeen Nazianzenus uitriep (in zijne polemiek), — tot Philagrius: —

"Εὖγε!" 't Is mij wat liefs, mijnheer, inderdaad eene schoone wijze van redeneren, — ὅτι φιλοσοφεῖς ἐν πάθεσι," — en gij streeft op eene edele wijze naar de waarheid, als gij in kwade buijen en drift er over redeneert?

— Om dezelfde reden, moet men zich niet verbeelden, dat ik mij ophouden zal, te vragen of de liefde eene ziekte is, — of mij kwellen met Rhasis en Dioscorides, om te

onderzoeken, of zij in de lever of het brein zetelt; —
omdat dit mij leiden zou tot een onderzoek van de twee
verschillende manieren waarop men lijders daaraan behandeld heeft; — vooreerst volgens Aaetius, die altijd begon
met eene verkoelende injectie van hennepzaad en komkommers, en vervolgde met dunne drankjes van waterleliën en porselein, met een snuifje van *hanea* kruid; — en,
waar Aaetius het wagen durfde, — zijn ring met topazen. —

De tweede wijze was die van Gordonius, die (Cap. XV,
de amore) — aanraadt, de lijders af te ranselen "*ad putorem
usque*" — totdat zij stinken. —

Deze zijn onderzoekingen, waarmede mijn vader, die
zeer veel kennis van dezen aard had, — het zeer druk zal
hebben, in den loop der lotgevallen van mijn oom Tobias. — Ik moet nog even vooraf mededeelen: — Dat van
zijne theoriën over de liefde (waarmede, terloops gezegd,
hij mijn oom evenzeer plaagde, als diens verliefdheid zelve
hem kwelde), — hij dadelijk tot de praktijk overging, en
hem pijnigde door middel van een stuk wasdoek met kamfer
doortrokken, dat hij den kleermaker voor eene zekere soort
van gewast leêr in de handen stopte, toen hij eene nieuwe
broek voor mijn oom Tobias maakte, — en bragt dus op
hem de door Gordonius aanbevolen uitwerking te weeg, —
zonder hem aan de schande er van bloot te stellen. —

Men zal ter behoorlijker plaatse vernemen, welke ver-
anderingen hierdoor veroorzaakt werden; — bij deze
anekdote, behoef ik hier slechts bij te voegen; — dat,
welke uitwerking deze behandeling ook op mijn oom
Tobias mogt hebben, — ze eene allerakeligste uitwerking
in het geheele huis had; — en als mijn oom Tobias ze
niet door tabaksrook bedwongen had, is het wel mogelijk, dat ze voor mijn vader ook nare gevolgen zou gehad hebben. —

HOOFDSTUK XIV.

— 't Zal strakjes wel van zelf blijken. — Ik houd
nu alleen vol, dat het niet noodzakelijk voor mij is,
met een definitie van de liefde te beginnen; — en zoo

lang ik op eene duidelijke wijze met mijn verhaal kan
voortgaan, met behulp van dat woord zelf, — zonder er
iets anders bij te denken, dan alle overige menschen,
waarom zou ik één oogenblik vóór den tijd het met hen
oneens worden? — Als ik niet verder kan, — en mij
geheel verdwaald zie in dit mystieke doolhof, — zal mijne
meening natuurlijk te pas komen, — om mij er uit te
helpen. —

Voor het oogenblik, hoop ik, dat men mij genoegzaam verstaan zal, als ik den lezer vertel, dat mijn oom
Tobias *verliefd werd*.

— Niet dat deze uitdrukking mij bevalt: — want als
men zegt, dat men *verliefd* is, — of *vreesselijk verliefd*, —
of *tot over de ooren verliefd*, — en soms *tot gek wordens
toe verliefd*, — geeft men ingewikkeld ook te kennen,
dat de *liefde* iets is, dat den mensch vernedert. — Dit
zou eene terugkeer zijn tot de gevoelens van Plato, — wat
ik, — met allen eerbied voor dien goddelijken wijsgeer, —
voor kettersch — en verdoemelijk houd: — en daarmede
is het uit. —

Dus, wat ook de liefde zij; — mijn oom Tobias werd
verliefd. —

En het is ook mogelijk, waarde lezer, dat met dezelfde
verleiding gij het ook zoudt worden; want nooit hebben
uwe oogen aanschouwd, — of uw hart begeerd iets, dat
begeerlijker was dan de weduwe Wadman. —

HOOFDSTUK XV.

— Om dit duidelijk te beseffen, — laat pen en inkt
komen; — hier hebt gij papier bij de hand. — Ga zitten,
mijnheer, en schilder haar af naar uw eigen zin; —
zooveel mogelijk op uwe beminde; — zoo weinig mogelijk op uwe vrouw gelijkende, als uw geweten toe-
laat; — het kan mij niet schelen, — als gij maar aan
uwe eigene verbeelding voldoet. —

— Hebt gij ooit in uw geheel leven iets zoo schoons, zoo bekoorlijks gezien? —

— Dan vraag ik u, waarde heer, hoe mijn oom Tobias daaraan wederstand kon bieden?

Driemaal gelukkig boek! — Gij zult ten minste ééne bladzijde bevatten, welke de *Kwaadaardigheid* niet lasteren, en de *Onwetendheid* niet verkeerd voorstellen kan!

HOOFDSTUK XVII.

— Daar Susannah, door eene expresse van Jufvrouw Bridget vernomen had, vijftien dagen eer het gebeurde, dat mijn oom Tobias op hare mevrouw verliefd was geworden, — en den inhoud van deze *depêche* den volgenden morgen aan mijne moeder mededeelde, — heeft dit mij in de gelegenheid gesteld, om de geschiedenis der verliefdheid van mijn oom Tobias veertien dagen eer ze bestond, te beginnen. —

— Ik heb u iets nieuws te vertellen, manlief, — zei mijne moeder, — dat u zeer verrassen zal. —

— Mijn vader hield juist toen één zijner tweede *lits de justice*, en peinsde in zichzelven over de rampen van het huwelijksleven na, toen mijne moeder de stilte afbrak.

— Zwager Tobias, — zeide zij, — gaat trouwen met Mevrouw Wadman! —

— Dan, — zei mijn vader, — zal hij nooit weer dwars over zijn bed heen kunnen liggen. —

Het was eene gruwelijke kwelling voor mijn vader, dat mijne moeder nooit de beteekenis van iets vroeg, dat zij niet verstond.

— Dat het geene wetenschappelijke vrouw is, — zei mijn vader, — dat is haar ongeluk; — maar zij kon wel naar iets vragen. — Dat deed mijne moeder echter niet. — In één woord, zij verliet eindelijk de wereld, zonder te weten of die rond draaide, of stil stond. — Mijn vader

had haar wel duizendmaal, zeer dienstvaardiglijk verteld, hoe het er mede stond; — maar zij vergat het
altijd weer. —

Om deze reden werd een gesprek tusschen hen zelden
verder voortgezet, dan van eene stelling tot een
antwoord, — een repliek en dupliek; — waarna het
voor eenige oogenblikken uitgeput was (even als in de
zaak van de broek), — en dan weer voortgezet werd. —

— Als hij trouwt, zal het niet best voor ons wezen, —
zei mijne moeder. —

— Het zal ons geen duit schelen, — zei mijn vader; —
het komt er niet op aan, of hij op het huwelijk zijn kruid
verschiet, — of op wat anders. —

— Dat is waar, — zei mijne moeder. — Dus eindigde
de stelling, de repliek en dupliek, waarvan ik u reeds
gesproken heb. —

— Het zal hem ook eene afleiding verschaffen, — zei
mijn vader.

— Eene groote afleiding, — hernam mijne moeder, —
als hij maar kinderen krijgt.

— Heere bewaar ons! — zei mijn vader in zichzelven. —

HOOFDSTUK XVIII.

Ik begin nu goed aan den gang te komen, en met
behulp van een planten dieët, en eenige der verkoelende
zaden, waarvan ik reeds gesproken heb, hoop ik met
de geschiedenis van mijn oom Tobias en van mijzelven,
in eene bijna regte lijn, verder te kunnen voortgaan. —
Nu zijn dit de vier lijnen,

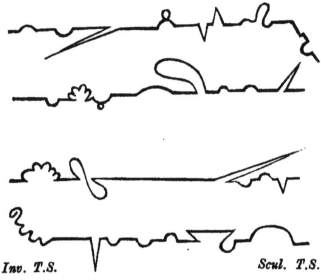

Inv. T.S.   *Scul. T.S.*

waarlangs ik mij bewogen heb, in mijn eerste, tweede,
derde en vierde deel; — in het vijfde deel, ben ik zeer
zoet geweest, — en de volgende is juist de lijn, die ik
er in gevolgd heb: —

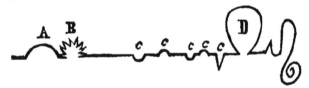

    Waardoor het blijkt, dat behalve den boog A, toen
ik een uitstapje maakte naar Navarra; — en bij de ge-
tande linie B, toen ik bij Jonkvrouw de Baussiere en haar
pagie was, — ik volstrekt geene afwijking van belang
gemaakt heb, totdat de duivels van Jean de La Casse
mij den omweg D deden beschrijven; — want de plaatsen
c c c c c, beteekenen niets dan de parenthesen en gewone
zijwegen en kromme paden, die de grootste staats-minis-
ters in hun levensloop beschrijven, en vergeleken met
hetgeen anderen gedaan hebben, — of met mijne eigene
kromme sprongen, A, B, D, — verdwijnen ze in het
niet. —

In dit laatste deel heb ik nog meer gedaan, — want van het einde van Le Fevre's geschiedenis, tot aan **het** begin van de veldtogten van mijn oom Tobias, — ben ik naauwelijks één stap van den weg afgeweken. —

— Als ik op deze wijze voortga met mij te verbeteren, — is het niet onmogelijk, met behulp van de duivels van Zijne Genade van Benevento, — dat ik zoo uitmuntend word, dat ik kom tot: —

---

namelijk tot eene lijn, die ik zoo regt mogelijk getrokken heb, langs het liniaal van den schrijfmeester, — dat ik tot dat einde geleend heb, — noch regts noch links afwijkende. —

— Deze *regte* lijn — is de beste weg, dien een Christen bewandelen kan, — zeggen de Godgeleerden. —

— Het is een zinnebeeld der zedelijke deugd! — zegt Cicero.

— Het is de *beste* lijn, — zeggen de koolplanters.

— De kortste lijn, — zegt Archimedes, — die men tusschen twee punten trekken kan. —

— Ik wenschte, dames, dat gij u dit herinneren wildet, eer gij uwe nieuwe hofkostumes laat maken! —

— Welk eene reis!

— Ik bid u, vertel me toch, zonder drift, eer ik mijn hoofdstuk over de regte lijnen schrijf, — door welke vergissing het komt, — wie het hun verteld heeft, — en hoe het gebeurd is, dat menschen van vernuft en genie· deze lijn altijd door met de lijn van *gravitatie* verwarren?

HOOFDSTUK XIX.

Neen; — ik geloof gezegd te hebben, dat ik twee deelen in het jaar kon schrijven, als de verwenschte hoest, die mij toen plaagde, en dien ik op dit oogenblik nog meer vrees dan den duivel, zulks toeliet; — en op eene andere plaats, — waar weet ik nu niet, — van mijn boek, als van een *werktuig* sprekende, en mijne pen en het liniaal kruis-

selings op de tafel leggende, om nog grooter gewigt aan
mijne verklaring te geven, — deed ik een eed, dat ik
het op deze wijze veertig jaren lang volhouden kon,
indien het den Heer des Levens slechts behaagde, mij
zoo lang met gezondheid en opgeruimdheid te zegenen. —

Wat nu mijne opgeruimdheid aangaat, heb ik niet
veel daarover te klagen, — (tenzij dat ik haar beschuldig,
dat ze mij op stelten plaatst, en negentien uren van de
vierentwintig voor den gek houdt), — en daartegen heb
ik haar veel, — zeer veel te danken! — Met vrolijkheid
hebt gij mij geholpen den levensweg te bewandelen, met
alle zijne lasten (uitgenomen zijne zorgen), op mijn rug: —
in geen één oogenblik van mijn leven, dat ik mij herinneren kan, hebt gij mij één enkele maal verlaten, —
of de voorwerpen, die zich voor mij opdeden, of zwart
of geel groen geverwd; — in het gevaar, hebt gij mij
de hoop in het verschiet getoond; — en toen zelfs de
Dood aan mijne deur klopte, — hebt gij hem, op zulk
een vrolijken, onbezorgden, onverschilligen toon bevolen,
om later eens weer aan te komen, dat hij aan zijne zen-
ding begon te twijfelen.

— "Er moet de eene of ander vergissing zijn," —
zeide hij. —

Nu is er niets ter wereld, dat mij meer hindert,
dan dat men mij in de rede valt, als ik iets vertel; —
en juist op dat oogenblik was ik bezig, op mijne manier,
een zeer dwaas verhaal aan Eugenius te doen, van eene
non, die zich verbeeldde in een schelp veranderd te zijn, —
en van een monnik, die verdoemd werd, omdat hij een
mossel gegeten had; — en ik bewees hem de gronden
en de regtvaardigheid van de geheele zaak. —

"Is er ooit te voren een deftig mensch in zulk eene
leelijke verlegenheid geraakt?" — vroeg de Dood. —

— Gij zijt er maar ter naauwernood afgekomen, Tristram, — zei Eugenius, mij bij de hand nemende, toen
ik mijn verhaal eindigde: —

— Maar op deze wijze kan men niet langer *leven*, —
hernam ik; — want daar dit h***** kind mijne woning
ontdekt heeft; —

— Gij noemt hem te regt alzoo, — zei Eugenius; — want men vertelt ons, dat hij door de zonde ter wereld is gebragt. —

— Het kan mij niet schelen, — zei ik, — hoe hij ter wereld gekomen is, als hij maar niet zooveel haast maakt, met mij er uit te slepen, — want ik heb veertig boekdeelen te schrijven, en veertig duizend dingen te zeggen en te doen, die niemand ter wereld voor mij doen kan, behalve gij; — en daar gij ziet, dat hij mij bij de keel heeft, — (want Eugenius kon mij ter naauwernood over de tafel heen hooren spreken), — en ik in een eerlijk gevecht niet tegen hem bestand ben, zou het niet goed zijn, Eugenius, terwijl mij de kracht er toe overblijft, en deze twee spillebeenen mij nog dragen, als ik hals over kop weg liep, om mijn leven te redden? — Ik zou het u aanraden, waarde Tristram, — zei Eugenius. — Dan, bij den Hemel, zal ik hem een dans laten doen, waarop hij niet voorbereid is; — want ik zal, zoo hard ik maar kan, — riep ik uit, — naar de oevers der Garonne rijden; — en, als ik hoor, dat hij mij op de hielen nazit, — zal ik den Vesuvius ophollen, — en van daar naar Joppe, — en van Joppe naar het einde der wereld, — en als hij mij zoo ver vervolgt, dan bid ik, dat hij den hals moge breken. —

— Dáár loopt hij meer gevaar dan gij, — zei Eugenius. De geestigheid en de liefde van Eugenius bragten het bloed weder terug naar de wangen, welke het reeds eenige maanden verlaten had: — 't was een akelig oogenblik om afscheid te nemen; — hij bragt mij naar de koets. — *Allons!* — zei ik. — De postiljon zwaaide zijn zweep, — ik vloog als een kanonskogel weg, — en in een half dozijn sprongen had ik Dover bereikt. —

HOOFDSTUK XX.

— Wat drommel, — riep ik uit, naar de Fransche kust ziende, — de mensch moest toch eigenlijk iets van zijn eigen vaderland kennen, eer hij naar het buitenland gaat! — En ik heb vergeten de kerk te Rochester te bezoeken, — of de dokken te Chattam, — of de cathedraal van St. Thomas te Canterbury, ofschoon ik op weg alle drie voorbij kwam. —

— Maar mijn geval maakt eene uitzondering, inderdaad.

— Dus zonder verder over de zaak met Thomas-à-Becket, — of met iemand anders, — te redeneren, — sprong ik aan boord, en vijf minuten later gingen wij onder zeil, met de snelheid van den wind. —

— Kapitein, — zei ik, terwijl ik naar beneden ging, — wordt iemand op den overtogt ooit door den Dood overvallen? —

— Wel! — men heeft niet eens tijd om ziek te worden! — hernam hij. —

— Verwenschte leugenaar! — zei ik bij mijzelven; — want ik gevoel mij reeds zoo ziek als een hond! — Och, mijn hoofd! — Alles ten onderste boven! — Hola! de cellen van mijn brein zijn gebarsten, — alles loopt door elkaar! — Het bloed, — de vochten, — de zenuwdeelen, — de vaste en vlugtige zoutdeelen, — alles dooreen geschud! Goede Hemel! alles draait — als een draaikolk! — Ik zou een mooi stuivertje willen geven om te weten, of ik nu niet duidelijker zal schrijven. —

— Ziek! Ziek! Ziek! Ziek!

— Wanneer komen wij aan wal, kapitein? — Zij hebben harten als steenen. — O, ik sterf! — Jan, geef mij die kom eens aan. — 't Is de beroerdste ziekte! — Ik wou dat ik verdronken was! — Mevrouw, hoe gaat het met u? — Ongelukkig, mijnheer, ongelukkig! — On-ongelukkig, mijnheer! — Hoe, — is dit de eerste keer? — Neen, — de tweede, derde, zesde, tiende keer, mijnheer! — Hola! — wat een getrampel boven ons hoofd! — Hier, gij, jongen! — wat is er te doen? —

— De wind om! — Wat drommel, — dan ga ik den Dood te gemoet!

— Gelukkig, mijnheer, — de wind is weer om! — De duivel hale den wind!

— Kapitein, — zeide zij, — in God's naam, zet ons maar aan wal!

HOOFDSTUK XXI.

Het is een groot ongemak voor iemand, die haast
heeft, dat er drie verschillende wegen zijn tusschen Calais
en Parijs, tot welker aller aanbeveling zooveel gezegd
wordt door de verschillende afgevaardigden uit de steden,
welke langs dezen weg liggen, dat men ligt een halven
dag verliest, eer men bepaald heeft welken weg men volgen zal. —

Ten eerste, kan men over Rijssel en Arras gaan; —
dit is de langste weg; — maar de aangenaamste en leer-
zaamste.

Ten tweede, over Amiens, als men Chantilly bezoeken
wil: —

En eindelijk, over Beauvais, langs welken weg men
gaan kan, als men verkiest. —

— Om deze reden gaan juist zeer vele menschen over
Beauvais. —

HOOFDSTUK XXII.

"Eer ik nu Calais verlaat," — zou een reisbeschrijver
zeggen, — "zal het doelmatig zijn eenige beschrijving van
die plaats te geven." — Nu houd ik het voor zeer verkeerd, dat een mensch niet bedaard door eene stad heen
kan gaan, en die met vrede laten, als hij er niets mede
te maken heeft, zonder zich om te keeren en elke goot
op te teekenen, waarover hij heen stapt; — alleen, — op
mijn woord, — om het genoegen te hebben van zoo iets
te beschrijven; — omdat, te oordeelen volgens al hetgeen
over deze dingen geschreven is, door diegenen welke
schrijven en *doorvliegen*, — of, wat weder iets anders
is, — *doorvliegen* en *schrijven*, — of, om nog meer haast
te maken, al *doorvliegende schrijven*, — zoo als ik nu
doe; — van den grooten Addison af, die het deed met
zijn ransel vol schoolboeken tegen zijn rug bengelende,
en het achterste van zijn ros bij elken stap wrijvende,
is er geen een van ons allen, die dus vliegt, en die niet,
wanneer hij het verkozen had, op zijn eigen land (als hij

maar wat land had), — bedaard had kunnen doordraven,
en alles schrijven, wat hij te schrijven had, zonder natte
voeten te krijgen. —

Wat mij betreft, zoo waar de Hemel, op wien ik mijn
laatste beroep zal doen, mij helpen zal; — ik weet niets
meer van Calais, — (behalve het weinige, dat mijn barbier mij er van vertelde, terwijl hij zijn scheermes aanzette), — dan ik op dit oogenblik van Kaïro weet; want
het schemerde reeds 's avonds toen ik er aan wal stapte,
en het was pikdonker toen ik den volgenden morgen vertrok, — en toch alleen door de gave van opmerking, en
door dit en dat, hier en daar in de stad van elkander te
scheiden, en weder door het een en ander er in bij elkaar
te brengen, — zou ik mijne reiskosten willen verwedden,
dat ik een hoofdstuk over Calais kan schrijven, zoo lang
als mijn arm, en met zulke duidelijke en voldoende beschrijvingen van elke kleinigheid, welke de nieuwsgierigheid van den vreemdeling kan boeijen, dat men mij houden
kon voor den stadsschrijver van Calais in eigen persoon; —
en waarom zou men zich er over verwonderen? — Was
Democritus, — die tienmaal meer lachte dan ik, — niet
stadsschrijver van Abdera? — en was niet, — hoe heet hij
ook, — die meer voorzigtigheid bezat dan wij beiden te
zamen, stadsschrijver van Ephesus? — Ik zou overigens
het hoofdstuk met zooveel kennis, gezond verstand,
waarheidsliefde en naauwkeurigheid schrijven, dat, —

— Maar als gij mij niet gelooft, kunt gij het lezen en
zelf oordeelen: —

HOOFDSTUK XXXI.

Calais, *Calatium*, *Calusium*, *Calesium*.

Deze stad, volgens hare archieven, welker gezag ik
geene reden heb hier te betwisten, — was ééns niets meer
dan een dorpje, aan één der eerste Graven van Guignes
toebehoorende, — en daar zij heden ten dage niet minder
dan veertien duizend inwoners telt, behalve vier honderd
en twintig huisgezinnen, in de *Basse-Ville*, of voorste-

den, — veronderstel ik, dat ze trapsgewijze hare tegenwoordige grootte bereikt heeft. —

Hoewel er vier kloosters zijn, is er slechts ééne hoofdkerk in de plaats. Ik was niet in de gelegenheid de juiste
grootte daarvan op te nemen, maar het is tamelijk gemakkelijk die te berekenen; — want daar er veertien
duizend inwoners in de stad zijn, — moet de kerk, als ze
die allen bevatten kan, zeer groot zijn, — en als zulks niet
het geval is, — is het jammer, dat men er niet eene tweede
bij heeft. — De kerk is in den vorm van een kruis
gebouwd en aan de Heilige Maagd gewijd: — de toren,
die spits toeloopt, is midden in de kerk geplaatst, en
rust op vier pilaren, die tamelijk sierlijk en ligt, maar
toch sterk genoeg zijn. — Elf altaren strekken tot ver-
siering, waarvan de meesten eerder prachtig dan schoon
kunnen genoemd worden. — Het hoofdaltaar is een
meesterstuk in zijn soort, — van wit marmer, en, naar
men mij zegt, bijna zestig voet hoog: — als het wat
hooger geweest ware, dan was het zoo hoog geweest als
de berg Calvarië zelf; — ik verbeeld mij dus, dat het
reeds hoog genoeg is. —

Niets heeft mij meer getroffen dan de groote markt; —
hoewel ik niet zeggen kan, dat die òf goed geplaveid
òf goed gebouwd is; — maar ze ligt midden in de stad,
en de meeste straten, vooral van die wijk, komen er op
uit. — Als men in de geheele stad een fontein had kunnen
maken, — wat waarschijnlijk niet kon, — is het buiten
twijfel, dewijl zoo iets zeer tot sieraad strekt, dat de
inwoners die midden op het vierkante plein zouden opgerigt hebben, — hoowel het eigenlijk niet vierkant is, —
daar het veertig voet langer is van het oosten naar het
westen, dan van het noorden naar het zuiden; — aan-
gezien echter, dat de Franschen niet beweren, dat het plein
vierkant is, — kan men hun dit niet kwalijk nemen. —

Het stadhuis schijnt een ellendig gebouw te zijn,
dat niet best onderhouden wordt; — anders zou het
een tweede groote sieraad der stad geweest zijn; —
het beantwoordt echter aan zijne bestemming, en dient
zeer goed voor de zittingen der overheden, die er van

tijd tot tijd vergaderen; — men kan dus veronderstellen, dat er eene geregelde regterlijke administratie plaats heeft. —

Ik had veel gehoord van het *Courgain;* maar het bevat niets merkwaardigs; — het is eene afzonderlijke stadswijk, bij uitsluiting door zeelieden en visschers bewoond; het bestaat uit eene menigte kleine straten, en de huizen zijn netjes gebouwd en grootendeels van steen. — Het is zeer druk bevolkt; — daar dit echter te verklaren is uit het voedsel der inwoners, is dit ook niets bijzonders. — Een reiziger kan het bezoeken om zich hiervan te overtuigen: — hij moet echter volstrekt niet verzuimen *La Tour du Guet* te zien, dus genoemd wegens zijne bestemming, omdat het gebouw in oorlogstijden dient om de vijanden, welke òf ter zee òf te land de stad naderen, te ontdekken en te bespieden; — daar het echter verbazend hoog is, trekt het telkens het oog, zoodat men het zien moet, of men wil of niet. —

Het was eene groote teleurstelling voor mij, dat ik geen verlof kon verkrijgen, om eene naauwkeurige opneming der vestingwerken te doen, daar zij de sterkste ter wereld zijn; en sedert den vroegsten tijd, — dat is sedert ze aangelegd werden door Philips van Frankrijk, Graaf van Boulogne, — tot aan den tegenwoordigen oorlog, gedurende welken men vele herstellingen gemaakt heeft, gekost hebben — (zoo als een Ingenieur uit Gascogne mij naderhand vertelde) — meer dan honderd millioen *livres.* — Zeer opmerkingswaardig is het, dat bij de *Tête de Gravelines,* waar de stad het zwakst is, men het meeste geld besteed heeft; zoodat de buitenwerken zich ver in het platte land uitstrekken, en dus doende veel ruimte beslaan. — Evenwel, na alles, dat men *gezegd* en *gedaan* heeft, moet men bekennen, dat Calais eerder om zijne ligging dan om zichzelf belangrijk is, daar het aan onze voorouders bij alle gelegenheden gemakkelijk toegang verschafte tot Frankrijk; — het had echter ook zekere ongemakken, daar het niet minder lastig was voor de Engelschen in die tijden, dan Duinkerken heden ten dage; — zoodat het met reden beschouwd werd als de

sleutel van beide rijken, — wat, zonder twijfel, aanleiding
gaf tot de veelvuldige twisten, over het bezit er van. —
Van al deze twisten is het beleg, of liever het blokkeren
van Calais, — want het was ter zee en te land tegelijk
ingesloten, — het merkwaardigst, daar de plaats een geheel jaar lang al de pogingen van Eduard III verijdelde,
en alleen bezweek voor hongersnood en groote ellende: —
de dapperheid van Eustatius St. Pierre, die de eerste was,
die zich voor zijne medeburgers wilde opofferen, heeft zijn
naam onder die der grootste helden in de geschiedrollen
doen opnemen. — Daar het niet meer dan een vijftigtal
bladzijden zal beslaan, zou het onbillijk zijn den lezer
van eene uitvoerige beschrijving van deze romantische gebeurtenis te berooven, — of van het beleg zelf, in de eigen
woorden van Rapin: —

HOOFDSTUK XXIV.

— Maar wees gerust, lieve lezer! — Ik zou mij over zoo
iets schamen! — 't Is genoeg voor mij, u in mijne handen te
hebben; — maar het zou al te veel zijn, als ik misbruik
wilde maken van die magt, welke mijn pen mij over u
gegeven heeft. — Neen! — Bij het almagtige vuur, dat
het dichterlijk brein verhit, en den geest vóórlicht
in bovenaardsche streken, — liever dan een hulpeloos
wezen tot zulk een zwaren arbeid te dwingen, en u, arme
ziel, vijftig bladzijden te laten betalen, die ik geen regt heb
u te verkoopen, — liever dan dat, — hoe dun gekleed ik ook
ben, — wilde ik boven op de bergtoppen grazen, en toch
blijgeestig blijven, al bragt mij ook de noordewind noch
tent noch avondeten. —

Dus voorwaarts, jongen! — zoo hard gij maar kunt
naar Boulogne!

HOOFDSTUK XXV.

Boulogne! — Zoo! daar zijn wij allen te zamen, —
schuldenaren en zondaars; — eene vrolijke bende! —
Maar ik kan niet blijven, om met u te drinken; —

men jaagt mij als honderd duivels, en men zal mij in-
halen eer de paarden gewisseld zijn; — in 's Hemels
naam maak voort! — Hij ontvlugt wegens hoog verraad! —
zei een klein mannetje, zoo zacht hij maar kon tot
een zeer langen man, die naast hem stond. — Of het is
een moordenaar! — zei de lange man. — Mooi gegooid, —
zei ik, — lange dobbelaar! [1]) — Neen, — zei een derde, —
die mijnheer heeft zeker, — —

— *Ah, ma chère fille!* — riep ik uit, terwijl zij uit de
ochtendmis naar huis kwam, — gij ziet er zoo heerlijk
uit als de morgen! — (De zon was pas opgegaan, en dit
maakte het compliment des te fraaijer). — Neen, — zei
een vierde; — dat kan toch niet zijn. — (Het meisje
maakte eene buiging; — ik wierp haar een kushandje
toe). — 't Is om schulden, — ging hij voort. — 't Is zeker
om schulden, — zei een vijfde: — Ik zou de schulden van
dien mijnheer voor geen duizend pond sterling willen over-
nemen! — zei de kleine man. — En ik niet voor zesmaal
zooveel! — zei de lange. — Al weer mooi gegooid! — zei
ik; — maar ik heb geene andere schuld te betalen, dan de
schuld der *Natuur*, en als zij maar geduld wil hebben,
zal ik haar tot den laatsten duit toe afbetalen. — Hoe
zoudt gij toch zoo wreed kunnen zijn, mevrouw, om
een armen reiziger aan te houden, die zonder iemand te
benadeelen, voor zijne eigene zaken reist? — Houd liever
dien doodschen, snel voortstappenden, mageren schelm
tegen, die mij naloopt; — (zonder uw toedoen, — zou hij
mij nooit gevolgd hebben); — is het maar voor een paar
stations, om mij vooruit te laten komen; — houd hem toch
op; ik smeek het u, mevrouw; — ach, als het u belieft,
waarde mevrouw!

— Waarachtig, — zei de Iersche herbergier, — het is
jammer, dat zulke schoone taal verspild wordt, want de
jonge dame is al veel te ver weg, om er één woord van
te vernemen! —

---

1) Sedert onheugelijken tijd is Boulogne Sur Mer de vergaderplaats
van Engelsche bankroetiers, verloopen spelers, en dergelijk meer. —
M. P. L.

— Domoor! — zei ik. —

— Dus is er *niets* anders in Boulogne, waarnaar het de moeite waard ware te kijken? —

— Wel!—Het Jezuïten Seminarie, voor de *humaniora!* —

— Ik kan mij niets mooijers voorstellen, — zei ik. —

HOOFDSTUK XXVI.

— Als de vlugheid van eens menschen verlangen zijne denkbeelden negentigmaal sneller vooruit jaagt, dan de wagen, waarin hij reist, — is de waarheid in groot gevaar: — en het rijtuig zelf en zijn toebehoor, — (hoe goed ze ook gemaakt zijn), — waarop hij zijne verontwaardiging uitstort, loopen ook groot gevaar! —

Daar ik nooit in drift òf menschen òf zaken zoek te karakteriseren, was "hoe meer haast hoe minder spoed," de eenige aanmerking, die ik maakte, toen mij dìt voor de eerste maal overkwam; — de tweede, derde, vierde en vijfde keer, — bepaalde ik mij stiptelijk tot die afzonderlijke gevallen, en vergenoegde mij met den tweeden, derden, vierden en vijfden postiljon te gispen, — zonder mijne gevolgtrekkingen verder uit te strekken; — daar echter juist hetzelfde mij ook overkwam, de zesde, zevende, achtste, negende en tiende maal, zonder eenige uitzondering, kon ik niet nalaten, ééne opmerking op het geheele volk toe te passen, wat ik ook nu doe, in deze woorden: —

— *Er hapert altijd iets aan een Franschen reiswagen, als men vertrekt.* —

— Of men zou ook kunnen zeggen: —

— *Een Fransche postiljon moet altijd afstijgen, eer hij driehonderd pas buiten de stad gekomen is.*

Wat is er nu te doen? — *Diable!* — Een touwtje is gebroken! — Een knoop is losgekomen! — Een pennetje is er uit! — Een bout is te groot. — Een strik, een strop, een riem, een touw, een gesp, een haak, — iets moet veranderd worden. —

Nu, hoe waar dit ook zij, gevoel ik mij echter niet

geregtigd, òf den wagen, òf den voerman te verwenschen; — en ik krijg het ook niet in het hoofd, om
bij den Hemel te zweren, dat ik tien duizendmaal liever te
voet zou gaan; — òf dat ik er een eed op wil doen,
nooit weder in een wagen van dien aard te klimmen; —
maar ik blijf bedaard, en overleg dat, waar ik ook reis,
er steeds de een of andere strik of strop, riem of touw,
gesp of haak, veranderd zal moeten worden; — dus maak
ik mij nooit driftig, maar neem het goed en het kwaad
zoo als het valt, en kom maar verder. — Ga uw gang
maar, mijn jongen, — zei ik; — hij had al vijf minuten verspild, met af te stijgen, om een stukje brood
uit een zak in het rijtuig te krijgen, en was weder
opgestegen, en ging langzaam voort, om het op zijn
gemak te eten. — Maak maar voort! — vervolgde ik,
dadelijk, maar op den meest overtuigenden toon, want ik
hield een stuk van vier en twintig *sous* tegen het glas,
zóó, dat hij de geheele breedte er van moest zien, als
hij om keek. — De ellendeling spalkte den mond open
van oor tot oor, om mij te laten zien, dat hij mij begreep; en achter in zijn zwarten mond zag ik zulk eene
rij van parelwitte tanden, dat zelfs een *koning* zijne kroon
er voor gegeven zou hebben. —

     Goede Hemel! { Welke tanden! / Welk brood!

en juist toen hij den laatsten mondvol op had, kwamen
wij te Montreuil aan. —

HOOFDSTUK XXVII.

  — Er is geene stad in geheel Frankrijk, — volgens mijn
oordeel, — die op de kaart er beter uit ziet, dan Montreuil. — Ik beken, dat ze in de posttarieven er niet zoo
goed uitziet; — maar als men de stad zelve bezigtigt, —
ziet ze er voorwaar allerellendigst uit! —

  — Er is echter één ding in, dat tegenwoordig er
zeer goed uitziet; — en dat is de dochter van den loge-
menthouder. — Zij is achttien maanden te Amiens ge-

weest, en zes te Parijs, op school; dus breit, naait, en danst en coquetteert zij een weinig, zeer goed. —

Die heks! — terwijl zij zulks sedert vijf minuten doet, gedurende welken tijd ik haar sta te bekijken, heeft zij ten minste twaalf steken in eene witte kous laten vallen! — Ja, ja, — ik zie het wel, slimme heks, — ze is lang en schoon gevormd, — gij behoeft ze niet op uwe knie vast te spelden; — ze is wel voor uzelve, — en past op een haar!

Zou de natuur dit schepseltje iets gezegd hebben, van de schoonheid van den duim van een standbeeld! —

— Maar dit voorbeeld is meer waard, dan alle duimen bij elkaar, — en bovendien heb ik hare duimen en vingers op den koop toe, — als ze mij maar helpen kunnen, — en daar Jeanneton, — (want zoo heet zij), — zoo goed zit om geteekend te worden, — moge ik nooit weer met het penseel één trek maken, — of liever moge ik mijn geheel leven lang, met alle kracht, als een koetspaard trekken, — als ik haar niet afbeeld, van het hoofd tot de voeten toe, met even vaste trekken, alsof ik haar in eene natte draperie voor mij had! —

Maar de heeren willen liever, dat ik hun de lengte, breedte en hoogte der hoofdkerk opgeef; — of eene teekening lever van het front van het klooster van St. Austreberte, dat uit Artois hierheen verplaatst werd; — alles is juist zóó gebleven, verbeeld ik mij, als de steenhouwers en timmerlieden het maakten; — en als de Christelijke godsdienst nog zoo lang bestaat, — zal het wel nog vijftig jaren onveranderd blijven; — dus, mijne zeer eerwaarde en zeer geachte heeren, kunt gij het op uw gemak opmeten; — maar hij, die u opmeet, Jeanneton, moet het nu doen. — Den kiem der verandering draagt gij reeds in u, — en de kansen van ons vergankelijk leven in aanmerking nemende, wil ik geen oogenblik voor u instaan; — eer het jaar tweemaal vervlogen is, kunt gij uitzetten als een kalebas, en uwe heerlijke vormen verliezen; — of als eene bloem verwelken, en uwe schoonheid kwijt raken; — of ligtzinnig worden en u zelve ongelukkig maken. — Ik zou zelfs niet voor mijne tante Dinah willen instaan, als zij leefde; — en ter naauwernood voor haar portret, als het door Reynolds geschilderd was. —

— Maar ik laat mij doodschieten, als ik met mijne schilderij voortga, na dien zoon van Apollo genoemd te hebben. —

— Dus moet gij u met het oorspronkelijke tevreden stellen, dat gij, wanneer gij 's avonds bij schoon weder door Montreuil komt, aan het portier van uw wagen zult zien, als de paarden gewisseld worden; — maar tenzij gij eene even bedroefde reden hebt als ik, om u te haasten, — zult gij wèl doen om er te blijven. —

— Zij is een weinig aan den vromen kant; — maar dat, mijnheer, is, even als bij een partijtje piket, drie tegen negen, in uw voordeel. —

De Hemel helpe mij! — Ik kon geen punt meer tellen; — ik was *pique* — *repique* en *capotte* geweest! —

HOOFDSTUK XXVIII.

— Dit alles in overweging nemende, — zei ik, — daar welligt de Dood veel digter bij mij is, dan ik mij verbeeld, — wilde ik wel, dat ik te Abbeville ware, — alleen om te zien hoe men daar wol kamt en spint: — dus vertrokken wij. —

De Montreuil à Nampont — poste et demi [1])
De Nampont à Bernay — poste.
De Bernay à Nouvion — poste.
De Nouvion à Abbeville — poste;

maar de wolkammers en spinners waren al lang te bed.

---

[1]) Zie "Fransche Reisgids," pag. 36, uitgave van 1762. —
                                                    SCHRIJVER.

II   **7***

HOOFDSTUK XXIX.

—Wat is het reizen toch aangenaam! — Maar het
verhit den mensch. Daartegen is echter een middel,
dat gij uit het volgende hoofdstuk kunt leeren kennen. —

HOOFDSTUK XXX.

— Als het mij vergund was den Dood voorwaarden te
stellen, even als ik nu met mijn apotheker kan doen, hoe en
waar ik zijn *clysma* wil nemen, — zou ik zekerlijk er
tegen zijn, dat zulks in tegenwoordigheid mijner vrienden
geschiedde, — en daarom kan ik nooit ernstig over den
aard en de wijze van de laatste groote katastroof denken,
die gewoonlijk evenzeer mijne gedachten vervullen als de
gebeurtenis zelve, — zonder het scherm er voor te laten
vallen, met den wensch, dat het den Bestuurder van al
het aardsche behagen moge het zóó te beschikken, dat
het mij niet in mijn eigen huis overkomt, — maar liever
in de eene of andere fatsoenlijke herberg: — te huis
weet ik, dat het leed mijner vrienden, de laatste diensten,
het afvegen van het doodszweet op mijn voorhoofd, het
opschudden mijner kussens, door de bevende hand der
ontstelde Liefde, mijn hart zoodanig pijnigen zullen, dat
ik aan eene ziekte zal sterven, welke de geneesheeren
niet kennen; — daarentegen, in eene herberg, zou ik
voor eenige kleine onkosten, de weinige onverschillige
diensten kunnen koopen, die ik noodig had, en die men
mij met bedaarde en naauwgezette oplettendheid kon bewijzen; — maar, men lette er op, dat die herberg niet
de herberg te Abbeville moest wezen; — indien er geene
andere herberg in het heelal was, zou ik toch deze onder
de voorwaarden niet begrepen willen hebben: — dus,
    Laat de paarden morgen vroeg, met klokslag vier uur
inspannen! — Ja, om vier uur, — anders, bij de heilige
Genoveva, zal ik een leven maken, om de dooden weer
op te wekken! —

HOOFDSTUK XXXI.

—"*Maak hen gelijk aan een rad*," is eene bittere satire, — zoo als de geleerden wel weten, op allen, die den grooten *tour* maken met den onrustigen geest, waarmede David op eene profetische wijze voorzag, dat de kinderen der menschen in latere tijden zouden bezield worden; — en daarom, volgens den grooten Bisschop Hall, is het ook eene der ergste verwenschingen, welke David ooit tegen de vijanden des Heeren uitstiet; — juist alsof hij gezegd had: "Ik wensch, dat zij steeds aan het rollen mogen blijven!" — Zooveel beweging, — gaat hij voort, — (hij was zelf zeer dik), — is zooveel onrust; — en volgens dezelfde analogie, is zooveel rust, ook zooveel zaligheid! — Ik daarentegen (die zeer mager ben), — denk er anders over; en verbeeld mij, dat zooveel beweging ook zooveel leven is, en zooveel vreugde; — en dat om stil te staan, of slechts langzaam vooruit te komen, iets doodsch en duivelsch is! —

Hola! Ho! — iedereen slaapt! — breng de paarden voor! — Smeer de wielen! — bind den koffer er op, — sla een spijker in dien spleet; — ik wil geen oogenblik verliezen. —

Nu moet het rad waarvan hier sprake is, en *waarin* maar niet *waarop*, — (want dat zou er een Ixion's rad van maken), — de bisschop zijne vijanden wenscht te zien, — noodzakelijk het rad van eene reiskoets zijn, — het doet er niet toe, of die reeds in Palestina bekend waren of niet; — en bij wijze van tegenstelling, ·moet mijn rad noodzakelijk een karrerad zijn, dat maar eens in eene eeuw rond piept; — van welke soort van raderen, — als ik commentator worden wilde, — ik niet aarzelen zou te verklaren, dat men eene groote menigte had in dat bergachtige land.

Ik houd van de volgelingen van Pythagoras, — (meer dan ik aan mijne geliefde Jenni zou willen bekennen), — wegens het "χωρισμὸν ἀπὸ τοῦ σώματος, εἰς τὸ καλῶς φιλοσοφεῖν." — dat is; omdat "*zij zich van het ligchaam afscheiden, om des te beter te kunnen redeneren.*" — Niemand kan, zoo als het

behoort, redeneren, zoolang hij er in steekt; daar hij
verblind wordt door zijne aangeborene driften, en nu
eens zus, en dan weer zóó getrokken wordt, even als
de bisschop en ik zelf, door te slappe of te taaije zenuwen. — De helft der *rede* is het *gevoel;* en wij me-
ten den hemel zelven af volgens onze aardsche lusten
en ligchamelijke gesteldheid. —

— Maar wie van beiden, de bisschop of ik, slaat den
bal het verst mis? —

— Wel gij, voorzeker, — zeide zij, — daar gij eene
geheele familie zoo vroeg uit de rust wekt! —

HOOFDSTUK XXXII.

— Maar zij wist niet, dat ik eene gelofte had gedaan,
om mij den baard niet af te scheren, eer ik te Parijs
aangekomen was; — en toch haat ik alle geheimzinnig-
heid in kleinigheden; — zulks behoort tot de ongevoelige voorzigtigheid van die zieltjes, welke door Lessius
(*De moribus divinis, Lib* XIII, *Cap.* 24), — beschreven
worden, — als hij bewijst, dat ééne kubiek Duitsche mijl,
plaats genoeg zou opleveren, en zelfs meer dan genoeg,
voor acht honderd duizend millioen zulke zieltjes, —
welk aantal — (te rekenen van den val van Adam af, tot
het einde van de wereld), — het *maximum* is der
zielen, die bij mogelijkheid verdoemd kunnen worden. —

Hoe hij tot dit tweede punt zijner berekening gekomen is, — tenzij het steune op de vaderlijke liefde van
God, — dat weet ik niet; — het is mij echter nog moeijelijker te begrijpen, wat Franciscus Ribbera door het
hoofd spookte, toen hij voorgaf, dat eene ruimte van niet
minder dan twee honderd vierkante Italiaansche mijlen
met een gelijk getal vermenigvuldigd, zou vereischt zijn om
hetzelfde zielental te bevatten; — hij moet hierbij zekerlijk
aan eenige der groote Romeinsche zielen, waarvan hij gelezen
had, gedacht hebben, zonder in aanmerking te nemen,
hoeveel de zielen langzamerhand verminderd en verkleind
geworden zijn, in den loop van achttien honderd jaren, —

zoodat, toen hij schreef, zij bijna tot niets ingekrompen waren.

In den tijd van Lessius, die een meer bezadigd mensch was, waren zij zoo klein mogelijk geworden. —

Zij zijn *nu* nog kleiner: —

Den volgenden winter zullen zij nog kleiner zijn; — zoodat als wij voortgaan van klein tot kleiner, en van kleiner tot zeer klein — en van zeer klein tot niets, ik niet aarzel te beweren, dat wij, op deze wijze, binnen eene halve eeuw, in het geheel geene zielen zullen hebben; — en daar ik tegen dien tijd ook aan het verder voortbestaan der Christelijke godsdienst twijfel, zal het een geluk wezen, dat beiden juist terzelfder tijd versleten zijn. —

— Hemelsche Jupiter! — en alle overige heiden- sche goden en godinnen! Dan zult gij weder op het tooneel komen, — door Priapus gevolgd! — Welke vrolijke tijden! — Maar waar ben ik? — Door welken verrukkelijken droom ben ik weggesleept? — Ik, — ik, die in den bloei van mijn leven moet vallen, en niets meer van die gelukkige dagen zal smaken, dan hetgeen mij de verbeelding oplevert! — Vrede zij met u, gij goed- hartige dweeper; — laat mij maar voortgaan! —

HOOFDSTUK XXXIII.

"Daar ik er dus tegen ben," — zoo als ik reeds ge- zegd heb, — "om geheimzinnig te zijn met kleinighe- den," — vertrouwde ik het dadelijk aan den postiljon toe, zoodra wij van de straatsteenen àf waren; — hij klapte met den zweep, om mijne beleefdheid te vergelden, en dus met het regter paard dravende, en het linker paard in eene soort van handgalop, rolden wij voort tot Ailly-au-Clocher, dat in vroegere dagen beroemd was wegens het schoonste klokkenspel ter wereld; maar wij trokken er zonder muzijk door heen, — omdat het klokkenspel in de war was; — even als in geheel Frank- rijk. —

— Dus met den meest mogelijken spoed kwam ik van
Ailly-au-Clocher naar Hixcourt;

Van Hixcourt naar Pequignay;

En van Pequignay naar Amiens;

Van welke stad ik niets meer zeggen kan, dan wat ik
reeds gezegd heb, — namelijk, dat Jeanneton dáár op
school geweest was. —

HOOFDSTUK XXXIV.

Onder de geheele reeks van al de kleine kwellingen,
welke den mensch op zijn levensweg vervolgen, is er
geen één, die lastiger en onverdragelijker is, dan juist
die welke ik nu beschrijven zal, — en die men volstrekt
niet verhelpen kan zonder met een *avant-courier* te reizen, — wat velen ook doen om er van bevrijd te blijven. —
Het is namelijk deze: —

Al zijt gij nog zoo zeer tot slapen geneigd, — hoewel
gij misschien door het schoonste land, langs de donkerste
wegen, in den gemakkelijksten wagen mogelijk, er door
heen reist; — ja, al is het zeker, dat gij in eens door, vijftig
mijlen lang slapen kondet, zonder een oog open te doen; —
of wat nog meer wil zeggen, — als het u even duidelijk
is, als eene bewezene stelling van Euclides, dat gij om
allerlei redenen even goed, — zoo niet beter, — zoudt
doen met te slapen dan te waken; — toch wordt uw doel
in zoo ver verijdeld, dat het onophoudelijk betalen voor
de postpaarden bij elk station, — met de noodzakelijkheid
van telkens de hand in den zak te steken, en drie *livres*
vijftien *sous*, één voor één, uit te tellen, — u verhindert om meer dan zes mijlen achtereen te slapen, —
(of op zijn langst, bij anderhalf station, negen mijlen); —
al hing het heil van uwe ziel er van af! —

— Ik zal er wat op vinden, — zei ik; — want ik zal
de juiste som in een stukje papier doen, en het gereed
houden in de hand; — "En ik zal niets anders behoeven
te doen," — zei ik, (mij op mijn gemak zettende om te gaan
slapen), — "dan het zachtjes in den hoed van den postiljon te laten vallen, zonder er een woord bij te spre-

ken." — Maar er moeten nog twee sous bij, tot fooi; — of er is een twaalf sous stuk van Lodewijk XIV bij, dat niet meer gangbaar is, — of een livre en eenige liards, moeten nog van het vorige station, waar mijnheer ze vergeten had, betaald worden; — en al deze moeijelijkheden (daar een mensch niet goed in den slaap twisten kan), — houden hem wakker: — toch is de zoete slaap weer in te halen, — en nog zou het ligchaam den geest bedwingen, en van deze slagen weder herstellen; — maar, bij den Hemel! — gij hebt maar één station betaald, en het is anderhalf station; — en dit noodzaakt u het reisboek voor den dag te halen, hetwelk zoo klein gedrukt is, dat het u noodzaakt, of gij wilt of niet, de oogen te openen; — en mijnheer le Curé biedt u een snuifje aan, of een arme soldaat wijst u op zijn kreupel been, — of een kale monnik op zijne bedelbus, — of de priesteres van de bron begiet de wielen; — (wat volstrekt niet noodig is, hoewel zij bij haar ambacht zweert, dat het noodig is); — dan moet gij al deze punten in uw geest wikken en wegen, en bij dat werk, worden de verstandelijke vermogens zoo wakker, dat ik het u zet, om ze weer in slaap te krijgen. —

—Ware het niet om een ongeluk van dezen aard geweest, dan zou ik de stallen van Chantilly voorbij geloopen hebben. —

—Daar echter de postiljon eerst betuigde en naderhand volhield, dat er geen wapen meer te zien was op het stuk van twee sous, opende ik de oogen om overtuigd te worden; — en daar ik het wapen er op zag, even zoo duidelijk als den neus op mijn gezigt, — sprong ik in drift uit den wagen, en ging uit kwaadaardigheid alles te Chantilly bezigtigen. —Ik heb het slechts drie en een half stations lang beproefd, en geloof nu, dat men niet beter kan doen, dan zoo snel mogelijk voort te reizen; — want daar weinige dingen, als gij in zulk eene luim zijt, zeer uitlokkend schijnen, — is er weinig of niets, om u op te houden; — zoodat ik op deze wijze door St. Denis kwam, zonder eens naar de Abdij rond te kijken. —

— De rijkdommen harer schatkamer! — Gekheid! —

Behalve voor de juweelen, die nagemaakt zijn, zou ik geen drie *sous* geven voor iets, dat er in is, — met uitzondering van de lantaren van Judas; — en ook voor die nog niet, zoo ze bij de invallende duisternis, niet van dienst zou kunnen wezen. —

HOOFDSTUK XXXV.

— Klik, klak, — klik, klak, klak, klak! — Alzoo dit is Parijs! — zei ik, steeds in dezelfde luim, — en dit is Parijs! — hm! — Parijs! — herhaalde ik ten derden male.

— De eerste, de schoonste, de schitterendste der steden! —

— Maar de straten zijn toch vuil.

— Het zal er echter wel beter uitzien, dan het ruikt. — Klik, klak, — klik, klak! — Wat een leven! — Alsof het de goede menschen schelen kon, dat een man met een bleek gelaat en een zwarten rok, de eer had 's avonds om negen uur in Parijs gereden te worden, door een postiljon in een vaal geel buis, met rood katoen omzoomd! — Klik, klak! — klik, klak! — klik, klak! — Ik wou dat de zweep, — —

— Maar het is in den aard van uw volk, — dus klap maar toe! —

— Ha! en niemand wijkt voor den anderen uit den weg! — Maar in den zetel der Beschaving zelve, waar echter de muren bevuild zijn, — hoe kan het anders? —

— En wanneer toch steken zij de lantarens op? — Wat? Nooit in de zomermaanden? — O! — het is de tijd van salade! — O, heerlijk! — salade en soep, — soep en salade! — salade en soep, — *encore!* —

— 't Is al te veel voor een armen zondaar!

— Ik kan zulke barbaarschheid niet verdragen. — Hoe kan toch die ongevoelige koetsier zulke gemeene taal uitslaan tegen dat mager paard? — Ziet gij niet, vriend, dat er haast geene ruimte is in de naauwe straten van geheel Parijs, om er een kruiwagen rond te draaijen? — Het zou niet mis geweest zijn, als men ze, in de grootste stad ter wereld, *iets* breeder gemaakt had; — al ware het maar zooveel, dat een mensch weten kon, (slechts voor zijne eigene voldoening), — aan welken kant er van hij wandelde. —

Een, — twee, — drie, — vier, — vijf, — zes, — zeven, — acht, — negen, — tien. — Tien kokswinkels, en tweemaal zooveel barbiers! — alles, eer men drie minuten ver gereden heeft! — Men zou zich kunnen verbeelden, dat alle koks ter wereld, op eenig groot feest met alle barbiers, — met onderling goedvinden, — gezegd hadden: — Kom! — laat ons maar allen naar Parijs trekken: — de Franschen houden van goed eten; — het zijn allen *Gourmands;* — wij zullen een hoogen rang bekleeden; — als zij de maag tot een afgod maken, moeten de koks fatsoenlijke lieden zijn: — en daar de pruik het hoofdsieraad van den mensch is, — en de pruikenmakers de pruik maken, — (zullen de barbiers gezegd hebben), — zullen wij een nog hoogeren rang bekleeden; — men zal ons boven u stellen; — wij zullen ten minste *Capitouls* [1]) zijn, — *pardi!* wij zullen degens dragen! —

— En men zou nog zweren (dat is bij lamplicht, — maar men kan daar niet op aan), — dat zij tot heden ten dage onveranderd zijn gebleven. —

HOOFDSTUK XXXVI.

— Wij verstaan de Franschen niet goed; — maar of de schuld aan hen ligt, dat zij zich niet duidelijk genoeg uitdrukken, en niet met die juistheid en naauwkeurigheid spreken, die men zou verwachten, als het een belangrijk punt geldt, dat de Engelschen hun ligt betwisten kunnen; — of dat het gedeeltelijk ook aan ons ligt, die de fijnheden hunner taal zoo kritisch goed niet begrijpen, dat wij beslissen kunnen, wat zij er mede zeggen willen, — dàt weet ik

[1]) Zoo noemt men den eersten magistraatspersoon te Toulouse en elders. SCHRIJVER.

niet; — het is echter voor mij buiten kijf, dat als zij beweren *"dat hij die Parijs gezien heeft, alles gezien heeft,"* —
zij alleen iemand bedoelen, die Parijs overdag heeft gezien. —

— Bij kaarslicht gezien; — geef ik het op. — Ik heb
reeds gezegd, dat men daarop niet vertrouwen kan, —
en dit herhaal ik; — maar niet omdat licht en schaduw
te scherp afgeteekend zijn, — of wijl de kleuren ineen
loopen, — of dat er noch schoonheid, noch houding,
enz. enz. in is, — want dat zou niet waar zijn; — maar
te dezen opzigte is het een onzeker licht, — dat hoewel
men vijf honderd groote *hôtels* in Parijs telt, — en,
ten minste vijf honderd schoone zaken (dat is slechts
één schoon ding voor elk logement gerekend), — die
men het best bij kaarslicht *zien*, *gevoelen*, *hooren* en *begrijpen* kan, (dit is eene aanhaling uit Lilly), — slechts
één mensch uit vijftig ze weet te vinden. —

Dit steunt volstrekt niet op Fransche berekeningen: —
het is eenvoudig op de volgende wijze te verklaren: —

Volgens den nieuwsten plattegrond, in het jaar 1716
vervaardigd, sedert welken tijd aanzienlijke vergrootingen
gemaakt zijn, bevat Parijs negen honderd straten, namelijk : —

In de *Cité*, drie en vijftig straten;

  ″ *St. Jacques de la Boucherie*, vijf en vijftig straten;

  ″ *St. Opportune*, vier en dertig straten;

  ″ het *Quartier du Louvre*, vijf en twintig straten;

  ″ het *Palais Royal*, of *St. Honoré*, negen en veertig
straten;

In *Montmartre*, een en veertig straten;

  ″ *St. Eustache*, negen en twintig straten;

  ″ de *Halles*, zeven en twintig straten;

  ″ *St. Denis*, vijf en vijftig straten;

  ″ *St. Martin*, vier en vijftig straten;

  ″ *St. Paul*, of de *Mortellerie*, zeven en twintig straten;

  ″ *la Grève*, acht en dertig straten;

  ″ *St. Avoy*, of *la Verrerie*, negentien straten;

  ″ *le Marais* of *le Temple*, twee en vijftig straten;

  ″ *St. Antoine*, acht en zestig straten;

In *la Place Maubert*, een en tachtig straten;
„ *St. Bénoît*, zestig straten;
„ *St. André des Arcs*, een en vijftig straten;
„ het *Quartier du Luxembourg*, twee en zestig straten, en
„ *St. Germain*, vijf en vijftig straten.

Door al deze straten kan men loopen, — en als men ze goed gezien heeft, bij daglicht, met alles wat er bij behoort: — de poorten, bruggen, plaatsen, standbeelden, — en bovendien een togt gedaan heeft door al de hoofdkerken, — St. Roch en St. Sulpice, volstrekt niet daarbij vergetende; — en om de kroon er op te zetten, eene wandeling gemaakt heeft naar al de vier paleizen, die men met of zonder de standbeelden en schilderijen naar verkiezing kan bezigtigen, —

Als men dit alles gedaan heeft, zal men gezien hebben, —

Maar wat, behoeft niemand u te zeggen, want gij kunt het zelf boven het portaal van de Louvre in deze woorden lezen:

"Geen volk als wij op aard; geen stad
Gelijk Parijs! *Vivat! Vivat!*" [1])

— De Franschen behandelen al het grootsche op eene *luchtige* manier; — en meer kan men er niet van zeggen.

HOOFDSTUK XXXVII.

— Het woord *luchtig*, (aan het einde van het vorige hoofdstuk), — herinnert (iederen schrijver), — aan het woord *zwaartillend*, — vooral als hij er iets over te zeggen heeft. — Niet omdat volgens de analyse, — of eenige rekenkundige tafel, — of geslachtslijst, er eenig grootere overeenkomst tusschen die beide schijnt te bestaan, dan tusschen *licht* en *duisternis*, — of eenig ander twee der meest uiteenloopende dingen ter wereld; — maar het is een kunstje van de schrijvers om eene goede verstand-

----

[1]) *Non orbis gentem, non urbem gens habet ullam*
. . . . *ulla parem.*
SCHRIJVER.

houding onder de woorden te bewaren, — op dezelfde wijze, als de staatslieden dat onder de menschen doen, — daar zij niet weten hoe spoedig het noodzakelijk kan wezen, hen bij elkaar te brengen. — Daar ik dit punt nu vastgesteld heb, — om het juist naar mijn zin te doen, schrijf ik het hier op:

ZWAARTILLENDHEID.

— Bij het verlaten van Chantilly, gaf ik dit op als het best mogelijke grondbeginsel, om spoedig verder te komen; — maar ik liet het aan eene rijpere beslissing over. — Evenwel had ik toen nog niet de noodige onder- vinding van de uitwerking er van, om er te kunnen bij- voegen, — dat, ofschoon men razend snel voortkomt, men het steeds op eene zeer ongemakkelijke wijze doet, — om welke reden, ik zulks hier verzaak en voor altijd opgeef; — het staat verder iedereen ter beschikking; — het heeft mijne vertering van een goed avondeten be- dorven, en eene galachtige *diarrhoea* veroorzaakt, die mij tot het eerste grondbeginsel, waarmede ik op reis ging, terug gebragt heeft; — en waarmede ik mij nu op een drafje naar de oevers der Garonne begeven zal.

Neen! — Ik kan geen oogenblikje vertoeven, om u het karakter van het volk te beschrijven, — hun geest, — hunne manieren, — hunne gewoonten, — hunne wetten, — hunne godsdienst, — hun bestuur, — hunne fabrieken, — hun handel, — hunne geldmiddelen, met al de hulpbron- nen en geheime springvederen, door welke zij zich staande houden, hoe goed ik er toe in staat ben, door drie dagen en twee nachten onder hen doorgebragt, en den geheelen tijd aan het onderzoeken en overdenken van deze dingen besteed te hebben. —

En toch, — toch moet ik weg; — de straatwegen zijn goed, — de stations zijn klein, — de dagen zijn lang, — 't is eerst middag, — ik zal vóór den koning te Fontaine- bleau zijn. —

— Gaat hij er heen? — Ik weet er niets van. —

HOOFDSTUK XXXVIII.

Nu kan ik niet verdragen, iemand te hooren klagen, vooral als het een reiziger is, dat men in Frankrijk niet even snel voortkomen kan als in Engeland; — daar men wezenlijk, *consideratis considerandis*, veel sneller voort komt; — hetgeen zeggen wil, als men de zwaarte van hunne wagens in aanmerking neemt, met de bergen van pakgoederen, die zij er vóór en achter op stapelen, — en de dwergachtige paarden, die zeer weinig te eten krijgen, — dat het dan een wonder is dat men in het geheel kan voortkomen. — De behandeling van die paarden is zeer onchristelijk, en het is voor mij eene stellige daadzaak, dat een Fransch postpaard volstrekt niet weten zou, wat te doen, zonder de twee woorden **** en *****, die even voedzaam voor het dier zijn, als een schepeltje haver.

Daar nu deze woorden niets kosten, verlang ik van ganscher harte ze aan den lezer mede te deelen; — maar de zwarigheid hierbij is, dat ze hem onveranderd moeten gezegd worden, — met den duidelijksten nadruk, of het zou tot niets dienen; — en toch dit te doen, — hoewel de zeergeachte heeren in de slaapkamer er over lagchen mogten, weet ik zeer goed, dat zij in de huiskamer er over schelden zouden, — om welke reden ik reeds lang, maar steeds te vergeefs, er over getobt en nagedacht heb, hoe ik op de eene of andere kiesche wijze, als het ware van achter een scherm, ze zoodanig kon verzachten, dat, terwijl ik aan het eene oor dat de lezer mij verleenen wil, voldoening geef, ik het andere oor niet beleedig, dat hij voor zich zelven verkiest te houden. —

De inkt brandt mij in de pen, om het te beproeven; — maar als ik het doe, vrees ik, dat het nog een erger gevolg zal hebben, — en zelfs mijn papier verbranden. —

Neen: — ik durf niet! —

Maar als gij weten wilt, hoe de Abdis *des Andouillets*, en eene *novice* van haar klooster deze zwarigheid overwonnen, — (mijzelven in de eerste plaats, den meest mogelijken voorspoed toewenschende), — zal ik het u zonder schroom mededeelen. —

HOOFDSTUK XXXIX.

— De Abdis *des Andouillets*, welke plaats, als gij de groote provinciale kaarten verkiest na te zien, die nu te Parijs uitgegeven worden, gij tusschen de heuvels, welke Bourgondië van Savoijë scheiden, vinden zult, — bedreigd zijnde door eene *anchylosis*, of stijf gewricht, — (daar de *sinovia* van hare knie door te lang te knielen bij het morgengebed verhard was geworden), — alle middelen beproefd hebbende; — ten eerste, gebeden en dankzeggingen; — dan aanroepingen van alle heiligen in den hemel bij elkaar; — dan in het bijzonder van elken heilige, die ooit een stijf been had gehad; — dan door het aan te raken met alle reliquiën in het klooster, — en voornamelijk met het dijbeen van den man van Lystra, die sedert zijne jeugd *impotens* geweest was; — dan door het in haar sluijer te wikkelen als zij naar bed ging; — dan door haar rozenkrans kruisselings er over te binden; — dan door de hulp van de wereldsche magt in te roepen en het in te wrijven met olie en warm vet; — dan door het te behandelen met verzachtende en oplossende *fomentaties;* — dan door het te pappen met *althea, malva, bonus Henricus*, witte leliën en venkel; —´dan door hout te gebruiken (ik bedoel den rook er van), — met haar *scapulier* op haar schoot; — dan door aftreksels van wilde chicorei, waterkers, kervel, lepelblad en *cochlearia*, — en toch geene verligting bespeurende, werd eindelijk overgehaald om de warme baden te Bourbon te gaan beproeven; — dus na verlof van den Inspecteur-Generaal verkregen te hebben, om voor hare gezondheid te zorgen, — liet zij alles voor de reis in orde brengen. — Eene *novice* van het klooster, ongeveer zeventien jaren oud, die de fijt in den vinger gekregen had, door dien steeds in de afgelegde pappen van de Abdis te steken, had zooveel belangstelling gewekt, dat, met voorbijgang van eene rheumatieke oude non, die voor altijd door de baden van Bourbon had kunnen genezen worden, Margaretha, de kleine *novice*, tot deelgenoote van de reis uitgezocht werd. —

Men liet een oud rijtuig van de Abdis, met groen

laken gevoerd in de zon zetten. De tuinier van het klooster, tot muilezeldrijver benoemd, bragt twee oude dieren van stal, om hunne staarten te kappen; — terwijl twee leekzusters gebezigd werden, de eene om de voering te stoppen, en de andere met de lappen gele franje aan te zetten, welke de tand des tijds uitgerafeld had. — De ondertuinbaas maakte des koetsiers hoed op, door hem in warme wijndroesem te wasschen; — en een kleêrmaker was op eene welluidende wijze bezig, in een hutje tegenover het klooster, met vier dozijn schelletjes op het tuig te zetten, fluitende terwijl hij elk schelletje met een riempje vast bond. —

De timmerman en de smid *des Andouillets*, hielden eene beraadslaging over de wielen; en den volgenden morgen ten zeven uur stond alles in gereedheid en in orde, voor de poort van het klooster, om naar de warme baden van Bourbon te vertrekken. — Twee rijen van ongelukkige armen stonden reeds een uur vroeger op dezelfde plaats.

De Abdis *des Andouillets*, ondersteund door het nonnetje, Margaretha, ging langzaam naar het rijtuig; — beiden waren in het wit gekleed, met de zwarte rozenkransen om den hals gehangen. —

— Er was iets treffend eenvoudigs in het kontrast. — Zij klommen in het rijtuig: — al de nonnen in dezelfde kleeding, — het schoone symbool der onschuld, — plaatsten zich aan de vensters, en terwijl de Abdis en Margaretha opkeken, — lieten allen, behalve de rheumatieke oude non, — de sluijers in de lucht waaijen, — en maakten een kushandje met de blanke vingers, die den sluijer hadden losgelaten. De goede Abdis en Margaretha legden de handen kruisselings op de borst, — sloegen de oogen ten hemel op; — dan op de nonnen, en zeiden met hare blikken: "God zegene u, lieve zusters!"

Ik verklaar, dat de geschiedenis mij boeit; — ik zou het gaarne bijgewoond hebben. —

De tuinman, dien ik voortaan den koetsier zal noemen, was een kleine, vrolijke, stevige, goedaardige, praatzieke, drankminnend soort van mensch, die zich weinig be-

kommerde om het *hoe* en *wanneer* van dit leven; — dus
verpande hij het kloosterloon van eene geheele maand
tegen een *borrachio*, of lederen wijnzak, dien hij achter
op het rijtuig gebonden, en om hem tegen de zon te beveiligen, met een bruinrooden reismantel bedekt had; —
en daar het weder warm was, en hij zichzelven niet
spaarde, en tienmaal meer liep, dan hij reed, — vond
hij meer gelegenheden, dan de natuur hem verschafte,
om achter het rijtuig te blijven; — totdat, door zooveel
heen en weêr te loopen, het gebeurde, dat al zijn wijn
door de monding van den zak uitgelekt was, eer de reis
half gedaan was. —

De mensch is zeer aan gewoonten gehecht. — De dag
was zoel geweest, — de avond was heerlijk, — de wijn
was krachtig, — de Bourgondische heuvel, waarop die
groeide, was steil, — een klein kransje boven de deur
van eene koele, kleine woning, aan den voet van den
berg, was verleidelijk; — een zacht windje fluisterde
duidelijk door de groene bladeren: "Treed binnen, —
treed binnen, — dorstige voerman, — treed binnen!"

De muilezeldrijver was een Adamskind; meer behoef
ik niet te zeggen. Hij gaf een fikschen slag met den
zweep aan elk zijner dieren, en tegelijk de Abdis en
Margaretha aankijkende, alsof hij zeggen wilde: "Hier
ben ik!" — gaf hij een tweeden slag aan zijne muilezels, — alsof hij hun zeggen wilde: "Maakt voort!",
en dan achteraan slenterende, trad hij in de kleine herberg aan den voet van den heuvel. —

De voerman, gelijk ik u gezegd heb, was een kleine,
vrolijke, luchtige vent, die noch aan den dag van morgen,
noch aan hetgeen er voorafgegaan was, of er op volgen
moest, dacht, als hij maar zijn glaasje wijn kreeg, en
een praatje er bij maken kon; dus begon hij een lang
verhaal, hoe hij tuinbaas was van het klooster *des Andouillets*, enz. enz., — en hoe hij, uit vriendschap voor
de Abdis en Freule Margaretha, die nog maar eene
novice was, met haar gereisd was, van de grenzen van
Savoijë, enz. enz., — en hoe de Abdis een boos ge-
zwel had gekregen door hare vroomheid, — en wat hij

voor eene menigte kruiden verzameld had, om die te verzachten, enz. enz., — en dat, als de wateren van Bourbon het been niet genazen, zij even goed aan beide beenen lam kon zijn, enz. enz. enz. — Hij rigtte zijn verhaal zoodanig in, dat hij de heldin er van vergat, — en met haar ook het nonnetje, — en wat eene veel neteliger zaak was dan beiden, hij vergat de twee muilezels; — welke wezens gaarne de menschen foppen, — even als hunne vaders henzelven fopten, — en daar zij dat niet met het nageslacht kunnen doen — (op de wijze van mannen, vrouwen en andere dieren), — doen zij het zijdelings, en vóóruit en achteruit, — berg op en àf, — zoo als het uitkomt. — De wijsgeeren met al hunne *ethica*, hebben nooit diep hierover nagedacht: — hoe zou dan de arme voerman, die een glaasje in de hand had, in het geheel er over denken? — Hij deed dat ook volstrekt niet; — het wordt dus hoog tijd, dat wij het doen. — Wij zullen hem derhalve in zijn element laten, als den gelukkigsten en te- vens den onnadenkendsten der stervelingen, — en voor een oogenblik de muilezels, de Abdis en Margaretha volgen. —

— Op de twee laatste slagen van den voerman, waren de muilezels rustig voortgegaan, op hun gemak den berg op, totdat zij dien ongeveer halfweg beklommen hadden, toen de oudste van beide, een sluwe en listige duivel, juist als zij een hoek ombogen, een schuinschen blik naar achteren wierp, en geen drijver achter zich ziende, met een vloek zeide:

— Wat drommel! ik ga geen stap verder!

— Als ik het doe, — zei de andere, — moge men mijn vel op een trommel spannen!

Dus het onderling volmaakt eens zijnde, bleven zij op deze wijze staan: —

HOOFDSTUK XL.

— Voort! Voort! — zei de Abdis. —

— Kss! — kss — kss! — riep Margaretha. —

— Ssss — s — sss — s! — siste de Abdis. —

II.

— Tss — tss — ss — ts — tsss, — deed Margaretha,
met de schoone lippen, half fluitende, half sissende. —

— Klop, — klop, — klop, — woedde de Abdis met
de punt van haar stok, die met een gouden knop prijkte,
op den vloer van het rijtuig.

De oude muilezel was met winden geplaagd. —

HOOFDSTUK XLI.

— Wij zijn te grond gerigt en verloren, mijne dochter, —
zei de Abdis tot Margaretha; — wij zullen den geheelen
nacht hier moeten blijven; — wij zullen uitgeplunderd en
verkracht worden! —

— Wij zullen verkracht worden, — dat is zeker! —
riep Margaretha.

— *Sancta Maria!* — steunde de Abdis (het *O!* vergetende), — waarom liet ik mij door een stijf gewricht
verleiden? — Waarom heb ik het klooster *des Andouillets*
verlaten? — Waarom moet uwe dienstmaagd onteerd in
het graf dalen? —

— O mijn vinger! mijn vinger! — riep het nonnetje,
bij het woord maagd vuur vattende; — Waarom heb ik
dien niet liever overal anders gestoken, waar het ook
zijn mogt, dan mij zoo in het naauw te laten brengen.

— In het naauw! — herhaalde de Abdis.

— In het naauw! — herhaalde het nonnetje; want de
angst had hare hoofden verward, — en de eene wist niet
wat zij vroeg, en de andere niet wat zij antwoordde. —

— O mijn maagdom! — mijn maagdom! — riep de
Abdis.

— a-aagdom! — a-a-gdom! — snikte het nonnetje.

HOOFDSTUK XLII.

— Eerwaarde moeder, — zei de *novice* een beetje bedarende, — er zijn zekere twee woorden, waarmede men
mij gezegd heeft, dat men ieder paard, ezel, of muilezel

dwingen kan een heuvel te beklimmen, of het dier wil,
of niet: — al is het nog zoo koppig of ongewillig, zoodra het die woorden hoort, moet het gehoorzamen. —
Het is eene tooverspreuk! — riep de Abdis met afschuw. —
Neen, — hernam Margaretha bedaard, — maar het zijn
zondige woorden. — Hoe heeten ze? — vroeg de Abdis,
haar in de rede vallende. — Ze zijn in den hoogsten
graad misdadig, — antwoordde Margaretha; — eene
doodzonde, — en als wij verkracht worden, en zonder
absolutie sterven, zullen wij beiden, — — Maar aan mij
moogt gij ze wel zeggen, — zei de Abdis *des Andouillets.* — Men kan ze niet uitspreken, eerwaarde moeder, —
zei de *novice;* — zij zouden al het bloed in mijn lijf mij
naar het gezigt jagen. — Maar gij kunt ze mij in het
oor fluisteren, — zei de Abdis. —

Genadige Hemel! Hadt gij geen beschermengel, om
naar de herberg aan den voet van den berg te zenden? —
Was er geen edele, vriendschappelijke geest, die niets
te doen had? — Geene magt der natuur, die door eene
waarschuwende rilling, langs den hartader opkomende, den
voerman in zijn genot kon storen? — Geene zoete
harmonie, om het schoone beeld van de Abdis en Margaretha, met hare zwarte rozenkransen, voor zijn geest
te doen verrijzen? —

— Sta op! — Sta op! — maar het is reeds te laat! De
verschrikkelijke woorden zijn op dit oogenblik uitgesproken — — — en gij, die met reine lippen, van alles wat
bestaat, spreken kunt, — helpt mij! — staat mij bij!

HOOFDSTUK XLIII.

— Alle zonden, van welken aard ook, — zei de Abdis, —
in den nood eene sophiste wordende, — zijn, naar de
uitspraak van den biechtvader van ons klooster, of vergeeflijke of doodzonden: — eene andere verdeeling bestaat
er niet. — Daar nu eene vergeeflijke zonde de geringste
en minste van alle zonden is, — als men die dan nog
doordeelt, — door slechts de helft er van te begaan, en

de tweede helft dáár te laten, — of men die geheel en al begaat, en vriendschappelijk met iemand anders deelt, — wordt ze natuurlijk zoodanig verkleind, dat ze in het geheel geene zonde meer is. —

— Nu zie ik er niets zondigs in, om honderdmaal achtereen *bou*, *bou*, *bou*, *bou*, *bou*, te zeggen; — noch is er iets slechts in, al wilde men van den vroegen morgen tot den laten avond *gre*, *gre*, *gre*, *gre*, *gre*, herhalen. — Daarom, mijne waarde dochter, — vervolgde de Abdis *des Andouillets*, — zal ik *bou* zeggen, en gij *gre*, en dan bij afwisseling, daar er geen grooter kwaad in *fou* dan in *bou* is, — zult gij *fou* zeggen, — en ik zal invallen (even als bij het *do*, *re*, *mi*, *fa*, *sol*, *la* in onze zangoefeningen), — met *tre:* — en de Abdis den toon aangevende, begonnen zij aldus: —

Abdis.   ⎧ *Bou- - bou- - bou- -*
Margaretha. ⎨ *—gre, —gre, —gre.*
Margaretha. ⎧ *Fou- - fou- - fou- -*
Abdis.   ⎨ *—tre, —tre, —tre.*

De twee muilezels gaven te kennen, dat zij de woorden begrepen, door met den staart in het rond te slaan; — maar verder hielp het niets. — 't Zal straks wel gelukken! — zei de *novice*. —

Abdis.   ⎧ *Bou- - bou- - bou- - bou- - bou- - bou- -*
Margaretha. ⎨ *—gre, —gre, —gre, —gre, —gre, —gre.*

— Nog gaauwer, — riep Margaretha.

Fou, fou, fou, fou, fou, fou, fou, fou, fou.

— Nog gaauwer! — herhaalde Margaretha.

Bou, bou, bou, bou, bou, bou, bou, bou, bou.

— Nog gaauwer! — Hemel beware ons! — riep de Abdis. — Ze verstaan ons niet, — riep Margaretha. — Maar de duivel verstaat ons wel! — hernam de Abdis *des Andouillets*.

HOOFDSTUK XLIV.

— Wat ben ik een eind verder gekomen! — Hoeveel graden ben ik niet digter bij de warme zon gekomen, en hoe

vele schoone en heerlijke steden heb ik niet gezien, terwijl gij dit verhaal laast en er over nadacht, mevrouw! —
Fontainebleau, en Sens, en Joigny, en Auxerre, en
Dijon, de hoofdplaats van Bourgondië, en Chalons, en
Macon, en een twintigtal meer plaatsen, op weg naar
Lyon, — en nu ik ze opgeteld heb, — zou ik u even goed
van even zoo vele steden in de maan kunnen vertellen,
als u een enkel woord er over mededeelen; — het zou
zijn ten minste dit hoofdstuk verknoeijen, zoo niet het
volgende er bij, — wat ik er ook aan deed! —

— Wel, 't is een vreemd verhaal, Tristram!

— — Helaas!
mevrouw, als het de eene of andere droefgeestige verhandeling over het heilige kruis geweest ware, — of over
de zielsrust der nederigheid, of het zalige der onderwerping, zou het mij niet geplaagd hebben; — of als ik er
aan gedacht had, om over de reine bespiegelingen van
de ziel te schrijven, en over het voedsel van wijsheid,
heiligheid en overpeinzing, waarvan de menschelijke geest
(na zijne afscheiding van het ligchaam), — ten eeuwigen
dage leven zal, — zoudt gij met een beteren eetlust er
van opgestaan zijn. —

— Ik wilde, dat ik het niet geschreven had; — daar
ik echter nooit iets door haal, — laat ons het een of
ander gepast middel gebruiken, om het dadelijk uit ons
hoofd te zetten. —

— Mag ik u verzoeken, mevrouw, mij mijne zotskap aan
te reiken; — ik vrees, dat gij er op zit, mevrouw, —
onder het kussen; — ik zal ze opzetten. —

— Mijn Hemel! — Gij hebt ze wel reeds een half uur
lang op het hoofd!

— O, laat ze dan maar er op blijven, en
        Tara-didel-dom,
        En tara-didel-di,
        En tara-didel-dom-dom,
        Dom, dom di!

En nu, mevrouw, hoop ik, dat wij het wagen kunnen
een eindje verder te gaan. —

————

HOOFDSTUK XLV.

— Alles wat gij van Fontainebleau behoeft te zeggen (als men er naar vraagt), — is, dat het ongeveer veertig mijlen (*iets* zuidwaarts), van Parijs gelegen is, — in het midden van een groot bosch; — en dat het iets grootsch heeft: — dat de koning er éénmaal om de drie jaren heen gaat, om het vermaak van de jagt te genieten, — en dat gedurende dien feestelijken tijd, elk Engelschman van hoogen stand, — (gij behoeft uzelven niet hierbij te vergeten), — een paar paarden kan krijgen, om deel te nemen in het jagtvermaak; — maar dat hij zorg moet dragen, om nooit den koning vóór te komen. —

Er zijn echter twee redenen, waarom gij niet tegen de geheele wereld zoo hard over dit alles praten moet.

Ten eerste, — zou het daardoor des te moeijelijker worden, om de paarden te krijgen, en

Ten tweede, — er is geen woord van waar. — *Allons!*

Wat Sens betreft, dat kunt gij met één woord afdoen. "'t Is de zetel van een aartsbisschop."

— Wat Joigny aangaat, — naar mij dunkt, — hoe minder men er van zegt, hoe beter.

— Maar over Auxerre kon ik tot in het oneindige redeneren; — want, — toen ik den grooten *tour* door Europa maakte, — waarop mijn vader (die mij toch aan niemand toevertrouwen wilde), — mij eindelijk zelf vergezelde, met mijn oom Tobias en Trim en Obadiah, en inderdaad met bijna het geheele huisgezin, behalve mijne moeder, die vervuld zijnde met het plan, om een warme wollen broek voor mijn vader te breiden, — (iets dat nog al van belang is), — en niet wenschende gestoord te worden, te huis bleef, te *Shandy Hall*, om gedurende onzen togt alles in orde te houden, — hield mijn vader ons twee dagen te Auxerre op, en daar zijne onderzoekingen altijd van dien aard waren, dat hij zelfs in eene woestijn stof er toe gevonden zou hebben, — heeft hij mij genoeg van Auxerre te vertellen over gelaten. —

In één woord, — waarheen mijn vader ook trok; — maar op deze reis door Frankrijk en Italië nog meer

dan op één van zijn andere togten, scheen zijn pad zoo zeer
af te wijken van dat, hetwelk andere reizigers vóór hem
gevolgd hadden; — hij zag koningen, en hoven, en zaken
van allerlei aard in zulk een vreemd licht; — en zijne opmerkingen en redeneringen over de karakters, zeden en gewoonten der landen, die wij bezochten, waren zoodanig in
strijd met die van andere menschen, vooral van mijn oom
Tobias en Trim, — zonder van mijzelven te spreken, —
en om de kroon op alles te zetten, waren de moeijelijkheden
en gebeurtenissen, in welke wij, ten gevolge van zijne stelsels en stijfhoofdigheid, aanhoudend gewikkeld werden, zoo
vreemdsoortig en tragi-komiek van aard, — dat het geheel,
bij elkaar genomen, zoo zeer afwijkt in kleur en houding
van eenige reis, die ooit in Europa gedaan werd, — dat
ik gerustelijk durf beweren, — dat het mijne schuld zal
wezen, en alleen de mijne, als ze niet door alle reizigers
en reislustigen gelezen wordt, zoo lang men nog ergens
reist, — of hetgeen op hetzelfde neerkomt, — totdat de
wereld het in het hoofd krijgt om stil te staan. —

— Maar deze rijke baal zal nu niet geopend worden; — ik zal er slechts een paar draden uithalen, om
het geheim van mijn vaders verblijf te Auxerne op te
lossen. —

— Broêr Tobias, — zei mijn vader, — terwijl men het
eten klaar maakt, zullen wij eens naar het klooster van St.
Germain gaan, om die menschen te zien, die *Monsieur* Sequier zoo zeer aanbevolen heeft. — Ik zal iedereen gaan
zien, — wien gij maar wilt, — hernam mijn oom Tobias, —
die gedurende de geheele reis de inschikkelijkheid zelve
was. — Wat drommel! — zei mijn vader, — het zijn lijken, —
mummiën! — Dan behoef ik mij niet eerst te scheren, —
zei mijn oom Tobias. — Scheren! — Wel neen! — riep mijn
vader uit; — het zou meer naar hun zin zijn, als wij met
lange baarden er heen gingen. — Dus vertrokken wij, —
de korporaal in de achterhoede, den arm aan zijn heer
gevende, — naar het klooster van St. Germain.

— Alles is zeer schoon, en zeer rijk, en zeer kostbaar,
en zeer prachtig, — zei mijn vader, den koster aansprekende, die een jonge broeder was van de Benedictijner

Orde, — maar de nieuwsgierigheid spoort ons aan om de lijken te bezigtigen, waarvan de heer Sequier zulk eene heerlijke beschrijving gegeven heeft. — De koster maakte eene buiging, en eene toorts opstekende, die steeds in de sacristij in gereedheid gehouden werd, bragt hij ons naar het graf van St. Heribald.

— Deze, — zei de koster, de hand op het graf leggende, — was een beroemde vorst uit het Beijersche stamhuis, die onder de opvolgende regeringen van Karel den Grooten, Lodewijk den Zwakken, en Karel den Kalen, een groot deel in de regering had, en er veel toe bij droeg, om tucht en orde te herstellen: —

— Dan, — zei mijn oom, — is hij even groot in het veld als in het kabinet geweest. — Hij is wel zeker een dapper krijgsman geweest. — Het was een monnik, — zei de koster. —

Mijn oom Tobias en Trim zochten troost op elkanders gelaat te lezen, — maar zij vonden er geen. — Mijn vader sloeg zich met beide handen op zijn onderbuik, zoo als hij gewoonlijk plagt te doen, als er iets was, dat hem zeer vermaakte; — want, hoewel hij een monnik, en zelfs de lucht van een monnik haatte, meer dan alle duivels in de hel, — was het toch, daar de slag mijn oom Tobias en Trim harder trof dan hemzelven, eene soort van overwinning, die hem in de vrolijkste luim ter wereld bragt.

— En hoe noemt gij dezen heer? — vroeg mijn vader, eenigzins gekscherende. — Dit graf, — zei de jonge Benedictijner, de oogen nederslaande, — bevat de beenderen van de heilige Maxima, die van Ravenna herwaarts kwam, alleen om het ligchaam aan te raken — —

— Van St. Maximus, — riep mijn vader, hem dezen heilige opdringende; — het waren twee der heiligste martelaren, — voegde mijn vader er bij. — Met uw verlof, — viel hem de koster in de rede, — zij kwam hier heen, om de beenderen van St. Germain, den stichter van het klooster aan te raken. — En wat heeft zij er mede gewonnen? — vroeg mijn oom Tobias. — Wat zou eene vrouw door zoo iets winnen? — zei mijn vader. — Den *martelaarsdood*, —

hernam de jonge Benedictijner, tot de aarde buigende, en het woord zoo bescheiden, maar op zulk een vasten toon uitsprekende, dat het mijn vader voor een oogenblik geheel ontwapende. — Men veronderstelt, — vervolgde de Benedictijner, — dat St. Maxima vier honderd jaren in dit graf gelegen heeft, twee honderd jaren voordat men haar heilig verklaarde. — De bevordering gaat zeer langzaam bij het leger der martelaren, broêr Tobias, — zei mijn vader. — Wanhopig langzaam, met uw verlof, mijnheer, — zei Trim, — tenzij men den rang koopen kan, even als bij het Engelsche leger. — Ik zou liever dadelijk uit-verkoopen, — zei mijn oom Tobias. — Ik ben het met u eens, broêr Tobias, — zei mijn vader.

— Die arme St. Maxima! — zuchtte mijn oom Tobias zachtjes, toen wij ons van haar graf afkeerden. — Zij was eene der beminnelijkste en schoonste vrouwen in Frankrijk en Italië, — ging de koster voort. — Maar wie drommel heeft dat plaatsje naast haar ingenomen? — zei mijn vader, met zijn stok op een groot graf wijzende, terwijl wij verder gingen. — De heilige Optatus, mijnheer, — hernam de koster. — En die St. Optatus heeft eene beste plaats! — zei mijn vader; — En wat weet men van St. Optatus? — vervolgde hij. — St. Optatus, — antwoordde de koster, — was een Bisschop, —

— Dacht ik het niet! — riep mijn vader uit, hem in de rede vallende; — St. Optatus! — hoe kon St. Optatus uit-blijven? — Dus zijn zakboekje uithalende, terwijl de jonge Benedictijner hem met de toorts lichtte, teekende hij dit op, als een nieuw bewijs voor zijn stelsel over de eigen-namen; — ik durf beweren, dat hij zoo belangeloos te werk ging in de nasporing van de waarheid, dat als hij een schat gevonden had in het graf van St. Optatus, hij zich niet half zoo rijk gevoeld zou hebben. Nooit heeft men met meer vrucht een kort bezoek bij de dooden afgelegd, en zoo zeer verheugde hem alles wat er gebeurd was, dat hij dadelijk besloot nog één dag te Auxerre door te brengen.

— Ik zal de overige heeren morgen komen bezoeken, — zei mijn vader, terwijl wij over het plein gingen. — En

II.   8*

terwijl gij uw bezoek aflegt, broêr Shandy, — zei mijn oom Tobias, — zullen de korporaal en ik de wallen beklimmen.

HOOFDSTUK XLVI.

— Nu is dit de meest verwarde draad van alles; — want in het laatste hoofdstuk, in zoo ver ten minste als het mij door Auxerre geholpen heeft, ben ik, met twee verschillende reizen tegelijk, verder gekomen, en dat met dezelfde pennestreek; — want, op de reis, die ik nu beschrijf, ben ik geheel en al uit Auxerre gekomen, en ik ben half uit Auxerre op die, welke ik later beschrijven zal. —

— Alle dingen kunnen slechts een zekeren graad van volmaking bereiken, — en door iets verder te willen gaan, heb ik mij in een toestand gebragt, waarin vóór mij zich nooit eenig reiziger bevonden heeft; want ik wandel op dit oogenblik over de markt te Auxerre, met mijn vader en oom Tobias, op weg naar het logement om er te eten; — op dit oogenblik, kom ik te Lyon binnen, met mijn reiswagen in duizend stukken geslagen; — bovendien, bevind ik mij ook op ditzelfde oogenblik, in een schoon paviljoen, door Pringello [1]) gebouwd, aan de oevers der Garonne, en dat mij door *Monsieur* Sligniac afgestaan werd, waar ik ook nu zit, over al deze dingen te mijmeren. —

— Maar ik moet tot bedaren komen, en mijne reis verder voort zetten. —

HOOFDSTUK XLVII.

— Ik ben er blijde om, — zei ik bij mijzelven; — terwijl ik Lyon binnen wandelde, — met mijn reiswa-

------

[1]) Dezelfde Don Pringello, de beroemde Spaansche Architekt, dien mijn neef Antonius zoo eervol vermeld heeft, in een *scholium* tot het verhaal aan hem opgedragen. —
SCHRIJVER.

gen en mijne bagaadje alles door elkaar, op eene vrachtkar, die langzaam vooruit reed; — ik ben er hartelijk
blijde om, — zei ik, — dat alles stuk is, — want nu kan
ik over water naar Avignon reizen, en mijn togt honderd
en twintig mijlen voortzetten, zonder dat het mij meer
dan zeven *livres* kost; — en van daar, — vervolgde ik, —
verder rekenende, — kan ik een paar muilezels, of ezels
huren, als ik het verkies (want niemand weet wie ik
ben), en voor bijna niets over de vlakten van Languedoc komen; — ik zal door het ongeluk vier honderd
livres zuiver uitwinnen; — en een genot! — dat dubbel, — dubbel het geld waard is! — Met welke snelheid, —
ging ik voort, in de handen klappende, zal ik de
snelle Rhone afvliegen, de Vivares regts, het Dauphiné
links, — naauwelijks iets van de oude steden Vienne,
Valence en Vivieres ziende! — Welke vlam zal in de
uitgeputte lamp weder opflikkeren, als ik een roode druif
van Hermitage en Côte-Roti afruk, als ik aan den voet van
die bergen voorbijvlieg! Hoe snel zal het bloed mij door de
aderen jagen, als ik op de nu eens nabijzijnde, dan weder
meer verwijderde oevers, de romantische kasteelen ontwaar,
uit welke oudtijds de ridders ter redding der ongelukigen
snelden! — En als ik de steile rotsen zie, de bergen, de wa-
tervallen, en al de drukte der Natuur, door hare grootsche
werken omgeven! — Terwijl ik dus voortmijmerde; scheen
het mij toe, alsof mijn reiswagen, welks overblijfsels in den
beginne tamelijk indrukwekkend er uit zagen, ongevoelig
hoe langer hoe jammerlijker werd; — de frischheid van
de verw verdween, — het verguldsel had zijne pracht
verloren; — de geheele zaak deed zich zoo armza-
lig, zoo verachtelijk voor! — In één woord zoo veel
minder dan de wagen van de Abdis *des Andouillets*, —
dat ik op het punt was van alles naar den duivel te
wenschen, — toen een onbeschaamde, kruipende rijtuigmaker vlug over de straat tredende, vroeg of "*Monsieur*
verkoos zijn rijtuig weer te laten maken?" — Neen,
neen! — zei ik, met het hoofd schuddende. — "Zou
Monsieur het willen verkoopen?" — Van ganscher harte, —
zei ik; — het ijzerwerk er aan is veertig *livres* waard, —

het glas nog veertig *livres*, — en op het leder kunt gij lang teeren.

— Welk een onuitputtelijken schat, — zei ik, terwijl hij mij het geld uittelde, — heeft dit rijtuig mij opgebragt! — En op deze wijze houd ik gewoonlijk boek met de ongelukken van dit leven, — ik verdien een stuivertje aan elk, dat mij overkomt. —

— Mijne lieve Jenni! ik bid u, vertel toch aan de geheele wereld, hoe ik mij gedroeg, onder een der meest pijnlijke ongelukken, welke een mensch overkomen kunnen, die behoorlijk trotsch is op zijne manhaftigheid. —

— Genoeg! — zeidet gij, digt bij mij komende, terwijl ik met mijne kousenbanden in de hand, stond te peinzen over hetgeen *niet* gebeurd was. — Genoeg, Tristram, — en ik ben voldaan, — zeidet gij, mij deze woorden in het oor fluisterende: *. Een ander mensch zou door den grond gezonken zijn. —

— Alles heeft zijne goede zijde, — zei ik.

— Ik zal wel voor een week of zes naar Wallis gaan, en geitenmelk drinken, en door het ongeluk zal ik zeven jaren levens uitgewonnen hebben. — Om deze reden, houd ik het wel eens voor onverschoonbaar in mijzelven, dat ik Fortuna zoo uitscheld, als ik het herhaaldelijk doe, omdat zij mij, mijn geheel leven door, als eene ondeugende heks, gelijk ik haar noem, met zoo vele kleine rampen vervolgd heeft. — Zekerlijk, als ik eenige reden heb op haar knorrig te wezen, is het omdat zij mij geene groote rampen gezonden heeft; — een twintigtal verwenschte, kolossale verliezen, zouden even goed als een pensioen voor mij geweest zijn. —

— Ik verlang er eene van honderd pond 's jaars, meer niet: — ik zou niet willen geplaagd zijn met de betaling van de belasting op eene zwaardere som.

HOOFDSTUK XLVIII.

— Voor diegenen, welke kwellingen, *kwellingen* noemen, en weten wat die zijn, kon er geene grootere zijn, dan het beste gedeelte van den dag te Lyon te blijven, de rijkste en meest bloeijende stad in Frankrijk, die met zoo vele overblijfsels der oudheid verrijkt is, — en niet in staat te zijn, die te zien. — Om welke reden het ook zij, dus gedwarsboomd te worden, moet eene kwelling zijn, — maar door eene kwelling gekweld te worden, — is zeker hetgeen de wijsgeeren te regt noemen:

KWELLING

OP

KWELLING.

— Ik had reeds mijne twee kopjes *café au lait* gebruikt, (wat, ter loops gezegd, zeer goed is voor teringachtige menschen; — maar men moet er op passen, de koffij en de melk te zamen te laten koken, anders is het niets anders dan koffij en melk), — en daar het slechts acht uur 's morgens was, en de schuit voor den middag niet vertrok., had ik voor de bezigtiging van Lyon tijd genoeg, om het geduld van alle vrienden, die ik bezit, er mede uit te putten. — Ik zal, — zei ik, mijne lijst nakijkende, — eene wandeling doen naar de hoofdkerk, en het verwonderlijk stuk mechaniek zien, de groote klok, door Lippius van Bazel gemaakt. —

Nu, van alles ter wereld, begrijp ik het minst van de werktuigkunde; — ik heb er noch geest, noch smaak, noch verbeelding voor, — en mijn brein deugt zoo weinig voor iets van dien aard, dat ik plegtiglijk verklaar, nooit in staat geweest te zijn, de inrigting van een eekhorentjeskooi of het rad van een scharenslijper, te begrijpen, — hoewel ik menig uur van mijn leven met groote aandacht op het ééne gestaard, — en met het meeste geduld mogelijk naast het andere gestaan heb.

— Het eerste van alles zal zijn, de zamenstelling van deze groote klok te gaan bezigtigen, — zei ik, — daarop zal ik de groote bibliotheek der Jezuïten bezoeken, en trachten de dertig deelen der algemeene geschiedenis van China, in Chineesche (en niet in Tartaarsche) taal geschreven, en met eene Chineesche letter ook, te zien te krijgen.

Nu weet ik ongeveer evenveel van de Chineesche taal als van het mechaniek van de klok van Lippius; — dus laat ik het als een raadsel van de Natuur aan de nieuwsgierigen over, om te beslissen, waarom juist deze twee dingen als de eerste op mijn lijst zich opgedrongen hadden. — Ik beken, het ziet er uit, alsof dit een der grillen van moeder Natuur ware, en diegenen, welke haar het hof maken, hebben er evenveel belang bij als ik, om hare luimen te leeren kennen. —

— Als ik deze zeldzaamheden bezigtigd heb, — zei ik, half tot mijzelven, half tot den *Valet de place*, die achter mij stond, — kan het geen kwaad, naar de kerk van St. Irenaeus te gaan, om de kolom te zien, waaraan Christus vastgebonden werd; — en van daar naar het huis, waar Pontius Pilatus woonde. — Dat is in de eerste stad, na deze, — te Vienne. — Daar ben ik blijde om, — zei ik, van mijn stoel opspringende, en met schreden, die tweemaal zoo groot waren als gewoonlijk, door de kamer loopende; — "want ik zal des te vroeger naar het *Graf der twee minnaars* kunnen gaan!"

Wat het was, dat deze aandoening veroorzaakte en waarom ik zulke lange schreden maakte; zou ik ook ter beslissing aan de nieuwsgierigen kunnen overlaten, — daar er echter geene werktuigkunde mede in verband staat, — zal het even gemakkelijk voor den lezer zijn, als ik het zelf uitleg. —

HOOFDSTUK XLIX.

O, er is een schoon tijdstip in het menschelijk leven, — (als het brein week en vochtig is, en meer van pap heeft, dan van iets anders), — wanneer een verhaal van twee teedere minnaars, door wreede ouders, en door het nog wreeder noodlot, van elkander gescheiden, —

Amandus — hij,
Amanda — zij, —
de eene niet wetende waar de andere heen komt;
Hij — oost:
Zij — west:
— Amandus, door de Turken gevangen genomen en
aan het hof van den keizer van Marokko gebragt, waar
de prinses van Marokko, op hem verliefd wordende, hem
twintig jaren lang, wegens zijne trouw aan Amanda, gevangen houdt.
— Zij, Amanda, dien geheelen tijd barrevoets en met
loshangend haar, over rotsen en bergen ronddwalende,
naar Amandus zoekende!
— Amandus! — Amandus! — de echo in heuvels en
dalen met zijn naam wekkende, —
Amandus! — Amandus!
— Bij elke stad en dorp, eenzaam en verlaten aan de
poort zittende: — Is Amandus! — mijn Amandus binnen gekomen? — tot eindelijk als zij de geheele wereld doorgetrokken zijn, — het toeval, onverwachts op hetzelfde oogenblik van den nacht, hen langs verschillende
wegen, aan de poort van hunne geboortestad Lyon
brengt, en zij met welbekende stem uitroepende: —
Is mijn Amandus ⎱ nog in leven?
Is mijne Amanda ⎰
elkander in de armen vliegen, en beiden van vreugde dood
neervallen!
— Er is, — zeg ik, — in het leven van elken teer-
gevoeligen sterveling, een tijdstip, wanneer een dergelijk
verhaal meer *pabulum* aan het brein verschaft, dan de
reizigers uit al de drooge Korsten en Worsten der ver-
roeste oudheid koken kunnen.
Dit was alles, dat aan den binnenkant van mijn zeef
bleef hangen, van al hetgeen Spon en anderen, in hunne
berigten over Lyon er in gegoten hadden; — en daar ik
bovendien, in het een of ander reisboek, — maar de
Hemel weet in welk, — ontdekt had, dat een gedenkteeken,
gewijd aan de herinnering der getrouwheid van Amandus
en Amanda, ergens buiten de poort opgerigt was, en dat

zelfs nog heden ten dage, de minnenden hen daar aanriepen, om hunne geloften kracht bij te zetten, — kon ik nooit in kwellingen van dezen aard geraken, zonder op de eene of andere wijze, eer ze ten einde liepen, aan dit *Graf der minnaars* herinnerd te worden; — ja, het had zelfs zooveel vat op mij gekregen, dat ik zelden aan Lyon denken, of er over spreken kon; — of zelfs niet een Lyonsch zijden vest zien, zonder dat dit overblijfsel uit vroegere dagen voor mijne verbeelding stond, — en ik heb dikwijls op mijne eigene onbedachtzame manier gezegd, — naar ik vrees eenigzins oneerbiediglijk, — "dat ik deze graftombe (hoe zeer ook vervallen), even kostbaar achtte als die te Mekka, en zoo weinig geringer (behalve op het punt van schatten), — dan de *Santa Casa* zelve, — dat ik vroeger of later, — al had ik ook niets anders te Lyon te maken, — eene bedevaart daarheen wilde doen, alleen om het graf te bezoeken." —

Op mijne lijst der *Videnda* te Lyon, was dit dus hoewel het laatste, volstrekt niet het minste; — en een dozijn of wat grootere stappen dan anders door de kamer doende, terwijl het mij door het hoofd kwam, ging ik bedaard beneden naar de *basse-cour*, om zoo op straat te komen, — en mijne rekening gevraagd hebbende, — daar het onzeker was, of ik naar het logement zou terug keeren of niet, — betaalde ik die, en ontving juist de laatste complimenten van *Monsieur* Le Blanc, die mij eene aangename reis langs de Rhone, wenschte, — toen ik aan de poort opgehouden werd.

HOOFDSTUK L.

Door een armen ezel namelijk, die juist naar binnen gedraaid was, met een paar groote manden op zijn rug, om gebedelde stelen en koolbladeren te dragen, en die aarzelend stond, met de twee voorpooten over den drempel en met de achterpooten nog op straat, niet goed wetende, of hij er in of uit moest.

Nu is een ezel een dier, dat ik (hoe veel haast ik ook heb),
niet over mij kan verkrijgen, te slaan; — zijne blikken
en zijne geheele houding spreken zoo natuurlijk van
zijne geduldige onderwerping aan het leed, en dit pleit zoo
sterk voor hem, dat het mij altijd ontwapent. — Zoodanig,
dat ik er niet eens van houd, onvriendelijk tegen hem te
spreken; maar integendeel, waar ik hem ook ontmoet, —
in de stad, of op het land, — voor eene kar, of onder
manden gebukt, — in vrijheid, of in de slavernij, —
altijd een goed woord voor hem over heb; — en daar
het ééne woord het andere uitlokt (als hij zoo weinig
te doen heeft als ik), — knoop ik gewoonlijk een gesprek
met hem aan, en voorzeker wordt mijne verbeelding nooit
sterker ingespannen, dan wanneer ik zijne antwoorden
opmaak uit de uitdrukking van zijn gelaat, — en als
deze mij niet ver genoeg brengt, — door mij in zijn
hart te verplaatsen, en te zien, wat een ezel zoowel als
een mensch bij die gelegenheid denkt. — Waarlijk, het
is ook het eenige schepsel van alle levende wezens
beneden den mensch, waarmede ik dit doen kan; —
wat papegaaijen, eksters, enz. aangaat, — ik kan er geen
woord mede spreken, — evenzoo min met apen en der-
gelijken, — om bijna dezelfde reden; — zij handelen
werktuigelijk, even als anderen spreken, en maken mij
even stil; — zelfs mijn hond en mijne kat, hoe hoog ik
hen schat, (mijn hond zou spreken, als hij het maar
kon), hebben geen van beide de gave van praten; —
ik kan een gesprek met hen niet verder brengen dan de
stelling, het *antwoord* en de *repliek*, waarmede de gesprekken van mijn vader en moeder op de *lits de justice*
afliepen: — als wij eens zoo ver gekomen zijn, blijven
wij steken.

— Maar met een ezel kan ik altijd door praten.

— Kom, beste jongen! — zei ik, ziende, dat het
onmogelijk voor mij was tusschen hem en de poort door
te dringen, — wilt gij er in, of er uit? —

De ezel draaide den kop om, en keek de straat op.

— Best — hernam ik, — wij zullen een oogenblik op
uw drijver wachten. —

De ezel keek weer peinzend rond, en met een droevigen blik, in de tegenovergestelde rigting.

—Ik versta u zeer goed, — antwoordde ik, — als
gij ééne verkeerde schrede doet in deze zaak, zal hij u
half dood ranselen. — Wel! een minuutje, is maar een
minuutje, — en als het een medeschepsel een pak slagen
uitwint, zal ik het niet slecht besteed hebben.

Onder dit gesprek kaauwde hij aan de steel van een
artischok, en in de kleine wrevele twisten zijner natuur,
tusschen honger en onsmakelijkheid, liet hij de steel
wel zesmaal uit den mond vallen, om ze maar dadelijk
weder op te rapen. —

—Wel ja, arme sukkel! — zei ik, — gij hebt een
bitter ontbijt, — en menigen bitteren werkdag, — en
menige bittere slagen, vrees ik, tot loon! — 't Is louter, —
louter bitterheid voor u, — wat ook het leven aan anderen
moge opleveren! En nu, zonder twijfel, als men er maar
achter kon komen, is de nasmaak zoo bitter als gal, —
(want hij had de steel opgegeven), en gij hebt misschien
geen vriend ter wereld, om u wat zoete koek in den mond
te stoppen. — Dit zeggende, haalde ik een zak vol koek-
jes, die ik pas gekocht had, te voorschijn, en gaf hem
er een, — en nu, dat ik dit ooververtel, verwijt mij mijn
hart, dat ik eerder door moedwil werd aangespoord, om
te zien hoe een ezel zoete koek zou opnemen, dan door
welwillendheid, toen ik hem er van gaf.

Toen de ezel zijn koekje opgegeten had, noodigde ik
hem uit, om binnen te komen; — het arme dier was
zwaar bepakt, — zijne pooten beefden onder hem, — hij
aarzelde een weinig, — en terwijl ik aan zijn halster
trok, brak die door en bleef in mijne hand. — Hij keek
mij bedroefd aan. "Ach, ransel mij er toch niet mede! —
maar als gij dat wilt, kan ik het u niet beletten!" —
Als ik het doe, — riep ik uit, — ben ik verd - - -!

Het woord, — even als dat van de Abdis *des Andouillets*
werd slechts half uitgesproken, — dus was er geene zonde
in, — toen iemand, die binnen komen wilde, den armen
ezel van achteren een geweldig pak slagen toediende,
en een einde maakte aan onze pligtplegingen.

't Is mij wat liefs!

riep ik uit: — maar de uitroep was dubbelzinnig, en naar ik meen, verkeerd geplaatst; — want het einde van een wilgentak, dat uit des ezels mand losgekomen was en vooruit stak, haakte in mijn broekzak, terwijl de ezel voorbij vloog, en verscheurde mijne broek op de ongelukkigste wijze mogelijk; zoodat *'t Is mij wat liefs!* eigenlijk hier had moeten staan; — maar dit moet uitgemaakt worden door

DE

BEOORDEELAARS

MIJNER

BROEK,

welke ik juist om hunnentwil mede naar huis terug gebragt heb. —

———

HOOFDSTUK LI.

Toen alles weer in orde was, ging ik weder beneden naar de *basse-cour*, met mijn *valet de place*, om naar het *graf der minnaars*, enz. te trekken, — en werd ten tweedenmale aan de poort opgehouden, — niet door den ezel, — maar door den persoon die hem geslagen had, en die nu (zoo als veelal na eene overwinning plaats heeft), bezit had genomen van de plek, waar de ezel zelf gestaan had.

Het was een ambtenaar van de posterijen, met eene rekening in de hand, de betaling vorderende van zes *livres* en eenige *sous.*

— Van wien is het? — vroeg ik. — Van den Koning, — hernam de ambtenaar, de schouders ophalende.

— Vriendlief, — zei ik, — zoo waar ik *ik* ben, — en gij ook *gij* zijt en niemand anders — — —

— En wie zijt gij? — zei hij.

— Breng mij niet in de war, — gaf ik tot antwoord.

———

HOOFDSTUK LII.

— Maar het is een onbetwistbare waarheid, — vervolgde ik tot den ambtenaar, alleen den vorm mijner
betuiging veranderende, — dat ik den Koning van Frankrijk niets verschuldigd ben, dan mijn eerbied; — want
het is een eerlijk man, en ik wensch hem zooveel geluk
en voorspoed mogelijk. —

— *Pardonnez moi!* — hernam de ambtenaar; — gij zijt
hem zes *livres* en vier *sous* verschuldigd, voor postpaarden
naar St. Fons, tusschen hier en Avignon; — en daar
het koninklijke posterijen zijn, moet gij de paarden
dubbel betalen, — anders zou het niet meer dan drie *livres*
twee *sous* geweest zijn. —

— Maar ik ga niet over land, — zei ik.

— Maar dat staat u toch vrij, als gij het verkiest, —
hernam de ambtenaar.

— Uw onderdanigste dienaar! — zei ik met eene diepe
buiging.

De ambtenaar, met de meest welgemeende en deftige
beleefdheid, boog nog eens zoo diep voor mij. —
Nooit van mijn leven heeft eene buiging mij zoo verlegen gemaakt.

— De drommel hale het ernstige karakter van dit
volk! — zei ik ter zijde; — zij verstaan niets meer van
de ironie, dan deze — —

Het voorwerp waarmede ik hen vergelijken wilde, stond
vlak naast mij, met zijne manden; — maar iets hield
mijne lippen gesloten; — zijn naam wilde hier niet uit.

— Mijnheer, — zei ik, bedarende, — ik ben niet voornemens met postpaarden verder te reizen. —

— Maar dat staat u toch vrij, — zei hij, zijn antwoord
herhalende, — als gij verkiest, kunt gij toch postpaarden
krijgen. —

— Ik kan ook zout bij pekelharing gebruiken, — als
ik verkies, — zei ik; — maar ik verkies het niet. —

— Maar gij moet het betalen, of gij het gebruikt of
niet.

— Ja, — het zout, — zei ik, — dat weet ik wel.

— En de postpaarden ook, — voegde hij er bij.

— De Hemel beware ons! — riep ik uit.

— Ik reis met het schip; — ik vaar dezen middag de Rhone af; — mijne koffers zijn reeds aan boord; — ik heb al negen *livres* vracht betaald! —

— *C'est égal*, — dat doet er niet toe! — zei hij.

Bon Dieu! — riep ik uit, — moet ik de reis betalen die ik doe, en ook die, welke ik *niet* doe?

— *C'est égal!* — hernam de ambtenaar.

— Dat danke u de —! — riep ik uit, — honderdmaal liever naar de Bastille gaan!

— O Engeland! Engeland! land der vrijheid, en kweekster van het gezond verstand! Gij teederste der moeders! Zachtaardigste der opvoedsters! — zuchtte ik, de knie buigende, om mijne aanroeping te beginnen, —

Toen de biechtvader van *Madame* le Blanc, die op dat oogenblik binnen trad, en een zwart gekleed mensch in eene biddende houding ziende, met een doodsbleek gelaat, — dat nog bleeker er uitzag door de tegenstelling met zijne kleeding, — vroeg, of ik geestelijken bijstand noodig had?

— Ik ga te *water*, — zei ik, — en hier is er nog een, die mij voor *olie* wil laten betalen!

HOOFDSTUK LIII.

Daar ik begreep, dat de ambtenaar van de posterijen zijne zes *livres* vier *sous* moest hebben, bleef mij niets over dan bij die gelegenheid iets scherps te zeggen, dat het geld waard was:

Dus begon ik: —

— Mag ik u vragen, mijnheer, volgens welke wetten der beleefdheid, een hulpelooze vreemdeling zoo geheel anders moet behandeld worden, dan een Franschman, bij deze gelegenheid?

— Dat is volstrekt niet het geval, — zeide hij.

— Toch wel, met uw verlof, — zei ik; — want gij zijt begonnen, mijnheer, met mij eerst de broek van het

lijf af te scheuren, en nu wilt gij mij in den zak tasten! —
terwijl, als gij mij eerst in den zak getast had, zoo als
gij doet met uw eigen volk, — en mij dan ontbloot gelaten hadt, het onredelijk van mij zou geweest zijn, er
over te klagen. — Zoo als het echter nu staat: —

Is het tegen de wetten der *natuur;*

't Is tegen de *rede,*

't Is tegen het *Evangelie.*

— Maar niet tegen dit, — zei hij, — mij een gedrukt
papier in de hand gevende; —

DE PAR LE ROI.

— Het prolegomenon, — zei ik, — is krachtig; — en
ik las verder: —

* *
* *
* *
* *

— Waardoor het blijkt, — zei ik, een weinig te gaauw
gelezen hebbende; — dat als iemand met postpaarden uit
Parijs vertrekt, — hij zijn geheel leven door met postpaarden moet reizen, — of ze betalen. —

— Met uw verlof, — zei de ambtenaar, — de bedoeling
van dit reglement is als volgt: — als gij op reis gaat,
met het voornemen om van Parijs naar Avignon, enz. te
trekken, moet gij niet uw plan, of wijze van reizen veranderen, zonder eerst de *fermiers* twee posten verder te
betalen, dan de plaats waar gij van voornemen zult veranderen; — en dit wordt geëischt, — vervolgde hij, —
omdat de finantiën niet benadeeld moeten worden door
uwe *wispelturigheid.*

— O Hemel! — riep ik uit, — als de wispelturigheid in
Frankrijk belast wordt, blijft ons niets anders over dan
vrede met u te sluiten.

En dus werd de vrede gesloten.

En als die niet deugt, — daar Tristram Shandy den
eersten steen er toe gelegd heeft, — moet niemand anders
dan Tristram Shandy aan de galg gebragt worden.

HOOFDSTUK LIV.

Hoewel ik wel wist, dat ik goed voor zes *livres* vier *sous* aardigheden aan den ambtenaar had verkocht, besloot ik toch, eer ik de plaats verliet, deze afzetterij onder mijne opmerkingen op te nemen; — dus de hand in den rokzak stekende, om - mijne aanteekeningen er uit te halen, (moge dit dienen om andere reizigers met grootere voorzigtigheid aangaande hunne opmerkingen te bezielen), bevond ik "dat mijne opmerkingen gestolen waren!"

Nooit heeft een ongelukkige reiziger meer leven over zijne opmerkingen gemaakt, dan ik over de mijne.

— Hemel! Aarde! Water! Vuur! — schreeuwde ik, alles wat mij veroorloofd was te hulp roepende, behalve hetgeen mij wezenlijk helpen kon; — Men heeft mijne opmerkingen gestolen! — Wat zal ik beginnen? — Mijnheer de Commissaris, heb ik eenige opmerkingen laten vallen, terwijl ik bij u stond? —

— Eenige zeer vreemde opmerkingen zijn u ontvallen, — hernam hij. —

— Bah! — riep ik uit, — het waren slechts een paar, niet meer dan voor zes *livres* vier *sous;* — maar ik heb er een groot pak van verloren. — (Hij schudde het hoofd.) — *Monsieur* le Blanc! — *Madame* le Blanc! — hebt gij geene papieren van mij gevonden? — Laat het meisje naar boven loopen! — François, ga met haar mede! —

— Ik moet mijne opmerkingen hebben; — het waren de beste opmerkingen, — riep ik uit, — die ooit gemaakt werden; — zoo wijs, — zoo geestig, — Wat zal ik beginnen! — Waarheen zal ik gaan!

Toen Sancho Pança het *tuig* van zijn ezel verloren had, klaagde hij niet bitterder! —

HOOFDSTUK LV.

Zoodra de eerste vervoering voorbij was, en de regis-
ters van het brein een weinig weder in orde kwamen, na
al de verwarring door deze gebeurtenissen veroorzaakt, —
schoot het mij dadelijk te binnen, dat ik mijne opmerkingen in het zakje van de reiskoets gelaten had, — en
dat, toen ik den wagen verkocht, ik mijne opmerkingen aan den rijtuigmaker mede verkocht had. —

                                                  Ik laat
zooveel ruimte hier open, opdat de lezer den vloek, welken
hij het meest gebruikt, er in vloeke. — Wat mij betreft, als
ik ooit een *ganschen* vloek van mijn leven gedaan heb, dan
was het in deze. — —

— Dus, — zeide ik, — heb ik al mijne opmerkingen
door geheel Frankrijk, die even vol geest waren, als een
ei vol voedsel is, — en even goed vier honderd *guinjes*
waard, als een ei vier stuivers, aan een rijtuigmaker
verkocht voor vier *Louis d'or;* — hem op den koop
toe een rijtuig gevende, dat zes *Louis d'or* waard
is. — Als het aan Dodsley, of Becket geweest ware, of
eenig anderen fatsoenlijken uitgever, die zich van den handel terugtrekken wilde, en een rijtuig noodig had, —
of aan iemand die pas begint, en mijne opmerkingen
noodig had, en een paar *guinjes* er bij, zou ik mij niet
beklaagd hebben; — maar aan een rijtuigmaker! —

— Breng mij maar oogenblikkelijk bij hem, François! —
zei ik. — De *Valet de place* zette zijn hoed op en ging
vóór; — ik nam den mijne af, toen ik den Commissaris voorbij kwam, om hem te volgen.

HOOFDSTUK LVI.

Toen wij aan het huis van den rijtuigmaker kwamen,
waren èn het huis èn de winkel gesloten; — het was de
achtste September, de geboortedag der Heilige Maagd
Maria, de Moeder Gods. —

Tra-la-la-tra-la-la-la! — de geheele wereld was aan het

feest vieren, — springende en dansende; — niemand gaf
een duit om mij, of mijne "opmerkingen;" dus ging ik
zitten op de bank voor de deur, over mijn toestand
napeinzende. — Het geluk, hetwelk mij anders niet gunstig is, wilde, dat ik naauwelijks een half uurtje gewacht
had, toen de vrouw van den huize binnenkwam, om de
papillotten uit hare krullen te nemen, eer zij naar het
bal ging. —

Ter loops gezegd, houden de Fransche vrouwen evenveel van dansen, als van bidden, — dat wil zeggen *à la
folie!* — Laat ze maar dansen; het doet er niet toe
wanneer; — in Mei, Junij, Julij of September; — de
tijd komt niet in aanmerking; — het gaat maar steeds
door, — 't is kost en inwoning en bewassching voor
haar, — en als wij maar wijs genoeg waren, mijne heeren,
haar steeds daartoe de gelegenheid te verschaffen: —

Dan zouden de vrouwen aan den gang gaan, en de
mannen zouden haar gezelschap houden en rondspringen,
totdat zij niet meer uit de oogen zien konden. —

De vrouw van den rijtuigmaker kwam eventjes binnen-
wippen, zoo als ik u reeds gezegd heb, om de papillotten
uit hare krullen te nemen: — het *toilet* kan op niemand
wachten, — dus trok zij de muts van het hoofd terwijl
zij de deur opende, en een der krulpapiertjes viel op den
grond: — ik zag dadelijk mijn schrift er op. —

— *O Seigneur!* — riep ik uit; — gij hebt al mijne
opmerkingen op uw hoofd, mevrouw! — *J'en suis bien
mortifiée!* — zeide zij. — 't Is toch gelukkig, — dacht ik
bij mijzelven, — dat ze daar buiten gebleven zijn, — want
als ze dieper doorgedrongen waren, zouden ze zooveel
verwarring in het hoofd eener Fransche vrouw veroorzaakt hebben, — dat het beter ware dat zij haar leven lang
ongekapt bleef loopen.

— *Tenez!* — zeide zij; — en zonder eenig denkbeeld
van mijn lijden te hebben, nam zij ze uit de krullen,
en wierp ze ernstig één voor één in mijn hoed; — het
ééne zus, het andere zóó verdraaid. — Och, — zuchtte
ik, — als ze maar eens uitgegeven worden, —

Zullen ze nog veel erger verdraaid zijn!

II.   9

HOOFDSTUK LVII.

— En nu naar het uurwerk van Lippius, — riep ik uit, als iemand, die alle zwarigheden te boven is gekomen; — niets kan mij beletten *dat* te zien, en de Geschiedenis van China, enz. — Niets dan gebrek aan tijd, — zei François, — want het is reeds op slag van elf uur. — Dan moeten wij te meer haast maken, — hernam ik, met groote schreden naar de kerk stappende. —

Ik kan niet met waarheid zeggen, dat het mij eenigzins speet, toen een der mindere geestelijken mij vertelde, juist als ik door de deur aan den westkant der kerk wilde binnen treden, dat het groote uurwerk van Lippius geheel in de war was en sedert eenige jaren stil stond. — Dit zal mij des te meer tijd laten, — dacht ik, — om de Chineesche Geschiedenis te doorloopen; — en bovendien zal ik eene betere beschrijving van de klok in een vervallen toestand kunnen geven, dan wanneer ze in orde ware. —

Dus haastte ik mij naar het Seminarium der Jezuïten. —

Nu ging het mij met mijn voornemen om de Chineesche Geschiedenis in Chineesch schrift te zien, even als met vele andere voornemens, die ik aanhalen kon, welke alleen op een afstand de verbeelding treffen; — want hoe nader ik bij de vervulling van mijne wenschen kwam, — hoe onverschilliger ik dienaangaande werd. — De lust bekoelde langzamerhand, en eindelijk zou ik geen duit gegeven hebben, om dien te verzadigen. — Het ware van de zaak is, dat mijn tijd kort begon te worden, en in mijn hart was ik aan het Graf der Minnaars. — De Hemel geve, — zeide ik, aankloppende, — dat de sleutel der bibliotheek verloren zij! — Het was even goed, alsof dat werkelijk gebeurd ware: —

Want al de Jezuïten hadden de coliek; — en in een ergeren graad, dan de oudste geneesheer zich herinneren kon. —

HOOFDSTUK LVIII.

Daar ik de ligging van het Graf der Minnaars even goed kende, alsof ik twintig jaren te Lyon gewoond had, — en wist, dat het aan de regterhand lag, eventjes buiten de poort, die naar de *Faubourg de Vaise* leidt, — zond ik François naar het schip, ten einde, zonder dat mijne zwakheid bespied werd, de hulde te kunnen bewijzen, die ik zoo lang verschuldigd was: — ik wandelde dus in de meest mogelijke opgewondenheid naar de plaats. — Toen ik de poort bereikte, welke mij van het graf scheidde, begon mijn hart te kloppen. —

— Teedere en getrouwe zielen! — riep ik uit, Amandus en Amanda aansprekende, — lang, — lang heb ik gezocht naar de gelegenheid, om een traan op uw graf te laten vallen! — Ik kom! — ik kom — — —

Toen ik kwam, was er geen graf om een traan er op te laten vallen! —

Wat zou ik gegeven hebben, om mijn oom Tobias bij mij te hebben, om zijn *Lillabullero* te fluiten!

HOOFDSTUK LIX.

Ik zal niet zeggen in welke luim ik van het Graf der Minnaars vlugtte, — (of liever ik vlugtte niet van daar, omdat het in het geheel niet bestond), — en juist bij tijds aan boord van de boot kwam; — maar eer wij honderd el verder gekomen waren, vereenigden zich de Rhône en de Saône om mij vrolijk verder te voeren. —

Maar ik heb deze reis langs de Rhône beschreven eer ik ze deed.

Dus ben ik nu te Avignon, en daar er niets te zien is, dan het oude huis, door den Hertog van Ormond vroeger bewoond, en ik mij met niets op te houden heb, dan ééne korte aanmerking over het plein, zult gij mij binnen de drie minuten, op een muilezel gezeten, over de brug heen zien rijden, met François te paard, en mijn mantelzak achter zich op den zadel, benevens den

eigenaar van de beide dieren, die, met een lang geweer
op schouder en een zwaard aan de zijde, voor ons uit stapt,
opdat wij met zijne beesten niet zouden doorgaan. Als gij
mijne broek gezien hadt toen wij in Avignon binnen reden, — ofschoon ik geloof, dat gij ze beter hadt kunnen
zien, toen ik opsteeg, — zoudt gij zijne voorzorg niet
voor onredelijk gehouden hebben, — en gij hadt het niet
over u kunnen verkrijgen, om ze hem kwalijk te nemen.

Wat mij betreft, ik was er zeer mede in mijn schik,
en besloot bij mijzelven, hem, bij het einde onzer reis,
de broek te schenken, tot vergoeding voor de moeite,
welke ze hem gekost had, door hem te noodzaken zich
er tegen te wapenen. —

Eer ik verder ga, moet ik mijne opmerking over
Avignon kwijt raken; — ze is als volgt: — ik houd het
voor verkeerd, dat iemand, — alleen omdat zijn hoed
hem toevallig afgewaaid is, — den eersten avond van zijn
verblijf te Avignon, zeggen zou, "dat Avignon de win-
derigste stad in geheel Frankrijk is;" en om deze reden
hechtte ik niets aan dit ongeluk, totdat ik den waard van
de herberg er over gevraagd had, die mij vertelde, dat
zulks wezenlijk het geval was; — en daar ik bovendien
vernam, dat de winderigheid van Avignon tot spreekwoord in de buurt was geworden, — teekende ik dit op,
alleen om de geleerden naar de oorzaak te vragen; —
de gevolgen er van begreep ik; — want het zijn louter
hertogen, markiezen en graven dáár; — geen één baron
in geheel Avignon; — dus kan men ter naauwernood er
mede praten op een winderigen dag. —

— Wees zoo goed, vriendje, — zei ik, — mijn muilezel eventjes vast te houden, — want ik wilde een mijner
rijlaarzen uittrekken, die mijn hiel zeer deed: — de man
stond te luijeren aan de deur van de herberg, en daar
ik mij in het hoofd gezet had, dat hij in het huis of
in den stal werkte, gaf ik hem den teugel in de hand, —
en begon met mijn laars. — Toen ik er mede klaar was,
keerde ik mij om, om den teugel weêr te nemen, en hem
te bedanken, —

Maar *Monsieur le Marquis* was reeds in huis gegaan.

———

HOOFDSTUK LX.

Ik had nu het geheele zuiden van Frankrijk voor mij,
van de Rhône tot aan de Garonne, om op mijn gemak,
op mijn muilezel gezeten, er door te trekken; — *op mijn
gemak*, — want ik had den Dood, dat weet de Heer, en
Hij alleen weet hoe ver, achter mij gelaten! — "Ik
heb menigeen," — zei hij, — "door Frankrijk gevolgd,
maar nooit in zulk een vaart!" — En toch volgde hij, —
en ik vlugtte steeds, — maar ik vlugtte met opgeruimdheid; — en hij vervolgde mij steeds, — maar als iemand,
die zijn buit hopeloos vervolgt, — en terwijl hij achter bleef, werd zijne verschijning met elken stap minder vreesselijk. — Waarom zou ik zoo hard voor hem
wegloopen? —

Dus in weerwil van alles, wat de commissaris van de
posterijen mij gezegd had, veranderde ik mijne wijze van
reizen nog eens, en na den overhaasten, vermoeijenden
loop, dien ik gedaan had, streelde ik mijne verbeelding
met te denken aan mijn muilezel, en hoe ik op zijn rug
gezeten, de weelderige vlakten van Languedoc, voetje
voor voetje, zou doortrekken.

Er is niets aangenamer voor den reiziger, — of ver-
schrikkelijker voor den reisbeschrijver, — dan eene groote,
vruchtbare vlakte, vooral als die geene groote rivieren
of bruggen oplevert, en niets aanbiedt, dan één en hetzelfde tooneel van welvaart: — want als hij u eens heeft
verteld, dat het heerlijk, of kostelijk is, — (zoo als het
uitkomt); — dat het aardrijk mild is, en dat de natuur
dáár hare schatten verspilt, enz., — blijft hem eene groote
vlakte over, waarmede hij niets weet te beginnen, en
die tot niets anders dient, dan hem tot de volgende
stad te brengen, — en deze stad is zelve welligt niets,
of weinig meer dan een rustpunt vóór de volgende
vlakte, en zoo voorts. —

Dit is een allerverschrikkelijkst werk: — men oordeele,
of ik het niet beter maak met mijne vlakten.

HOOFDSTUK LXI.

Ik was naauwelijks meer dan twee en een half uur ver
gekomen, toen de man met het geweer naar het kruid
in de pan begon te kijken.

Ik was reeds driemaal verschrikkelijk ver achter gebleven; — telkens ten minste een groot kwartier; — eenmaal
in gesprek met een trommelfabrikant, die trommels
vervaardigde voor de kermissen van Beaucaire en Taras-
con: — ik begreep er de *principes* niet van. —

De tweede keer, kan ik eigenlijk niet zeggen, dat ik
bleef staan, — want daar ik een paar Franciskaner monniken ontmoette, die minder tijd tot hunne beschikking
hadden dan ik, en niet dadelijk met hen klaar kon
komen, — was ik met hen teruggekeerd. —

De derde maal was het eene handelszaak met eene
vrouw, over een mandje vijgen, uit Provence, die vier
sous kostten; — dit zou dadelijk afgeloopen zijn, ware
het niet, dat er eene gewetenszaak mede gemoeid was;
want toen de vijgen betaald waren, bleek het, dat er
twee dozijn eijeren met druivenbladeren bedekt, onder
in de mand lagen; — daar ik geen voornemen had
eijeren te koopen, maakte ik er volstrekt geene aanspraak
op: — en wat de ruimte betrof, die zij ingenomen hadden, — wat deed dat er toe? — Ik had vijgen genoeg
voor mijn geld. —

Maar het mandje wilde ik hebben; — en de vrouw
wilde ook het mandje hebben, zonder hetwelk zij niets
met hare eijeren kon beginnen; — en als ik het mandje
niet kreeg, kon ik evenmin met mijne vijgen iets beginnen, die reeds meer dan rijp waren, en waarvan de
meesten reeds aan den kant gebarsten waren: — dit veroorzaakte een twist, die geëindigd werd door verschillende
voorstellen over hetgeen wij beide doen moesten. —

Hoe wij onze eijeren en vijgen bezorgden, dat zet ik u, of
zelfs den duivel in persoon, zonder er bij tegenwoordig te
zijn geweest (zoo als ik overtuigd ben, dat hij het wezenlijk
was), zelfs in de verte te gissen. — Gij zult het echter
vernemen, — maar dit jaar niet, — want ik heb haast

om met de geschiedenis der *amours* van mijn oom Tobias een aanvang te maken; — maar die zult gij vinden onder de verhalen, welke ik te danken heb aan mijne reis door deze platte landen, en die ik dus noemen zal

PLATTE VERHALEN.

De wereld moet oordeelen in hoever mijne pen, gelijk die van andere reizigers, versleten is, op deze reize door zulk eene onvruchtbare streek; — maar volgens mijne herinneringen er aan, die op dit oogenblik al weder opgewekt zijn, was dit het vruchtbaarste en drukste oogenblik van mijn leven; — want daar ik geene afspraak met den man met het geweer gemaakt had, wat den tijd betreft, herschiep ik, — door mij op te houden, om met elke levende ziel die ik ontmoette, en die in vollen ren was, een praatje te maken, — door mij bij alle gezelschappen te voegen, die vooruit waren, — door iedereen op te wachten, die achteraan kwam, — door allen aan te spreken, die langs zijwegen voortgingen, — door allerlei bedelaars, pelgrims, muzijkanten en geestelijken, aan te houden, — door geene vrouw in een moerbeziënboom voorbij te komen, zonder haar een compliment te maken over hare enkeltjes, en met een snuifje haar tot een praatje te verleiden; — in één woord, door alles aan te pakken, van welke grootte en gestalte het ook was, dat het toeval mij op deze reis aanbood, — herschiep ik de *vlakte* in eene *stad;* — ik had altijd gezelschap en afwisseling; en daar mijn muilezel even gezellig was als ik, en altijd het een of ander voor te stellen had aan elk dier, dat hij ontmoette, — ben ik overtuigd, dat wij door *Pall-Mall* of *St. James-street,* eene maand lang hadden kunnen trekken, zonder zoo vele avonturen te beleven, — en dat wij tevens minder van de menschelijke natuur zouden gezien hebben. —

O! Er is in dit land eene opgeruimde openhartigheid, die alle plooijen uit de kleêren eener bewoonster van Languedoc doet wegvallen, — zoodat alles wat daaronder te voorschijn komt, er uitziet als die onschuld,

welke de dichters van vroegere, betere tijden bezongen! —
Ik wil mijne verbeelding misleiden, en gelooven, dat het
wezenlijk zóó is! —

— 't Was op weg tusschen Nismes en Lunel, waar de
beste Muskaat-wijn in Frankrijk groeit, welke, terloops
gezegd, aan de goede Kanunniken van Montpellier toe-
behoort; — en wee hem, die aan hunne tafel er van
gedronken heeft, en hun een enkelen droppel er van
misgunt! —

De zon was ondergegaan; — het werk was afgeloopen;—
de nimfen hadden hare vlechten weêr opgebonden, — en
de · herders maakten zich tot het feest gereed; — mijn
muilezel bleef op eens staan!—

— 't Is maar de fluit en de tambourine, — zei ik. —
Ik ben half dood van schrik, — zei hij. — Zij vormen een
kring, om te dansen, — hernam ik, hem aansprekende. —
Bij St. Bogaar en al de heiligen aan den verkeerden kant van
de deur van het vagevuur, — zei hij, — (hetzelfde besluit
nemende als de muilezel van de Abdis *des Andouillets*);—
ik ga geen stap verder! — Best, vriendje! — zei ik; —
zoo lang ik leef, zal ik geen ruzie maken met eenig lid
uwer familie; — dus van zijn rug afspringende, en den
éénen laars hier en den anderen dáár in den sloot af-
schoppende: — ik zal eens meê dansen, — zei ik; —
blijf gij maar hier staan! —

Eene door de zon verbrande dochter van het land stond
uit den groep op toen ik naderde; haar donkerbruin, bijna
zwart haar was geheel opgebonden, behalve ééne vlecht.

— Wij hebben een *cavalier* noodig, — zeide zij, beide
handen uitstrekkende, als om ze mij aan te bieden. — En
een *cavalier* hebt gij gevonden, — zei ik haar bij beide
handen vattende. —

— Waart gij, Nannette, maar als eene *Duchesse* gekleed geweest!

— Toch die verwenschte scheur in uw rok!
Nannette gaf er niet om. —

— Wij hadden u niet kunnen missen, — zeide zij, met
aangeborene beleefdheid, de eene hand loslatende, en mij
bij de andere opleidende.

Een kreupele jongen, wiens gebrek Apollo met eene fluit vergoed had, waarbij hij zelf eene tambourine had gevoegd, zat op eene kleine hoogte en begon een aangenaam voorspel. —

— Bind eerst deze vlecht voor mij op, — zei Nannette, mij een lintje in de hand gevende. — Dit deed mij vergeten, dat ik een vreemdeling was. — Al het haar viel los. — Het was zoo goed alsof wij jaren lang elkaâr gekend hadden.

— De jongen sloeg op de tambourine; — hij speelde op de fluit, en de dans begon! — "De drommel hale dien scheur!"

De zuster van den jongen, die hare stem uit den hemel gestolen had, zong beurtelings met haar broeder; — het was een beurtzang uit Gascogne.

VIVA LA JOYA!
FIDON LA TRISTESSA!

De meisjes stemden met het gezang in; — de jongens zongen een octaaf lager.

Ik zou een daalder gegeven hebben, om die scheur toe te naaijen! — Nannette zou er geen stuiver om gegeven hebben.

— *Viva la joya!* was op hare lippen: — *Viva la joya!* vonkelde haar uit de oogen. — Een vlugtige straal van vriendschappelijkheid schoot door de ruimte, tusschen ons. — Zij zag er zoo beminnelijk uit! — Waarom kon ik mijn leven zoo niet voortzetten en eindigen? — Genadige Beschikker van onze vreugd en ons leed, — riep ik uit, — waarom zou de mensch in den schoot van het geluk zich hier niet vestigen! en dansen en zingen en bidden, en met deze door de zon verbrande schoone ten hemel varen! — Op eene tergende wijze liet zij het hoofd hangen. — Op eene verleidelijke wijze danste zij naar mij toe. — Het wordt hoog tijd, dat ik weg dans, — zei ik: — dus van danseres en van wijze veranderende, danste ik voort van Lunel naar Montpellier; — van daar naar Pesçnas en Beziers, door Narbonne, Carcassone en Castêl-Naudaire, — totdat ik eindelijk het paviljoen van Pedrillo binnen

II. 9*

danste; — waar ik, een papier met zwarte lijnen voor mij leggende, om regtuit te kunnen gaan, zonder afwijkingen of tusschenzinnen, met de *amours* van mijn oom Tobias,

Op deze wijze begon: —

HOOFDSTUK LXII.

— Maar zachtjes; — want in deze vrolijke streken, en onder deze gezegende zon, waar op dit oogenblik, alles wat leven heeft, er uitloopt, dansende, fiedelende en fluitende naar den wijnoogst, en waar, bij elken stap, dien men neemt, het verstand door de verbeelding over-rompeld wordt; zet ik het, — (in weerwil van alles, wat in verschillende deelen van dit werk over de regte lijnen gezegd is), — zet ik het, den besten koolplanter, die ooit bestond, hetzij hij achteruit of vooruit plant, want dat doet weinig tot de zaak af, — (behalve, dat hij in het ééne geval meer te verantwoorden zal hebben, dan in het andere), — zet ik het hem, zeg ik, om koelbloedig, critisch, volgens de regels der kunst, voort te gaan met zijn kool, één voor één in regte lijnen te planten, op stoicijnsche afstanden van elkaar, — vooral als de scheu-ren in de vrouwenrokken niet toegenaaid zijn, — zonder dat hij tusschenbeide uitglijdt, of inzakt in de eene of andere bastaardachtige afwijking. In Vries-land, Mist-land, en eenige andere landen, die mij bekend zijn, — zou zoo iets kunnen gebeuren; —

Maar onder dit helder klimaat van verbeelding en uitwaseming, waar elk denkbeeld, verstandig of stomp, zich lucht maakt, — in dit land, waarde Eugenius, — in dit romantische en ridderlijke land, waar ik thans zit, met mijn inktkoker vóór mij, gereed om met de *amours* van mijn oom Tobias een aanvang te maken, en met al de kronkelpaden, die Julia volgen moest, om haar Diego te vinden, vlak onder het venster van mijne studeerka-mer, — als gij er niet bij komt, om mij de hand te leenen, —

Wat zal dit voor een boek worden!

Laat ons er maar mede beginnen.

HOOFDSTUK LXIII.

Het gaat met de liefde even als met de echtbreuk: —
maar nu ik er van spreek, om een boek te beginnen,
heb ik toch reeds lang iets op het hart, hetwelk ik den
lezer wilde mededeelen, en zoo ik dat nu niet doe, welligt
zal ik er geene gelegenheid toe hebben zoo lang ik leef; —
(terwijl de *vergelijking* hem op elk uur van den dag medegedeeld kan worden), — ik zal het dus eventjes vertellen
en dan in goeden ernst beginnen.

Wat ik mededeelen wilde, is het volgende: —

Dat, van al de verschillende wijzen, welke nu op aarde
gebruikelijk zijn, om een boek aan te vangen, ik overtuigd ben, dat de mijne de beste is. — Ik weet zeker,
dat die de meest godsdienstige is; — want ik begin met
den eersten volzin te schrijven, — en laat den tweeden
aan onzen Lieven Heer over.

Het zou een schrijver voor altijd redden van de drukte
en dwaasheid van de straatdeur open te zetten, en zijne
buren, vrienden en bloedverwanten, met den duivel en
al zijne dienstbare geesten, met hunne hamers en werktuigen, enz., binnen te roepen, — als hij zag, hoe bij
mij de ééne volzin op den anderen, en hoe het plan op
het geheel volgt. —

Ik wilde, dat gij mij zien kondet, half uit mijn stoel
opspringende, met vertrouwen de leuning er van vast-
grijpende, — naar boven ziende, en het denkbeeld op-
vangende, soms eer het zelfs halfweg naar mij toe is!

Ik geloof, waarachtig, dat ik dus menig denkbeeld
onderschep, dat de Hemel voor iemand anders bestemd
heeft! —

Pope en zijn portret[1]) zijn gekken bij mij vergeleken: —
geen martelaar is ooit zoodanig met geestdrift en geloof bezield geweest; — ik wilde, dat ik ook zeggen kon,
met goede werken, — maar het ontbreekt mij aan:

        IJver en toorn, — of aan
        Toorn en ijver; —

---

[1]) Men zie maar het portret van Pope.   SCHRIJVER.

en totdat de menschen overeen gekomen zijn, ze met denzelfden naam te bestempelen, zal de ergste Tartuffe in de wetenschap, in de staatkunde of in de godsdienst, op geene onvriendelijker wijze door mij begroet worden, dan men in het volgende hoofdstuk lezen zal.

HOOFDSTUK LXIV.

— *Bonjour!* — Goeden dag! — Gij hebt uw mantel vroeg omgedaan! — maar het is een koude morgen, en gij hebt gelijk; — 't is beter op een goed paard te zitten, dan te voet te gaan, en verstoppingen in de klieren zijn gevaarlijk. — En hoe gaat het met uw bijzit, — uwe echtgenoote, — uwe kleintjes van weêrskanten? — Wanneer hebt gij het laatst iets gehoord van den ouden heer en mevrouw, — van uwe zuster, — tante, — oom, — neven en nichten? — Ik hoop, dat zij hersteld zijn van hunne verkoudheden, hoesten, geheime ziekten, kiespijn, koortsen, gestremde waterlozingen, heupjicht, zweren en oogziekten?

Wat een drommelsche docter! — zooveel bloed af te tappen! — zulk eene nare purgatie, — braakmiddel, — pap, — pleister, — nachtdrankje, — *clysma*, of Spaansche vlieg, — voor te schrijven! — En waarom zooveel greinen calomel? — *Sancta Maria!* — en zulk eene *dosis* opium! Uwe geheele familie, *pardi!* van top tot teen aan het gevaar bloot stellende! Bij het oud fluweelen masker mijner tante Dinah! Ik zie niet in, dat zoo iets noodig was!

Daar dit masker nu, omtrent de kin, eenigzins kaal geworden was, door veel afnemen en opzetten, eer de koetsier haar met kind maakte, — is er niemand onzer familie, die het later wilde dragen. Om het masker nieuw te laten overtrekken, zou meer gekost hebben dan het waard was; — en om een masker te dragen, dat van kant was, en waardoor men heen zien kon, zou even goed geweest zijn, als in het geheel geen masker te dragen.

Het is om deze reden, met uw verlof, zeer geachte heeren, dat wij, in de laatste vier geslachten niet meer

dan één aartsbisschop, één regter in Wallis, drie of vier
wethouders, en slechts één kwakzalver, in onze geheele
familie tellen!

In de zestiende eeuw konden wij ons beroemen op niet
minder dan een dozijn alchimisten.

HOOFDSTUK LXV.

"Het gaat met de liefde even als met de echtbreuk:" —
de lijdende partij, is op zijn hoogst de derde, maar gewoonlijk de laatste persoon in het huis, die er iets van
weet: — dit is daaraan toe te schrijven, zoo als de geheele wereld weet, dat men zesderlei woorden heeft voor
dezelfde zaak, en zoo lang hetgeen in het ééne orgaan
van het menschelijk ligchaam *liefde* heet, in het andere
weêr *haat;* — een half el hooger *gevoel;* — en dan weêr
onzin genoemd wordt, —— Niet dáár, mevrouw; — ik
bedoel — hier, waar ik nu op wijs; — hoe kunnen wij
arme stervelingen ons redden?

Van alle sterfelijke en — onsterfelijke menschen ook, als
gij wilt, — die ooit in zichzelven over deze geheimzinnige
zaak nadachten, was mijn oom Tobias het meest ongeschikt, om onderzoekingen te doen te midden van zulke
uiteenloopende gevoelens, — en hij zou ze ongetwijfeld
hebben laten begaan, zoo als wij wel met ergere dingen
doen, — om te zien wat er van worden zou, — ware het
niet, dat Bridget's berigten dienaangaande aan Susannah, en Susannah's herhaalde openbaringen er van
aan de geheele wereld, het voor mijn oom Tobias noodzakelijk gemaakt hadden, de zaak wat nader te onderzoeken.

HOOFDSTUK LXVI.

Waarom wevers, tuiniers en zwaardvechters, — of een
man met een stijf been (aan eenig gebrek in den *voet*
toe te schrijven), — altijd de eene of andere nimf vinden,
die in het geheim doodelijk op hen verliefd is, — is eene

zaak, die door oudere en nieuwere physiologen behoorlijk verklaard en bepaald is.

Een waterdrinker, als hij zich er voor uitgeeft, en zonder bedrog of list zulks is, bevindt zich juist in denzelfden toestand; — hoewel er op het eerste gezigt, geene reden, of logische grond schijnt te bestaan, waarom een stroom koud water door mijne ingewanden vloeijende, eene vlam in mijne Jenni's ingewanden zou doen ontbranden. —

— Deze stelling schijnt niet waarschijnlijk: — integendeel, ze schijnt strijdig te wezen met den natuurlijken loop van oorzaak en gevolgen; —

— Maar ze bewijst de zwakheid en onnoozelheid der menschelijke rede. —

"En blijft gij er gezond bij?"

— Zoo volmaakt gezond, mevrouw, als de Vriendschap zelve wenschen kon. —

"En gij drinkt niets, — niets dan water?"

— Onstuimig element! zoodra gij tegen de sluizen van het brein aanstormt, — zie hoe zij bezwijken! —

— De *Nieuwsgierigheid* zwemt naar binnen, hare nimfen een wenk gevende haar te volgen; — zij duikelen, midden in den stroom, —

— De *Verbeelding* zit te peinzen aan den oever, en met het oog den stroom volgende, herschept zij stroohalmen en rieten in masten en boegsprieten. — En de *Begeerte*, met de eene hand het gewaad tot boven de knie opligtende, grijpt met de andere hand daarnaar als ze voorbij drijven.

— O, gij waterdrinkers! is het door middel van deze bedriegelijke bron, dat gij zoo dikwerf deze wereld bestuurd en rondgedraaid hebt, alsof ze een molenrad ware? — De gezigten der onmagtigen slijpende, hunne ribben platstampende, — hunne neuzen roodmakende, en soms zelfs den aard en de gestalte der natuur veranderende!

— In uw geval, — zei Yorick, — zou ik meer water drinken, Eugenius. — In uw geval, Yorick, zou ik het ook doen, — hernam Eugenius. —

Dit bewijst, dat beiden Longinus gelezen hadden. —

Wat mij betreft; — ik heb vast besloten, geen ander boek dan het mijne te lezen, zoo lang ik leef.

HOOFDSTUK LXVII.

Ik wilde, dat mijn oom Tobias een waterdrinker geweest ware; want dan zou het te verklaren zijn, waarom, op het eerste oogenblik, dat de weduwe Wadman hem zag, zij iets in zich gevoelde, dat gunstig voor hem pleitte; — iets! — iets!

Iets meer misschien dan vriendschap, — iets minder dan liefde; — iets, — het komt er niet op aan wat, — of waar; — ik zou geen enkel haar van den staart van mijn muilezel willen geven, als ik het zelf uitplukken moest, — (inderdaad het dier heeft er niet veel meer over, en is daarenboven in geen geringen graad kwaadaardig), — om van u, mijne heeren, de oplossing van dit geheim te vernemen.

Maar het ware van de zaak is, dat mijn oom Tobias geen waterdrinker was; hij dronk het noch zuiver, noch vermengd, noch op eenige wijze, of eenige plaats, behalve bij toeval op eenige voorposten, waar geen betere drank te krijgen was, — of zoo lang hij onder behandeling was, — toen de chirurgijn hem vertelde, dat het de wondvezels zou uitzetten, en ze des te spoediger aan elkander doen vastgroeijen; — waarop mijn oom Tobias, om den wille van den vrede, water dronk.

Daar de geheele wereld weet, dat geen gevolg bestaan kan zonder eene oorzaak, en daar het overbekend is, dat mijn oom Tobias noch wever, noch tuinier, noch zwaardvechter was, — tenzij men hem als kapitein onder deze laatsten begrijpen wil; — maar hij was slechts een kapitein der infanterie, en dat zou dus eene verdraaijing van de waarheid zijn, — blijft ons niets over, dan te veronderstellen, dat het aan het been van mijn oom Tobias toe te schrijven was; — en toch zou dit ons bij deze hypothese weinig baten, tenzij zijne lamheid veroorzaakt werd door eenig gebrek in *den voet*, — en de verminking van zijn been was volstrekt aan niets, dat den voet

deerde te wijten; — want het been van mijn oom Tobias
was in geenen deele verminkt.

Het was een weinig stijf en ongemakkelijk, omdat hij
gedurende de drie jaren, welke hij bij mijn vader in de
stad doorgebragt had, er volstrekt geen gebruik van
had gemaakt; — maar het was gevuld en gespierd, en
in alle andere opzigten een even veelbelovend en goed
been als het andere.

Ik verklaar mij geene meening of passage van mijn
leven te herinneren, waarbij mijn verstand grooter moeite
had, om de dingen bij elkander te brengen, en het
hoofdstuk, dat ik geschreven had, bruikbaar te maken
voor het daarop volgende hoofdstuk, dan bij het tegenwoordige geval: — men zou denken, dat ik er vermaak
in schepte om zwarigheden van dezen aard te zoeken,
alleen om nieuwe proeven te doen, om ze te overwinnen. —

Onbedachtzaam wezen, dat ik ben! Hoe! zijn niet
de onvermijdelijke rampen, waardoor gij, Tristram, als
mensch en als schrijver van alle kanten omsingeld zijt, —
zijn die niet genoeg, zonder dat gij u in nieuwe verlegenheid brengt?

Is het niet genoeg, dat gij tot over de ooren toe in
schulden zit, en dat gij tien karren vol hebt van vroegere deelen van dit boek, — die nog, — nog onver-
kocht zijn, en dat gij niet weet wat te bedenken, om ze
kwijt te raken?

Zelfs op dit oogenblik zijt gij ook gekweld door dien
naren stikhoest, dien gij gekregen hebt, door in Vlaanderen tegen den wind op schaatsen te rijden? En het is
slechts twee maanden geleden, dat in een lachbui, toen
gij een kardinaal even als een koorzanger (met beide
handen) zaagt wateren, dat een ader in uwe longen
gesprongen is, waardoor gij, binnen de twee uren, twee
pintjes bloed hebt verloren, — en als gij er nog éénmaal
zooveel kwijt geworden waart, — hebben de geneesheeren
u niet gezegd, dat het juist vier pintjes zou geweest zijn?

HOOFDSTUK LXVIII.

— Maar om 's hemels wil, laten wij niet meer van pintjes en maten spreken! — Laten wij het verhaal vóór ons volgen: het is zoo lastig en ingewikkeld, dat men er naauwelijks een streepje van verplaatsen kan; — en op de eene of andere wijze, hebt gij mij bijna tot het midden er van gedreven!

— Ik verzoek u verder een beetje voorzigtiger te wezen.

HOOFDSTUK LXIX.

Mijn oom Tobias en de korporaal waren met zooveel vuur en overhaasting doorgereisd, om bezit te nemen van het plekje gronds, waarvan wij reeds zoo dikwerf gesproken hebben, ten einde hunne veldtogten te gelijker tijd met de geallieërden te beginnen, — dat zij een der noodzakelijkste dingen, die zij hebben moesten, vergeten hadden: het was noch een spa, noch een houweel, noch een schop; —

Het was een bed om op te slapen; zoodat, daar *Shandy-Hall* ten dien tijde ongemeubeleerd, en de kleine herberg, waar Le Fevre stierf, nog niet gebouwd was, — mijn oom Tobias voor een paar nachten gedwongen werd gebruik te maken van een bed bij Mevrouw Wadman, totdat korporaal Trim, — (die bij de bekwaamheden van een uitstekenden lijfknecht, staljongen, kok, kleermaker, chirurgijn en ingenieur, ook die van een uitmuntenden behanger voegde), — met behulp van een timmerman en een paar kleermakers, een bed gereed hadden in het huis van mijn oom Tobias. —

— Eene dochter van Eva, want dat was de weduwe Wadman, — en nader zal ik haar niet beschrijven, dan door te zeggen:

— *"Zij was in alle opzigten eene vrouw,"* — zou beter doen met op een afstand van vijftig mijlen, — of in haar warm bed te blijven, — of met een zakmes, — of wat gij maar wilt te spelen, — dan een man tot het voorwerp harer oplettendheden te maken, — als het huis en de meubels haar toebehooren. —

Er is niets in, buiten 's huis, op den helderen, lichten dag, als eene vrouw in de gelegenheid is, in de strengste beteekenis van het woord, een man in meer dan één licht te zien; — maar in huis, al gold het haar zielenheil, kan zij hem in geen licht zien, zonder hem op de eene of andere wijze in verband te brengen met haar eigene goederen en bezittingen, — totdat, door herhaalde combinaties van dezen aard, — hij onder de lijst harer eigendommen opgenomen wordt; —

En dan — goede nacht!

Maar dit is geen *stelsel;* — want mijn stelsel heb ik reeds boven beschreven; — noch eene *geloofszaak;* — want ik bemoei mij met niemands geloof, dan mijn eigen; — noch eene *daadzaak;* — ten minste voor zoo ver ik weet; — maar het is een *overgang*, en inleiding tot hetgeen volgt.

HOOFDSTUK LXX.

— Ik spreek niet van de fijnheid of helderheid van het linnen, — of van de snede der geeren; — maar ik vraag u, of de nachthemden, niet hierin voornamelijk van de overhemden verschillen, — dat zij ze zoo ver in lengte overtreffen, dat als men er zich in nederlegt, zij even ver beneden de voeten reiken, als de overhemden er boven blijven?

De nachthemden der weduwe Wadman, — (volgens de mode ten tijde van Koning Willem en Koningin Anna), — waren op deze wijze gesneden, — en als de mode sedert dien tijd veranderd is — (want in Italië zijn ze tot niets verkort), — des te erger voor het publiek; — de nachthemden der weduwe Wadman waren twee en een half el, Vlaamsche maat, lang; — zoodat de lengte van eene gewone vrouw op twee el berekenende, zij een half el over had, om er naar goedvinden over te beschikken.

Nu door het toegeven aan de eene en andere kleine weelde, gedurende de vele koude December-nachten, van

een zevenjarigen weduwstand, was het ongevoelig in de
laatste twee jaren zoo ver gekomen, als een vaste regel
bij het slapen gaan, — dat zoodra mevrouw Wadman
in bed was, en de beenen uitgestrekt had, waarvan zij
steeds Bridget verwittigde, — deze, met de meest mogelijke welvoegelijkheid, de deken aan het voeteneinde
opgeligt hebbende, het overschietend half el linnen, waarvan wij reeds gesproken hebben, greep, en zachtjes met
beide handen naar beneden trok, zoo ver het maar
eenigzins kon, en dan weder naar de lengte, vier of vijf
plooijen er in leggende, steeds een groote bakerspeld
van haar mouw nam, en met de punt er van naar zich
toe, de plooijen, iets boven den zoom vastspelde: —
waarna zij de voeten weder toedekte, en mevrouw goeden
nacht wenschte.

Dit alles stond vast, zonder eenige verandering dan
dat, op kille en onstuimige nachten, als Bridget het dek
opligtte aan het voeteneinde van het bed, enz., zij, om
dit alles te doen, geen ander thermometer raadpleegde,
dan hare eigene luim, en haar werk staande, knie-
lende, of zittende verrigtte, naar de mate van geloof,
hoop en liefde, die zij op den avond voor hare meesteres
gevoelde. In alle andere opzigten bleef dezelfde etiquette
heilig, en had kunnen wedijveren met de meest werk-
tuigelijke verrigtingen van de strengste slaapkamer in de
geheele wereld.

Den eersten avond, zoodra de korporaal mijn oom
Tobias naar boven gebragt had, — tegen tien uur, —
wierp zich mevrouw Wadman op haar leuningstoel, en de
linker knie over de regter leggende, om een steun voor
haar elleboog te vinden, liet zij de wang in de hand
rusten, en zich voorover buigende, bleef zij tot middernacht de zaak van alle kanten bekijken.

Den tweeden avond, ging zij naar hare schrijftafel,
en Bridget bevolen hebbende een paar nieuwe kaarsen op
te steken, en ze op de tafel te plaatsen, haalde zij haar
huwelijkskontrakt te voorschijn en las het zeer aandachtig
door; en den derden avond (de laatste van het verblijf
van mijn oom Tobias bij haar), — toen Bridget het

nachthemd naar beneden getrokken had, en beproefde
de bakerspeld er in te steken, —

Met beide voeten tegelijk een schop gevende, — den
natuurlijksten schop, dien zij in hare houding kon geven; —
want verondersteld dat * * * * * * * * * * de zon
was, op den middag, — schopte zij in eene noordwestelijke
rigting, en schopte haar de speld uit de hand: — wat
de etiquette aangaat, die er aan vast zat, — die viel op
den grond en werd in duizend stukken geslagen.

Uit dit alles blijkt het ten duidelijkste, dat de weduwe
Wadman verliefd was op mijn oom Tobias.

HOOFDSTUK LXXI.

Ten dien tijde was het hoofd van mijn oom Tobias
met andere zaken vervuld, zoodat het eerst was na de
sloping van Duinkerken, toen alle andere beleefde vormen jegens geheel Europa in acht genomen waren, dat
hij den tijd vond op deze beleefdheid te antwoorden.

Dit veroorzaakte (voor mijn oom Tobias), een wa-
penstilstand van elf jaren; — voor de weduwe Wadman
echter een rusttijd van denzelfden duur. Maar in alle
gevallen van dezen aard, daar het de tweede slag is,
hoe laat die ook valle, die den strijd mogelijk maakt, —
verkies ik om die reden ze de *amours* van mijn oom
Tobias met de weduwe Wadman te noemen, eerder dan
de *amours* van de weduwe Wadman met mijn oom Tobias.

Dit is geen verschil zonder onderscheid. —

Het heeft niets van de zaak van den *opgetoomden ouden
hoed*, — en den *ouden opgetoomden hoed*, waarover gij, zeer
geachte heeren, het zoo dikwerf oneens zijt geweest; —
maar hier is ook een onderscheid in den aard der
zaken; —

En een hemelsbreed onderscheid ook, dat verzeker ik
u, vrienden!

HOOFDSTUK LXXII.

Daar nu de weduwe Wadman mijn oom Tobias beminde, — en mijn oom Tobias de weduwe Wadman niet beminde, — bleef er voor de weduwe Wadman niets anders over, dan voort te gaan met mijn oom Tobias te beminnen, — of het op te geven.

De weduwe Wadman wilde noch het één noch het ander doen.

Goede hemel! — ik vergeet, dat ik zelf in deze zaken ook iets van haar heb; — want als het gebeurt, — zoo als soms wel het geval is gedurende de nachteveningen, dat de eene of andere aardsche godin, zoodanig zus of zóó, of anders is, dat zij mij verhindert mijn ontbijt te nemen, — en dat het haar geen duit schelen kan, of ik mijn ontbijt met smaak gebruik of niet, —

Weg met haar! — en ik wensch haar naar Tartarije, en van Tartarije naar het Vuurland, en zoo voorts naar den Duivel. In één woord, er is geene helsche nis te bedenken, waarin ik niet die godheid verplaats.

Daar echter het hart gevoelig is, en er bij de hartstogten in deze tijden tienmaal in ééne minuut eb en vloed is, breng ik haar dadelijk terug, en daar ik alle dingen overdrijf, plaats ik haar terstond in het midden van den melkweg.

Helderste der sterren! op iemand zult gij toch stralen!

De Duivel hale haar en haar invloed er bij; — want nu verlies ik mijn geduld: — wel bekome het hem! — Bij alles dat harig en gescheurd is! — roep ik uit, — mijn pelsmuts afnemende en om mijn vinger draaijende, — ik zou geen cent geven, voor een half dozijn er van!

Maar het is eene heerlijke muts (ze weêr opzettende en digt om mijne ooren drukkende), — en warm, — en zacht; vooral als men naar den goeden kant er over wrijft; — maar, helaas! — dat is een geluk, hetwelk mij nooit overkomt! — Dus gaat mijne philosophie ook hier weder te grond!

— 'Neen, ik zal nooit een vinger in dien schotel steken: — dus geef ik het op:

Korst en kruim;
Van binnen of buiten;
Van boven of onderen; — ik haat het alles; —
ik verfoei het; — ik verloochen het; — ik walg er van:
't Is niets dan peper,
look,
dragon,
zout en
duivelsdrek.

— Bij den aartskok van alle koks, die, naar ik mij
verbeeld, van den morgen tot den avond niets anders
doet, dan voor het vuur zitten, om verhittende geregten
voor ons te stooven, ik zou om alles ter wereld er niets
van willen aanraken!

— O Tristram, Tristram! — riep Jenni.

— O Jenni, Jenni! — riep ik, en ging voort met het
volgende hoofdstuk.

HOOFDSTUK LXXIII.

"Om alles ter wereld, niet willen aanraken!" — heb
ik dat gezegd?

Hemel, wat heb ik mijne verbeelding met deze beeldspraak verhit!

HOOFDSTUK LXXIV.

— Dit alles bewijst, mijne zeer geëerbiedigde en deftige heeren, wat gij er ook van verkiest te zeggen (want
wat het denken aangaat, — allen, die wezenlijk denken,
denken er even zóó over als over andere zaken), —
dat de LIEFDE zekerlijk, alphabetisch gesproken, is een
der

A llerontroerendste, meest
B etooverende,
C onfuse,
D uivelsche zaken ter wereld; — de meest

E igenzinnige,
F antastische,
G rillige,
H alstarrige,
K waadaardige (een I heeft ze niet) en
L yrische, der menschelijke hartstogten, en te-
    vens een der meest
M alende,
N ietige,
O pgeblazene,
P edante,
S cherpe,
R edelooze, — maar de R had voor de S moeten
komen, — dingen ter wereld; — in één woord: — zij is
van zoodanigen aard, zoo als mijn vader eens aan mijn
oom Tobias vertelde, aan het einde eener lange discus-
sie over de zaak, — "dat men naauwelijks twee denk-
beelden er over bij elkaar kan brengen, broêr Tobias,
zonder eene *hypallage*." — Wat is dat? — vroeg mijn oom
Tobias.

— Het paard achter den wagen spannen, — hernam
mijn vader.

— En wat moet het daar doen? — riep mijn oom Tobias.

— Niets, — zei mijn vader, — dan er in stijgen, — of
het laten!

Nu heb ik u reeds gezegd, dat de weduwe Wadman
noch het een noch het ander wilde.

Zij stond echter opgetoomd en in het tuig, om bij
alle gelegenheden gereed te zijn.

HOOFDSTUK LXXV.

De Schikgodinnen, welke zekerlijk de liefde van mijn
oom Tobias en de weduwe Wadman voorzien hadden,
vormden (bij de eerste schepping van alles wat bestaat,
met meer beleefdheid, dan zij gewoonlijk gebruiken),
zulk eene onverbrekelijke aaneenschakeling van oorzaken
en gevolgen, dat het eene onmogelijkheid werd voor mijn

oom Tobias, om eenig ander huis ter wereld te bewonen,
of eenig ander huis ter wereld te bezitten, dan het huis
en den tuin, welke vlak naast en evenwijdig waren, met
die van Mevrouw Wadman. Dit alles, en het voordeel
van een digt prieel in den tuin van Mevrouw Wadman,
maar tegen het hek van mijn oom Tobias gezet, verschafte haar alle gelegenheden, welke de krijgslisten
der liefde eischten; — zij kon de bewegingen van mijn
oom Tobias bespieden, en zijne krijgsraden hooren; en
daar hij in de eenvoudigheid van zijn hart aan den korporaal, door bemiddeling van Bridget, verlof gegeven
had, om eene kleine opening in het hek te maken, ten
einde de wandelingen der weduwe Wadman uitgestrekter
te maken, stelde haar dit in staat, om eene positie in te
nemen, vlak vóór het schilderhuisje, en om zelfs soms uit
dankbaarheid een aanval te doen, en te trachten mijn
oom Tobias in zijn schilderhuisje zelf in de lucht te
doen vliegen.

HOOFDSTUK LXXVI.

Het is wel jammer; — maar toch eene bewezene daadzaak, dat de mensch, even als eene kaars, aan beide
einden tegelijk kan ontstoken worden, — als er maar een
eindje pit uit steekt; — want waar dit niet het geval is, wordt
de zaak onmogelijk; — en als dit wel het geval is, — door
het van onderen aan te steken, gebeurt het meestal, dat de
vlam zich zelve uitdooft, — en dus is het weêr onmogelijk.

Wat mij aangaat, als ik er over te beschikken had,
op welke wijze ik branden moest, — (ik kan er niet aan
denken als een beest te verbranden), — zou ik de huisvrouw
verpligten mij steeds van boven aan te steken; want dan
zou ik langzaam naar beneden toe afbranden; — dat is
van het hoofd naar het hart, — van het hart naar de
lever, — en van de lever naar de ingewanden, en zoo
voorts langs al de aders en slagaders van het darmvlies,
en de kronkelingen en draaijingen van de ingewanden
en hunne vliezen, tot aan den blinden darm.

— Mag ik u vragen, docter Slop, — zei mijn oom

Tobias, hem in de rede vallende, toen hij den blinden darm vermeldde in een gesprek met mijn vader, op den nacht toen ik geboren werd, — mag ik u vragen, wat de blinde darm is? — Want, hoe oud ik ook geworden ben, verklaar ik niet te weten, waar dien te zoeken.

— De blinde darm, — antwoordde Dr. Slop, — ligt tusschen het *Ilion* en het *Colon*. —

— Bij een man, niet waar? — zei mijn vader.

— Bij de vrouw ook, — hernam Dr. Slop.

— Dat wist ik niet, — zei mijn vader.

EINDE VAN HET VIJFDE DEEL.

TRISTRAM SHANDY.

Zesde Deel.

Non enim excursus hic ejus, sed opus istum est.

PLIN. Lib. V. Ep. 6.

Si quid urbaniuscule lusum a nobis, per Musas et Charitas et omnium poetarum lumina, oro te, ne me male capias!

HOOFDSTUK I.

— Dus, ten einde van beide stelsels gebruik te maken, besloot mevrouw Wadman, mijn oom Tobias noch van boven noch van onderen aan te steken, maar hem, even als de kaars van den verkwister, zoo mogelijk, aan beide einden te gelijk te doen branden.

Indien nu mevrouw Wadman (met Bridget om haar te helpen), zeven jaren lang al de rommelkamers der krijgsbehoeften, zoowel voor de infanterie als de kavalerie, van het groote arsenaal te Venetië af, tot en met inbegrip van den *Tower* te Londen, doorsnuffeld had, zou zij geen eene *blindeering* of *mantelet* gevonden hebben, beter voor haar plan geschikt, dan die, welke de toedragt der zaken van mijn oom Tobias, zoo goedgunstig voor haar opgerigt had.

Ik geloof niet, dat ik u niet verteld heb, — maar ik weet het niet, — mogelijk heb ik het toch gedaan; — hoe dat echter ook zij, 't is één van die dingen, welke men beter doet over te vertellen, dan er over te twisten, — dat, welke stad of sterkte door den korporaal opgerigt werd in den loop van hunne veldtogten, mijn oom Tobias er altijd op bedacht was, aan den binnenkant van zijn schilderhuisje, links, een plattegrond van de plaats op te hangen, van boven met een paar spelden vastgemaakt, maar van onderen los, om het digter bij zijne oogen te kunnen brengen, enz. — zoo als de gelegenheid eischte; — dus toen er een aanval besloten werd, had

mevrouw Wadman niets anders te doen, als zij den ingang van het schilderhuisje bereikt had, dan om de
regterhand uit te strekken, en tegelijkertijd den linker-
voet in het schilderhuisje plaatsende, de kaart, of plattegrond, of doorsnede, of wat het ook was, te grijpen en
met gebogen hals het halfweg ontmoetende, het naar
zich toe te trekken; — waarop mijn oom Tobias dadelijk
vuur vatte; — want hij greep dan dadelijk den anderen
hoek van de kaart met de linkerhand, en met de steel
zijner pijp in de andere hand, begon hij er een uitleg
van te geven.

Als de aanval zoo ver gevorderd was, — zal men gemakkelijk begrijpen, waarom mevrouw Wadman tot hare
tweede krijgslist overging, — die daarin bestond, dat zij
mijn oom Tobias zoodra mogelijk, de pijp uit de hand
nam; wat, — onder het een of ander voorwendsel, —
gewoonlijk, dat zij meer bepaaldelijk op de eene of andere *redoute*, of borstwering op de kaart wijzen wilde, —
haar meestal gelukte, eer mijn oom Tobias (die arme
ziel!) — daarmede eene *toise* of wat ver gekomen was.

Dit noodzaakte mijn oom Tobias om gebruik te maken van zijn wijsvinger.

De verandering, welke dit in den aanval veroorzaakte,
was als volgt: — door dien op dezelfde wijze voort te
zetten, met den top van haar wijsvinger tegen het einde
van de pijp van mijn oom Tobias, had zij daarmede kunnen
reizen, langs de *liniën* van Dan naar Berseba — als de vestingwerken van mijn oom Tobias zich zoo ver uitgestrekt
hadden — zonder eenige uitwerking; — want daar er geene
bloedarterie of levenswarmte was in het pijpensteeltje, kon
het ook geen gevoel opwekken, — het kon noch vuur geven
door pulsatie, — noch door sympathie vuur ontvangen; —
het gaf niets dan rook.

Door echter den wijsvinger van mijn oom Tobias met
den haren van digtbij te volgen, langs al de bogten en
kronkelingen van zijn werk, — soms er tegen aan steunende, — dan weêr op den nagel drukkende, — nu den
vinger hier, — dan weêr daar, enz. aanrakende, — werd
ten minste iets in beweging gebragt.

Dit alles, ofschoon slechts schermutselingen op een zekeren afstand van het hoofdkorps, wikkelde het toch in het gevecht; — want daar de kaart gewoonlijk vlak tegen den kant van het schilderhuisje bleef hangen, plagt mijn oom Tobias in zijne eenvoudigheid, de uitgespreide hand er op te leggen, ten einde met zijne verklaring verder te gaan; en mevrouw Wadman, met eene beweging, zoo vlug als de gedachte, verzuimde nooit de hare er vlak naast te plaatsen. Dit opende dadelijk eene gemeenschap, die groot genoeg was voor elke aandoening, welke iemand, die bedreven is in het elementaire en praktische gedeelte der verliefdheid, bij mogelijkheid noodig kon hebben.

Door den wijsvinger, als te voren, evenwijdig te plaatsen met dien van mijn oom Tobias, werd onvermijdelijk de duim ook in het gevecht gewikkeld, en de wijsvinger en de duim dus gebezigd zijnde, werd ook natuurlijk de geheele hand er in gehaald. De uwe, waarde oom Tobias, kon nu nooit meer de regte plaats vinden. — Mevrouw Wadman moest die steeds opnemen, of met de zachtste stooten, verschuivingen en dubbelzinnige drukkingen, die men aan eene hand kan toebrengen, welke men lastig vindt, een haartje uit den weg zoeken te krijgen.

Terwijl zij dit deed, kon zij ook niet vergeten hem te doen gevoelen, dat het haar been was, en het been van niemand anders, dat in het schilderhuisje zachtjes tegen zijne kuiten drukte! — Zoodat mijn oom Tobias dus aangetast en op beide vleugels in het naauw gebragt zijnde, — is het niet te verwonderen als zijn *centrum* tusschenbeide ook in de war raakte.

— De drommel zal het halen! — zei mijn oom Tobias.

HOOFDSTUK II.

Men zal ligt begrijpen, dat deze aanvallen van mevrouw Wadman van verschillenden aard waren, — onderling onderscheiden, even als de aanvallen waarmede de geschiedenis vervuld is, en juist om dezelfde redenen. — Een

oppervlakkige toeschouwer zou naauwelijks erkennen, dat
het aanvallen waren; — of, als hij dit deed, zou hij ze allen
onderling verwarren; — maar voor dergelijke menschen
schrijf ik niet. Het zal tijd genoeg zijn, iets uitvoeriger
in mijne beschrijving er van te worden, als ik zoo ver
gekomen ben, hetgeen nog eenige hoofdstukken zal duren; — bij dit hoofdstuk heb ik niets meer te voegen, dan
dat er onder een pakje oorspronkelijke schrifturen en tee-
keningen, welke mijn vader afzonderlijk opgerold heeft,
een plan van Bouchain bestaat, zeer goed bewaard (en dat
zal het ook blijven, zoo lang ik in staat ben iets te bewaren), — op welks ondersten rand, aan den regterkant,
nog de merken te zien zijn van een met snuif bemorsten
vinger en duim, welke, naar alle waarschijnlijkheid, aan
mevrouw Wadman toebehoorden; daar de andere kant
van den rand, welke zoo als ik vermoed, die van mijn
oom Tobias was, nog volmaakt zuiver is. Dit alles schijnt
een authentiek spoor te wezen van een dezer aanvallen;
want er zijn *vestigia* van de twee gaten, nu gedeeltelijk
gesloten, maar nog duidelijk zigtbaar, aan den bovensten
rand van de kaart, waardoor die in het schilderhuisje
vastgeprikt werd. —

    Bij alles wat heilig is! Ik schat deze kostbare reliquie,
met de *stigmata* en prikken er van, meer dan al de reliquiën van de Roomsche Kerk; — met uitzondering echter,
daar, ik over dergelijke dingen nu spreek, van de prikken
die in het lijf der heilige Radagunda staken, in de woestijn, welke de nonnen van Cluny, als gij van Tesse der-
waarts gaat, u om niet zullen laten zien.

HOOFDSTUK III.

    — Ik verbeeld mij, met mijnheer's verlof, — zei Trim, —
dat de vestingwerken geheel en al gesloopt zijn, en dat
de waterspiegel nu gelijk staat met den havendam. — Dat
geloof ik ook, — hernam mijn oom Tobias, met een half
gesmoorden zucht; — maar ga eventjes in de voorkamer,

Trim, en haal eens de artikels der overeenkomst; — het stuk ligt op de tafel.

— Het heeft er wel zes weken gelegen, — hernam de korporaal; — maar heden morgen heeft de oude vrouw het vuur er mede aangestoken. — In dat geval, — zei mijn oom Tobias, — hebben wij niets meer te doen. — 't Is bedroefd genoeg, mijnheer, — zei de korporaal, met welke woorden hij de schop in den kruiwagen wierp, die naast hem stond, met de neerslagtigste houding, die men zich denken kan, en keerde zich treurig om, ten einde zijn houweel, zijne spade, zijne palen, en andere kleine krijgsbehoeften te zoeken, en van het slagveld weg te brengen, — toen een zware zucht uit het schilderhuisje, dat van dun dennenhout gemaakt zijnde, den klank met een nog somberder geluid aan zijn oor mededeelde, hem terughield.

— Neen! — zei de korporaal bij zichzelven; — ik zal het morgen vroeg doen, eer mijnheer opstaat; — dus de schop weêr uit den kruiwagen nemende, met een beetje grond er op, alsof hij iets aan den voet van het *glacis* wilde bijwerken, — maar inderdaad om nader bij zijn heer te komen, ten einde hem afleiding te bezorgen, — maakte hij een paar zoden los, — sneed de randen er van af, met de schop, en ze zachtjes met het plat er van weêr ingeslagen hebbende, ging hij vlak voor de voeten van mijn oom Tobias zitten en sprak hem aldus aan. —

HOOFDSTUK IV.

— Het was toch jammer, mijnheer; — maar ik vrees, dat ik iets heel geks voor een soldaat ga zeggen, — —

— Een soldaat, — zei mijn oom Tobias, den korporaal in de rede vallende, — mag even zoo goed iets geks zeggen als een geleerde. — Maar niet zoo dikwijls, mijnheer, — hernam de korporaal. — Mijn oom Tobias knikte toestemmend.

— Het was toch jammer, — zei de korporaal, zijne blikken vestigende op Duinkerken en den havendam, even als Servius Sulpicius de zijne vestigde, toen hij uit Azië

II.   10*

terugkeerde (van Aegina naar Megara) op Corinthe en den Piraeus, —

— 't Was toch jammer, mijnheer, deze werken te vernielen, — en het zou ook jammer geweest zijn, ze te laten bestaan. —

— Gij hebt in beide punten gelijk, Trim, — antwoordde mijn oom Tobias. — 't Was ook daarom, — vervolgde de korporaal, — dat ik, van het begin tot het einde der sloping, geen éénmaal gefloten, gezongen, gelagchen of geweend, of van onze vroegere daden gesproken, of aan mijnheer één verhaal, aardig of onaardig, gedaan heb.

— Gij hebt vele deugden, Trim, — zei mijn oom Tobias; — en ik reken het volstrekt niet voor de minste er van, dat, — daar gij nog al van verhalen houdt, — bij al de vertelseltjes, welke gij mij gedaan hebt, hetzij om mij in een uur van ziekte te vermaken, of in een ernstig uur, om mij op te beuren, — gij mij zelden iets onaardigs verteld hebt.

— Omdat, met mijnheers verlof, behalve één verhaal van den *Koning van Bohemen en zijne zeven kasteelen*, — het louter ware verhalen zijn, — over mijzelven.

— Het onderwerp bevalt mij niet minder om die reden, Trim, — zei mijn oom Tobias. — Maar, bid ik u, wat is dat toch voor een verhaal? Gij hebt mijne nieuwsgierigheid geprikkeld. —

— Ik zal het maar dadelijk aan mijnheer vertellen, — zei de korporaal. — Als het maar geen vrolijk verhaal is, — zei mijn oom Tobias, ernstig naar Duinkerken en den havendam zinede; — bij zulk een verhaal moet men zelf de helft der opgeruimdheid medebrengen, en in mijne tegenwoordige stemming, Trim, zou ik noch u noch uw verhaal regt laten wedervaren. — Het is volstrekt geen vrolijk verhaal, — zei de korporaal. — Ik hoop ook niet, dat het geheel ernstig van aard is, — voegde mijn oom Tobias er bij. — Het is noch het een noch het ander, — hernam de korporaal; — maar het zal mijnheer zeker bevallen. — Dan zal ik er hartelijk dankbaar voor wezen, — zei mijn oom Tobias; — begin er maar mede, Trim.

De korporaal maakte eene buiging, en hoewel het volstrekt niet zoo gemakkelijk is, als men zich verbeeldt, om op eene aanvallige wijze eene hooge *Montero*-muts af te nemen, — of, als men plat op den grond zit, eene zoo eerbiedige buiging te maken, als de korporaal deed, — toch, door zijne opene regterhand, die naar zijn heer toegekeerd was, een weinig achter zich op het gras te laten glijden, om meer ruimte te hebben, — en terzelfder tijd door eene ongedwongene zamendrukking van zijne muts, met den duim en de twee voorste vingers der linkerhand, waardoor de omvang van de muts zeer verminderd werd, en die eerder ongevoelig van zijn hoofd afgedrukt, dan op eene winderige manier afgetrokken werd, — redde zich de korporaal uit deze zwarigheid beter dan de toestand der zaken deed vermoeden, en tweemaal gekucht hebbende, om te zien op welken toon zijn verhaal het best zou gaan, en met de luim van zijn heer overeenkomen, — wisselde hij een enkelen liefderijken blik met hem en begon aldus: —

GESCHIEDENIS VAN DEN KONING VAN BOHEMEN EN ZIJNE ZEVEN KASTEELEN.

— Er was eens een zeker Koning van Bohe- - -

Juist toen de korporaal over de grenzen van Bohemen wilde trekken, noodzaakte hem mijn oom Tobias voor een oogenblik halt te maken. Hij was blootshoofds op reis gegaan, daar hij, na zijne *Montero*-muts afgetrokken te hebben, eer hij zijn verhaal begon, die naast zich op den grond had laten liggen.

Het oog der liefde ziet alles; — dus eer de korporaal de eerste paar woorden van zijn verhaal uitspreken kon, had mijn oom Tobias zijne muts tweemaal vragender wijze met de punt van zijn stok aangeraakt, — alsof hij zeggen wilde: — Waarom zet gij de muts niet op, Trim? — Trim nam de muts eerbiedig en bedaard op, tegelijk een beschaamden blik vestigende op het borduursel op den rand er van, hetwelk bedroefd verbleekt en uitgerafeld was, — vooral wat eenige der grootste bloemen der

meest in het oog vallende deelen der teekening betrof, —
waarom hij ze ook weêr tusschen zijne voeten neêrlegde,
om er over te redeneren.

— 't Is maar al te waar, Trim, — riep mijn oom Tobias, — zoo als gij op het punt zijt te zeggen: —

"Niets kan ter wereld eeuwig duren."

— Maar, waarde Thomas, als zelfs de herinneringen
aan uwe liefde en gehechtheid slijten, — hernam Trim, —
wat blijft ons dan te zeggen over?

— Gij behoeft er niets bij te voegen, Trim, — zei mijn
oom Tobias; — en als iemand zich gek er over prakti-
seren wilde, geloof ik niet, Trim, dat hij er iets meer
van zeggen kon.

De korporaal, ontwarende, dat mijn oom Tobias gelijk
had, en dat het te vergeefs zou zijn voor het menschelijk
verstand, om eene betere zedeles uit zijne muts te halen,
zette hij die, zonder verdere proeven, weêr op zijn hoofd,
en met de hand over het voorhoofd wrijvende, om een
droevigen rimpel er uit te vegen, welken de tekst en de
leerstelling veroorzaakt hadden, keerde hij met denzelfden
blik en dezelfde stem tot zijn verhaal van den Koning
van Bohemen en zijne zeven kasteelen terug.

GESCHIEDENIS VAN DEN KONING VAN BOHEMEN EN ZIJNE ZEVEN KASTEELEN. (*Vervolg.*)

— Er was eens een Koning van Bohemen, mijnheer,
maar onder wiens regering hij leefde, zoo het niet onder
de zijne was, weet ik niet, mijnheer.

— Dat kan mij ook niet schelen, Trim, — zei mijn
oom Tobias, — volstrekt niet.

— Het was kort vóór den tijd, met mijnheers verlof,
toen de reuzen uitstierven; maar in welk jaar na Christus dat juist was, — —

— Ik zou er geen duit om geven, om dat te weten, —
viel hem mijn oom Tobias in de rede.

— 't Is maar, mijnheer, omdat een verhaal daardoor
wat opgesierd wordt.

— 't Is uw verhaal, Trim, dus kunt gij het opsieren

op welke wijze gij verkiest, en elken datum nemen, — vervolgde mijn oom Tobias, met een vriendelijken blik, — elken datum, dien gij ter wereld verkiest, en goedvindt; — ze staan u allen ten dienste. —

De korporaal boog diep; — want elke eeuw, elk jaar van elke eeuw van de schepping der wereld àf, tot aan den zondvloed, en van den zondvloed tot aan de geboorte van Abraham, en door al de togten der aartsvaders heen, tot aan het vertrek der Israëlieten uit Egypte; — en verder door al de Dynastiën, Olympiaden, *ab Urbe condita's* en andere merkwaardige tijden der verschillende volkeren, tot aan de geboorte van Christus, en van toen af, tot op het oogenblik, dat de korporaal zijn verhaal deed, — dit geheele uitgestrekte tijdvak, in zijne geheele uitgebreidheid, had mijn oom Tobias aan zijne voeten neêrgelegd, om er uit te kiezen; — daar echter de *Bescheidenheid* naauwelijks met den vinger aanraakt hetgeen de *Mildheid* haar met beide handen aanbiedt, — vergenoegde zich de korporaal met het *slechtste* jaar, uit de geheele menigte; — en om te verhinderen, dat gij, mijne heeren van de minderheid en de meerderheid, elkander in den strijd verscheurt, over de vraag: "Of dat niet altijd het laatste jaar is, van den laatst versleten almanak?" zeg ik u duidelijk, dat zulks het geval is; — maar om eene andere reden, dan gij veronderstelt.

Het was het jaar, dat hem het digtste bij was; — het jaar zeventien honderd twaalf, toen de Hertog van Ormond, in Vlaanderen aan het razen was; — de korporaal nam dit jaar, en begon daarmede op nieuw zijn togt naar Bohemen.

GESCHIEDENIS VAN DEN KONING VAN BOHEMEN EN ZIJNE ZEVEN KASTEELEN. (*Vervolg.*)

— In het jaar zeventien honderd twaalf na Christus, was er, met mijnheers verlof, — —

— Om u de waarheid te zeggen, Trim, — zei mijn oom Tobias, — zou mij ieder andere datum beter bevallen hebben; niet alleen om reden van de schandvlek, welke in dit jaar op onze geschiedenis rust, door den aftogt onzer troepen, en door onze weigering om het beleg van Quesnoi te ondersteunen, hoewel Fagel met zulk een ongelooflijken ijver zijne belegeringswerken voltooide; — maar ook, Trim, om reden van uw eigen verhaal, — omdat, indien er, — zoo als ik veronderstel, uit hetgeen u ontvallen is, — reuzen in voorkomen, —

— Maar één, met mijnheers verlof.

— Dat is even erg als twintig, — hernam mijn oom Tobias; — gij hadt hem zeven of acht honderd jaren achteruit moeten verplaatsen, uit den weg van de aanvallen der *Critici* en andere menschen; en dus raad ik u aan, als gij het verhaal ooit weder vertelt, —

— Als ik maar tijd van leven heb, mijnheer, om het éénmaal te doen, — zei de korporaal, — zal ik het nooit weder aan eenig man, vrouw of kind vertellen. — Kom! kom! — zei mijn oom Tobias; maar op zulk een aangenamen, aanmoedigenden toon, dat de korporaal met nieuwen lust zijn verhaal weder begon:

GESCHIEDENIS VAN DEN KONING VAN BOHEMEN EN ZIJNE ZEVEN KASTEELEN. (*Vervolg.*)

— Er was eens, met mijnheers verlof, — zei de korporaal, de stem verheffende, en verheugd de handen wrijvende, — een zekere Koning van Bohemen, —

— Laat de tijdsbepaling maar geheel en al weg, Trim, — zei mijn oom Tobias, zich voorover buigende, en de hand zachtjes op des korporaals schouder leggende, ten einde de onbeleefdheid van hem in de rede te vallen, te verontschuldigen; — laat die maar geheel en al weg, Trim; — een verhaal gaat zeer goed zonder die kleinigheden, tenzij men ze zeer naauwkeurig kent. — Zeer naauwkeurig kent! — herhaalde de korporaal het hoofd schuddende.

— Ja wel, Trim, — hernam mijn oom Tobias; — het is niet gemakkelijk voor iemand, die, zoo als gij en ik, als soldaat groot gebragt is, die zelden verder ziet dan den loop van zijn geweer, of iets meer achter zich zoekt, dan zijn ransel, om zeer veel van dergelijke dingen te weten. — Mijn hemel, mijnheer, — riep de korporaal, eerder door de *wijze* waarop mijn oom redeneerde, dan door zijne redenering zelve overtuigd; — hij heeft ook wel iets anders te doen: — als hij niet in het gevecht is, of op marsch, of op de wacht in zijn garnizoen, — heeft hij, met mijnheers verlof, zijn geweer te poetsen; — zijn ledergoed te bezorgen, — zijn uniform op te flikken; — hij moet zich scheren en netjes houden, om altijd zóó te wezen, alsof hij op de parade moest: — wel, mijnheer! — voegde de korporaal met zegevierende stem er bij; — wat heeft een soldaat met de *Geographie* noodig? —

— Gij hadt *Chronologie* moeten zeggen, Trim, — antwoordde mijn oom Tobias; — want, wat de geographie betreft, die heeft hij zeer noodig; — hij moet naauwkeurig bekend zijn met elk land en de grenzen van elk land, waarheen zijn beroep hem brengt; hij moet ook elke stad en dorp en gehucht kennen, met de kanalen, wegen en passen, welke er heen leiden. Er is geene rivier, of beek, Trim, waarover hij trekt, of hij moet op het eerste gezigt in staat zijn, den naam er van op te geven, — in welken berg die ontspringt, — welken loop ze volgt, — hoe ver ze bevaarbaar is, — waar men te voet er over heen kan, en waar niet: — hij moet de vruchtbaarheid van elke vallei kennen, even goed als de boer, die den grond beploegt, en in staat zijn te beschrijven, of zelfs als het noodig mogt wezen, eene naauwkeurige kaart te maken, van al de vlakten, passen, vestingwerken, hoogten, wouden en moerassen, door en voorbij welke zijn leger trekt; — hij moet de producten van het land, de planten, de mineralen, de wateren, de dieren, de jaargetijden, het klimaat, de hitte en koude, de inwoners, de gewoonten, de taal, de staatkunde en zelfs de godsdienst kennen.

— Zou men anders kunnen begrijpen, korporaal, — ging mijn oom Tobias voort, in vuur gerakende en bij dit gedeelte zijner redevoering in het schilderhuisje opstaande, — hoe Marlborough zijn leger van de oevers der Maas naar Belburg bragt, — van Belburg naar Kerpenoord, — (hierbij kon de korporaal niet langer blijven zitten), — van Kerpenoord, Trim, naar Kalsaken; van Kalsaken naar Neudorf; van Neudorf naar Landenberg; van Landenberg naar Mildenheim; van Mildenheim naar Elchingen; van Elchingen naar Gingen; van Gingen naar Balmerchoffen; van Balmerchoffen naar Schillenburg, waar hij de vijandelijke werken overrompelde, zich den overgang van de Donau opende, over de Lech trok, — zijne troepen in het hart van het rijk voerde, — aan het hoofd er van door Freiburg, Hohenwert en Schonevelt trekkende, tot in de vlakten van Blenheim en Hochstett? — Hoe groot hij ook was, korporaal, hij kon geen stap gedaan, geen dagmarsch gemaakt hebben, zonder behulp der geographie. — Wat de chronologie aangaat, Trim, — vervolgde mijn oom Tobias, weder bedaard in het schilderhuisje plaats nemende, — ik beken, dat die mij eene wetenschap toeschijnt, welke de krijgsman het best zou kunnen ontberen, ware het niet om het licht, dat ze hem wel eens verschaffen moet, om den tijd der uitvinding van het buskruid te bepalen; welks verschrikkelijke uitwerking, alles, dat het ontmoet, als de bliksemstraal vernietigende, een nieuw tijdvak voor ons geopend heeft in de krijgskundige wetenschappen, zoo geheel en al den aard der verdedigingen en der aanvallen, zoowel ter zee als ter land, veranderende, en zooveel kunst en bekwaamheid er bij voegende, dat men niet te naauwkeurig zou kunnen te werk gaan, om den tijd dier ontdekking te bepalen, en tevens niet streng genoeg onderzoek doen, aangaande den grooten man, die het uitvond, en de aanleiding, welke hij daartoe had.

—Verre zij het van mij, — ging mijn oom Tobias voort, — om hetgeen alle geschiedschrijvers aannemen, tegen te spreken, — namelijk, dat in het jaar 1380, onder de regering van Wenzeslaus, den zoon van Karel IV, - een zekere monnik, Schwartz genoemd, het gebruik van het buskruid aan de Venetianen leerde, in hunne oorlogen tegen de Genuëzen; — maar het is toch zeker, dat hij niet de eerste was; — want als wij geloof hechten aan Don Pedro, Bisschop van Leon, — —

— Hoe kwam het toch, mijnheer, — hernam Trim, —

dat de priesters en bisschoppen zich zooveel om het buskruid bekommerden? —

— Dat weet onze lieve Heer, Trim, — hernam mijn
oom Tobias; — Zijne Voorzienigheid bestiert alles ten
beste, — en Don Pedro beweert in zijne chronijk van de
regering van Koning Alfonso, die Toledo veroverde, —
dat in het jaar 1343, dus reeds zeven en dertig jaren vroeger, het gebruik van het buskruid bekend was, en met
goeden uitslag toegepast werd, én door de Mooren én
door de Christenen, niet slechts in hunne zeeslagen,
maar ook bij vele der meest merkwaardige belegeringen
in Spanje en Barbarije; en de geheele wereld weet, dat
de monnik Baco bepaaldelijk er over geschreven, en edel-
moediglijk der wereld een recept gegeven had om buskruid
te maken, honderd vijftig jaren zelfs vóór de geboorte
van Schwartz; — en de Chinezen, — voegde mijn oom
Tobias er bij, — brengen ons en alle berigten daaromtrent nog meer in de war, door zich op die uitvinding
te beroemen, zelfs eenige honderd jaren vóór zijn tijd.

— Ik geloof, dat het een pak leugenaars zijn! — riep
Trim.

— Het is duidelijk, — hernam mijn oom Tobias, —
dat zij zich op de eene of andere wijze in deze zaak vergissen; dat kan men zien uit den ellendigen toestand der
vestingbouwkunde bij hen: — zij weten van niets anders,
dan van een *fossé* met een ongeflankeerden steenen muur; —
en wat zij in de plaats van een bastion aan elken hoek
er van aanbrengen, is zoo barbaarsch van aard, dat het
er uitziet juist, — —

— Als een mijner zeven kasteelen, met mijnheers verlof, — zei Trim.

Hoewel mijn oom Tobias groote behoefte had aan eene
vergelijking, weigerde hij echter met de meeste beleefdheid het aanbod van Trim, — totdat deze hem vertelde,
dat hij wel een half dozijn er van nog in Bohemen had,
waarvan hij niet afkomen kon, en mijn oom Tobias zoodanig in zijn schik was met deze goedaardigheid van den
korporaal, dat hij een einde maakte aan zijne dissertatie
over het buskruid, en den korporaal verzocht, om da-

delijk voort te gaan met zijne geschiedenis van den Koning van Bohemen en zijne zeven kasteelen.

GESCHIEDENIS VAN DEN KONING VAN BOHEMEN EN ZIJNE ZEVEN KASTEELEN. (*Vervolg.*)

— Deze *ongelukkige* Koning van Bohemen, — begon Trim, — Was hij dus ongelukkig? — vroeg mijn oom Tobias, — die zoodanig verdiept was geweest in zijne dissertatie over het buskruid en andere krijgszaken, dat, hoewel hij den korporaal verzocht had zijn verhaal voort te zetten, de vele stoornissen er in, die hij zelf veroorzaakt had, voor hem dit *epitheton* niet verklaarden; — was hij dus *ongelukkig*, Trim? vroeg medelijdend mijn oom Tobias. — De korporaal wenschte in de eerste plaats het woord en alle synonymen er van naar den duivel; en begon daarop in zichzelven al de voornaamste gebeurtenissen in het verhaal van den Koning van Bohemen na te gaan, waaruit het echter bleek, dat hij de gelukkigste man ter wereld was, — hetgeen dus den korporaal zeer verlegen maakte; — want, daar hij niet verkoos zijn *epitheton* in te trekken, — en nog minder het uit te leggen, — en volstrekt niet zijn verhaal — (naar het voorbeeld der geleerden), — verdraaijen wilde, om zijn gezegde waar te maken, — keek hij mijn oom Tobias in het gezigt, om dáár hulp te zoeken; — maar daarop ontdekkende, dat mijn oom Tobias dit juist van hem wachtte, ging hij, na een paar maal gekucht te hebben, op de volgende wijze voort: —

— De Koning van Bohemen, met mijnheers verlof, was in zoo ver *ongelukkig*, dat terwijl hij het grootste vermaak en genot in de zeevaart schiep en er *toevallig* in geheel Bohemen geen zeehaven was, — —

— Hoe drommel zou dat anders, Trim? — riep mijn oom Tobias; — want daar geheel Bohemen binnenslands ligt, kon dat niet anders wezen.

— Het zou toch wel anders kunnen wezen, als het God behaagde, — zei Trim.

Mijn oom Tobias sprak nooit van het wezen en de

eigenschappen van God, dan met schroomvalligheid en aarzeling.

— Ik geloof het toch niet, — hernam mijn oom Tobias, na eene korte stilte; — want daar het door het land is ingesloten, zoo als ik gezegd heb, met Silezië en Moravië ten oosten; de Lausitz en Saksen ten noorden; het Frankenland ten westen en Beijeren ten zuiden, — kon Bohemen niet aan zee liggen, zonder op te houden Bohemen te wezen; — en van den anderen kant, kon de zee niet naar Bohemen komen, zonder een groot gedeelte van Duitschland te overstroomen, en millioenen der ongelukkige inwoners te vernielen, die er zich volstrekt niet tegen zouden kunnen verdedigen. — Dat zou een schandaal zijn! — riep Trim. — En dit, Trim, — voegde mijn oom Tobias zachtjes er bij, — zou zulk een gebrek aan barmhartigheid toonen bij Hem, die toch de bron van die deugd is, — dat, — naar ik mij verbeeld, Trim, — zoo iets volstrekt niet gebeuren kan.

De korporaal boog met ongeveinsde overtuiging en ging voort: — Toen de Koning van Bohemen, met zijne koningin en zijne hovelingen op zekeren schoonen zomeravond, eens *bij toeval* wandelen ging; — Ja: *bij toeval*, dat is goed gezegd, Trim, — zei mijn oom Tobias; — want de Koning van Bohemen en zijne koningin hadden even goed te huis kunnen blijven; — 't was maar eene toevallige gebeurtenis, die gebeuren kon, of niet, — juist zoo als het toeval wilde.

— Koning Willem was van meening, met mijnheers verlof, — zei Trim, — dat alles in de wereld voorbeschikt is; — het ging zoo ver, dat hij dikwerf tot zijne soldaten zeide: "Iedere kogel heeft haar biljet van inkwartiering." — Het was een groot man! — zei mijn oom Tobias. — En ik geloof nog heden ten dage, — vervolgde Trim, — dat het schot, hetwelk mij in den slag bij Landen trof, op mijn knie gemikt was, met geene andere bedoeling dan mij uit de dienst des konings te ontslaan, en mij in die van mijnheer te brengen, waar ik zoo goed op mijn ouden dag bezorgd zou worden. — Wij zullen er nooit eene andere uitlegging aan geven, Trim, — zei mijn oom Tobias.

Het hart, van den heer zoo wel als van den knecht,
vloeide wel eens over: — eene korte stilte volgde.

— Bovendien, — zei de korporaal, het gesprek weêr
opvattende, maar op een meer opgeruimden toon, — ware
het niet om dat schot geweest, zou ik nooit verliefd zijn
geworden. —

— Dus zijt gij wel verliefd geweest, Trim? — vroeg
mijn oom Tobias glimlagchende.

— Tot over de ooren toe! — hernam de korporaal, —
hals over kop, — met mijnheers verlof! —

— Zeg toch, wanneer? — Waar? — Hoe is dat gebeurd?
Ik heb er nooit een woord van gehoord, — zei mijn oom
Tobias. — Ik geloof echter, — hernam Trim, — dat alle
tamboers en soldatenkinderen bij het regement het wis-
ten. — Dan wordt het ook hoog tijd, dat ik er iets van
verneem, — zei mijn oom Tobias.

— Mijnheer herinnert zich zeker nog met verdriet, —
zei de korporaal, — de geheele overrompeling en verwarring
van ons kamp en leger te Landen; iedereen moest toen voor
zichzelven zorgen; en zonder de regementen van Wyndham,
Lumley en Galway, welke den terugtogt over de brug
bij Neerspaken dekten, zou de Koning zelf naauwelijks
ontkomen zijn: — zoo als mijnheer weet, werd hij van
alle kanten hard aangevallen.

— Die dappere held! — riep mijn oom Tobias, in geestvervoering; — op het oogenblik, dat alles verloren is,
zie ik hem nog voorbij galloperen, naar den linkervleugel,
om het overige van de Engelsche kavalerie te halen, ten
einde den regtervleugel te ondersteunen, en zoo mogelijk
den lauwerkrans van het hoofd van Luxembourg te ruk-
ken; — ik zie hem, met den strik van zijn sjerp pas af-
geschoten, het regement van den armen Galway met
nieuwen moed bezielende, langs het *front* rijden; — regts
om keert maken en Conti aan het hoofd er van weêr aanvallen. Die held! die held! — riep mijn oom Tobias; —
hij verdient eene kroon, —

— Zoo goed als ooit een dief den strop! — riep Trim.

Mijn oom wist hoe zeer de korporaal den Koning eer-
biedigde, — anders zou hem de vergelijking in het geheel

niet bevallen hebben; — den korporaal zelven beviel ze ook juist niet, toen hij ze maakte; — daar hij ze echter niet herroepen kon, — bleef hem niets anders over dan voort te gaan: —

— Daar het aantal der gekwetsten verbazend was, en niemand tijd had aan iets anders te denken, dan aan zijne eigene redding, — — Talmash heeft toch de infanterie met veel beleid van het slagveld gebragt, — zei mijn oom Tobias. — Maar ik bleef er liggen, — zei de korporaal. — Dat is waar; — arme jongen! — hernam mijn oom Tobias. — Dus was het reeds op den middag van den volgenden dag eer ik uitgewisseld werd, — vervolgde de korporaal, — en men wierp mij, met een stuk of veertien anderen, op eene kar, om ons naar het hospitaal te brengen. —

— Er is geen deel van het ligchaam, met mijnheers verlof, waar eene wond meer onuitstaanbare pijn veroorzaakt dan de knie. —

— Behalve de lies, — zei mijn oom Tobias. — Met mijnheers verlof, — hernam de korporaal, — moet, volgens mijn begrip, de knie nog pijnlijker zijn, omdat juist daar zoovele spieren, en hoe heet men ze ook, zich bevinden.

— Om die reden, — zei mijn oom Tobias, — is juist de lies veel gevoeliger; — want er bevinden zich niet alleen zoovele spieren, en hoe ze ook heeten, — (want ik ken die namen evenmin als gij), — maar bovendien, **** —

Mevrouw Wadman, die den geheelen tijd in haar priëel geweest was, — hield oogenblikkelijk den adem in, — maakte hare muts onder de kin los, om beter te hooren, — en bleef op één been staan luisteren.

De twist werd een tijdlang vriendschappelijk en met gelijken uitslag van beide kanten, tusschen mijn oom Tobias en Trim voortgezet, totdat Trim zich eindelijk herinnerende, dat hij dikwerf over het lijden van zijn meester geweend had, maar nooit een traan over het zijne gestort had, — het opgeven wilde; wat mijn oom Tobias volstrekt niet hebben kon. — Dit alles bewijst niets, Trim, — zeide hij, — dan de edelmoedigheid van uw aard.

Zoodat, of de pijn eener wond in de lies — (caeteris paribus), — grooter is dan de pijn eener wond in de knie, — en

— Of de pijn eener wond in de knie niet grooter is dan de pijn eener wond in de lies, — punten zijn, welke tot op den huidigen dag nog niet uitgemaakt zijn.

HOOFDSTUK V.

— De pijn aan de knie, — vervolgde de korporaal, — was onuitstaanbaar; — en het schokken van de kar langs de slechte wegen, die vol diepe gaten waren, maakte, dat het van kwaad tot erger ging; — met elken stap dacht ik te sterven: — zoo door bloedverlies, als door gebrek aan verpleging, en de koorts, die ik voelde opkomen, — (Arme ziel! — zei mijn oom Tobias), — alles bij elkaar gerekend, mijnheer, — was het meer dan ik verdragen kon.

— Ik klaagde over mijn lijden aan een meisje in eene boerenwoning, waar onze kar, de laatste van de rij, was blijven staan; men had mij in huis geholpen, en het meisje had iets hartversterkends uit den zak gehaald, en eenige droppels er van op een stukje suiker gedaan, en ziende, dat het mij verkwikte, had zij het mij voor de tweede en derde keer gegeven.

— Dus vertelde ik haar, met mijnheers verlof, hoeveel pijn ik leed, en zei, dat die zoo onuitstaanbaar was, dat ik liever op het bed wilde gaan liggen (kijkende naar het ledikant in den hoek van de kamer), en sterven, — dan verder gaan; — en juist terwijl zij mij er op wilde helpen, viel ik in hare armen flaauw. Het was eene goede ziel! — zoo als mijnheer hooren zal, — zei de korporaal, zich de oogen afvegende.

— Ik had mij verbeeld, dat de *liefde* iets vrolijks was, — zei mijn oom Tobias.

— 't Is (soms) de ernstigste zaak ter wereld, met mijnheers verlof. Op raad van het meisje, — vervolgde de korporaal, — vertrok de kar met de gekwetsten zonder mij; want zij had verzekerd, dat ik dadelijk sterven zou, als men mij in de kar trachtte te beuren. Dus, toen ik weder bijkwam, — bevond ik mij in een rustig, stil huisje, met niemand er in dan de boer en zijne vrouw en het meisje. — Men legde mij dwars over het bed in den hoek van de kamer, met het gewond been op een stoel, en het meisje stond naast mij, met de eene hand de punt van haar zakdoek in azijn nat gemaakt, mij onder den neus houdende, en met de andere hand mijne slapen wrijvende.

—Ik hield haar in het begin voor de dochter van den boer — (want het was geene herberg), — dus bood ik haar een beursje met achttien guldens er in, hetwelk mijn arme broêr Thomas — (hier veegde zich Trim de oogen weêr af), — mij tot eene gedachtenis gezonden had door een rekruut, juist eer hij naar Lissabon vertrok.

—Ik heb mijnheer dat droevig verhaal nog nooit gedaan,— (hier veegde zich de korporaal ten derdemaal de oogen af).

— Het meisje riep den ouden man en zijne vrouw in de kamer, om hun het geld te toonen, en dus te bewijzen, dat ik mijn bed betalen kon en de kleine behoeften, die ik noodig zou hebben, eer ik zoo ver hersteld was, dat men mij naar het hospitaal kon vervoeren. — Kom aan, — zeide zij, het beursje toemakende, — ik zal uw bankier zijn; — en daar dat ambt mij nog al ledigen tijd laten zal, — kan ik ook tevens uwe oppasster zijn. —

— De wijze waarop zij dit zeide, en hare kleeding,— (die ik nu meer oplettend dan te voren begon op te nemen), — deed mij gissen, dat zij toch niet de dochter van den boer kon wezen.

—Zij was tot aan de voeten toe in het zwart, met het haar verborgen onder een wit batisten band over haar voorhoofd: het was eene dier nonnetjes, met mijnheers verlof, die, zoo als mijnheer wel weet, zoo talrijk zijn in Vlaanderen, en die overal vrij rondloopen. — Volgens uwe beschrijving, Trim, — zei mijn oom Tobias, — zou ik zeggen, dat het eene jonge Begijn was, die men nergens anders dan in de Oostenrijksche Nederlanden vindt, — behalve in Amsterdam; — het verschil tusschen haar en de overige nonnetjes is, dat zij, des verkiezende, het klooster kunnen verlaten om te trouwen; het is haar pligt zich aan het bezoeken en het verplegen der zieken toe te wijden. —Ik, voor mij, wilde liever, dat zij zulks uit barmhartigheid deden.

— Zij vertelde mij dikwerf, — zei Trim, — dat zij het uit Christelijke liefde deed. — Dat beviel mij echter niet. — Ik geloof, Trim, dat wij het beiden mis hebben, — zei mijn oom Tobias; — wij zullen heden avond, bij mijn broeder Shandy, den heer Yorick daarnaar vragen; — herinner mij er aan, — voegde mijn oom Tobias er bij.

— De jonge Begijn, — vervolgde de korporaal, — had mij naauwelijks verteld dat "zij mijne oppasster zijn wilde," — of zij ging ook dadelijk aan het werk, en begon met het een en ander voor mij gereed te maken; — zij bleef maar een oogenblik weg, hoewel het mij een heele tijd toescheen, en keerde terug met flanel, enz. enz., en nadat zij gedurende een paar uren mij de knie met compressen had nat gehouden, enz., en mij een kommetje gort tot een avondmaal gegeven had, — wenschte zij mij wel te rusten, en beloofde den volgenden morgen vroeg terug te zijn. — Zij wenschte mij, met mijnheers verlof, wat mij niet vergund werd. — Ik kreeg zware koortsen in den nacht; — hare gestalte plaagde mij zeer. — Ik verbeeldde mij telkens, dat ik de wereld midden doorhakte, om haar de helft er van te geven; — elk oogenblik, riep ik uit, dat ik niets anders bezat, dan mijn ransel en achttien gulden, om met haar te deelen. Den geheelen nacht door, was het mij alsof de schoone non, gelijk een engel, naast mijn bed stond, de gordijnen terugslaande en mij hartversterkende drankjes aanbiedende, — en ik werd alleen uit mijn droom gewekt toen zij op het bepaalde uur verscheen, om mij ze ook werkelijk te geven. — En waarlijk, zij verliet mij haast niet meer; en ik werd zóó daaraan gewend, mijne levensgeesten door haar versterkt te zien, dat ze dadelijk verflaauwden en ik verbleekte, als zij uit de kamer ging; en toch — vervolgde de korporaal, eene der vreemdste bedenkingen ter wereld opperende, —

— "Was het de liefde niet," — want gedurende de drie weken, welke zij bijna onafgebroken bij mij waakte, nacht en dag, met hare eigene hand mijn knie wrijvende, — kan ik eerlijk verklaren, mijnheer, dat * * * * * * * * * * * * * * * * * * geen éénmaal. —

— Dat was nog al raar, Trim, — zei mijn oom Tobias.
— Dat dunkt mij ook, — zei mevrouw Wadman. —
— Geen éénmaal! — herhaalde de korporaal.

HOOFDSTUK VI.

— Maar het is geen wonder, — vervolgde de korporaal, ziende dat mijn oom Tobias er over napeinsde; — want de liefde, met mijnheers verlof, heeft deze overeenkomst met den oorlog, dat een soldaat, hoewel hij sedert 's Zaturdagnachts drie weken, behouden is gebleven, — toch op den Zondagmorgen door het hart kan geschoten worden. — Dat gebeurde ook met mij, mijnheer, — alleen met dit onderscheid, dat het 's Zondags in den namiddag was, toen ik op eens, hals over kop, verliefd werd. — Het overviel mij, mijnheer, als een bom, — mij naauwelijks den tijd latende om "God sta mij bij!" uit te roepen.

— Ik had mij verbeeld, Trim, — zei mijn oom Tobias, — dat men nooit zoo plotseling verliefd werd!

— Dat gebeurt toch wèl, — hernam de korporaal, — als men het ongeluk heeft onder schot te komen. —

— Wat ik u bidden mag, — zei mijn oom Tobias, — vertel mij toch hoe het kwam! —

— Met het grootste genoegen, — antwoordde de korporaal met eene buiging.

HOOFDSTUK VII.

— Ik was tot dus ver van de liefde vrij gebleven, en zou het ook nog tot het einde van het lied uitgehouden hebben, — vervolgde de korporaal, — als het niet anders voorbeschikt geweest ware. — Men kan het noodlot niet weêrstaan. — Het was op een Zondagnamiddag, zoo als ik mijnheer verteld heb.

— De oude man en zijne vrouw waren uitgegaan. —
— Alles was rustig en stil in huis als te middernacht. —

II.   11

— Men hoorde niet eens eene eend, of een eendje op de plaats, —

— Toen het schoone nonnetje mij kwam bezoeken.

— Mijne wond was begonnen te genezen; — de ontsteking was al sedert lang verdwenen, maar werd gevolgd door een jeukte boven en beneden de knie, zoo onverdragelijk, dat ik den geheelen nacht de oogen niet gesloten had. —

— Laat mij het zien, — zeide zij, nederknielende, naast mijn been, en hare hand eventjes beneden de knie er op leggende. — Het moet maar een beetje gewreven worden, — zei de Begijn; dus het weêr toedekkende met de lakens, begon zij met den wijsvinger van de regterhand, mij eventjes beneden de knie te wrijven, — den wijsvinger rigtende, heen en weêr, volgens den rand van het flanel, dat het verband er op hield.

— Na verloop van vijf of zes minuten, gevoelde ik zoo eventjes den top van den tweeden vinger, — die straks met den anderen vinger gelijk gelegd werd, en dus ging zij een geheelen tijd voort met heen en weêr te wrijven. — Toen kreeg ik het voor het eerst in het hoofd, dat ik verliefd zou worden; — ik bloosde, toen ik zag hoe blank haar handje was. — Ik zal van mijn leven, met mijnheers verlof, zulk een blank handje niet weêr zien!

— Ten minste niet op dezelfde plaats, — zei mijn oom Tobias.

Hoewel de wanhoop van den korporaal zoo opregt mogelijk was, — kon hij toch niet nalaten te glimlagchen. —

— Daar de jonge Begijn ontdekte, — hernam de korporaal, — dat zij mij eene groote dienst deed, — ging zij, na een tijd lang met twee vingers gewreven te hebben, er eindelijk toe over, om met drie te wrijven, — totdat zij langzamerhand den vierden vinger er bij bragt, en dus de geheele hand gebruikte. — Ik wil van mijn leven het woord hand niet weder gebruiken, als de hare, met mijnheers verlof, niet zachter dan satijn was! —

— Roem die maar zooveel gij wilt, Trim, — zei mijn oom Tobias; — dat zal mij uw verhaal des te aangenamer maken. — De korporaal dankte zijn heer hartelijk; daar hij echter niets meer wist te zeggen van de hand der non, dan hij reeds gezegd had, — ging hij er toe over, om de uitwerking er van te beschrijven.

— De schoone Begijn, — zei de korporaal, — ging voort mij met de vlakke hand beneden de knie te wrijven, totdat ik begon te vreezen, dat zij zich vermoeijen zou. — "Ik zou duizendmaal zooveel doen, uit Christelijke liefde," zeide zij. — Met deze woorden bragt zij de hand over het flanel, boven de knie, waarover ik ook geklaagd had, en begon ook daar te wrijven. — Toen ontdekte ik, dat ik reeds begonnen was verliefd te worden. —

— Terwijl zij voortging met wrijven, wrijven, wrijven, — gevoelde ik ook, dat het zich verspreidde van onder hare hand, mijnheer, over mijn geheele lijf. —

— Hoe langer en hoe harder zij wreef, hoe meer ook het vuur in mijne aderen ontgloeide, — totdat eindelijk, als zij iets verder wreef, mijne drift ten toppunt steeg.

— Ik greep hare hand, — —

— En gij druktet die aan uwe lippen, Trim, — zei mijn oom Tobias, — en hieldt eene lange aanspraak tot haar!

Het komt er niet op aan, of de liefde van den korporaal juist op de wijze eindigde, die mijn oom Tobias zich voorgesteld had; het zij genoeg te verzekeren, dat ze het hoofdbestanddeel bevatte van al de liefdegeschiedenissen, welke sedert de schepping geschreven werden.

HOOFDSTUK VIII.

Zoodra de korporaal het verschil zijner liefde ten einde gebragt had, — of liever zoodra mijn oom Tobias dat voor hem gedaan had, — trad mevrouw Wadman in alle stilte uit haar priëeltje; zij speldde de banden harer muts weêr toe, ging het hekje door, en naderde langzaam het schilderhuisje van mijn oom Tobias: de gemoedstoestand, waarin Trim mijn oom Tobias gebragt had, was te gunstig om dien ongebruikt te laten voorbijgaan. —

Zij besloot dus tot den aanval, die daardoor des te

gemakkelijker gemaakt werd, dat mijn oom Tobias den korporaal bevolen had, om de schop, de spade, het houweel, de stokjes en andere krijgsbehoeften, welke in het rond verspreid lagen op de plek waar Duinkerken gestaan had, met zijn kruiwagen uit den weg te ruimen. — De korporaal was opgetrokken; — het veld was vrij.

Nu overleg eens, mijnheer, hoe onzinnig het is, in het vechten, of in het schrijven, of wat ook, — hetzij gerijmd of ongerijmd, — dat een mensch doet, — om volgens een vast plan te werk te gaan! — Want als er ooit een plan, afgezien van alle bijomstandigheden, met gouden letters verdiende opgeteekend te worden (ik bedoel natuurlijk in de archieven van Gotham), was het zekerlijk het plan tot den aanval van mevrouw Wadman op mijn oom Tobias in zijn schilderhuisje, volgens den *plattegrond*. Daar de plattegrond echter, welke op dit oogenblik in het schilderhuisje hing, die der stad Duinkerken was, — en daar de zaak met Duinkerken eene uitspanning was, stond die ook lijnregt in strijd met elken indruk, dien zij maken kon; en bovendien, als zij volgens dat plan had kunnen handelen, werd de manoeuvre van de vingers en handen in den aanval op het schilderhuisje, zoodanig overtroffen door die der schoone non in Trims verhaal, — dat juist die aanval, — hoe voorspoedig ook te voren, — nu de bespottelijkste aanval zou geweest zijn, dien zij maken konde.

O, eene vrouw weet zich in een dergelijk geval te redden! De weduwe Wadman had naauwelijks het hekje open gezet, toen haar genie van alle omstandigheden partij wist te trekken.

In één oogenblik had zij een nieuwen aanval beraamd.

HOOFDSTUK IX.

— Kapitein Shandy, — zei merouw Wadman, — de batisten zakdoek voor haar linker oog houdende, terwijl zij het schilderhuisje van mijn oom Tobias naderde, — ik ben er half blind van! — er is een vliegje, of een

zandkorreltje, — of iets, — ik weet niet wat, in mijn oog
gekomen: — Toe! kijk er eventjes in! — Het is niet op
het wit! —

Met deze woorden drong mevrouw Wadman naar binnen,
digt naast mijn oom Tobias, en zich nedervlijende op
den rand van het bankje aan zijne zijde, gaf zij hem de
gelegenheid haar in het oog te zien, zonder dat hij behoefde op te staan. —

Eerlijke ziel! Gij hebt er met evenveel onschuld in
gekeken, als een kind in een rarekiekkast! En het was
even schandelijk u te willen verraden!

Als een man van zelf gelegenheid zoekt, om in dergelijke dingen te kijken, heb ik niets tot zijne verdedi-
ging bij te brengen. —

Dit was nooit het geval geweest met mijn oom Tobias;
en ik durf voor hem in staan, dat hij van Junij tot
Januarij (dus beide in koude en in hitte), — bedaard
op een sofa had kunnen blijven zitten, met een oog
even zoo schoon als dat van Rhodope uit Thracië [1]) naast
hem, zonder te weten, of het een blaauw of een zwart
oog was!

De groote moeijelijkheid was om mijn oom Tobias er
toe te brengen, dat hij er naar keek.

Die zwarigheid was overwonnen. En

Ik zie hem ginds, met de pijp in de hand, en de asch
er uit vallende, — kijkende, — en weêr kijkende, — en
zich de oogen uitwrijvende, — en weder kijkende, met
tweemaal zooveel gewilligheid als Galileo ooit gebruikte,
om een vlek in de zon te zoeken.

Te vergeefs! Want bij alle magten, welke het oog
bezielen! — het linker oog der weduwe Wadman schittert
op dit oogenblik even helder als het regter oog. — Er is
noch vliegje, noch zandkorreltje, noch stofdeeltje, noch
het geringste ondoorschijnend ligchaampje in te zien! —

---

1) *Rhodope Thracia tam inevitabili fascino instructa, tam exacte
oculis intuens attraxit, ut si in illam quis incidisset, fieri non
posset, quin caperetur.* — Ik weet niet wie!

SCHRIJVER.

Men ziet er niets, waarde broeder van mijn vader, dan een
vlammend, verleidelijk vuur, verraderlijk overal er uit
schietende naar uw eigen oog! —

Als gij nog één oogenblikje, oom Tobias, naar het
vliegje zoekt, — zijt gij verloren!

HOOFDSTUK X.

Een oog heeft in dit opzigt het meeste van een kanon, — dat het niet zoo zeer het oog of het kanon zelf
is, als de rigting er van, waardoor beiden in staat zijn zulke
groote uitwerkingen te doen. — Ik houd dit voor geene
slechte vergelijking, en daar ik ze gemaakt, en aan het
begin van dit hoofdstuk geplaatst heb, evenzeer tot nut
als tot sieraad, verlang ik ook van uw kant, dat gij
ze steeds voor den geest houdt, als ik van de oogen van
mevrouw Wadman spreek; — met uitzondering echter
van hetgeen ik zeg in den volgenden volzin. —

— Ik verklaar, mevrouw, — zei mijn oom Tobias, —
dat ik volstrekt niets in uw oog kan zien! —

— Het is niet op het wit, — zei mevrouw Wadman.

Mijn oom Tobias keek zoo hard hij maar kon in den
oogappel. —

— Van alle oogen, mevrouw, die ooit geschapen zijn, —
van de uwe af tot die van Venus zelve, welke zeker het
verliefdste paar oogen waren, die ooit in een hoofd gestaan
hebben, — is er nooit een oog geweest, dat zoo geschikt
was om mijn oom Tobias van zijne zielsrust te berooven,
als juist het oog, waarin hij nu staarde; — het was,
mevrouw, geen rollend, of schelmsch, of wulpsch oog; —
noch was het een schitterend, overmoedig, of heersch-
zuchtig oog, dat groote aanspraken maakt en schrikbarende
eischen doet, welke dadelijk de melk der zachtaardigheid, waarvan mijn oom Tobias overvloeide, verzuurd
zouden hebben; — maar het was een oog stralende van
vriendschappelijke uitlokkingen, en van zachte deelne-
ming; — sprekende, — niet met de bazuinstem van een
slecht orgel, waarmede menig oog, dat ik ken, grove taal

uitslaat, — maar hem eventjes toefluisterende, — zacht als de laatste woorden van een stervenden heilige; "Hoe kunt gij toch, kapitein Shandy, zoo eenzaam en alleen blijven leven, zonder een hart, om uw hoofd er op te leggen, — en om uwe zorgen er aan toe te vertrouwen?"

— Het was een oog, — — —

— Maar als ik er nog één woord van zeg, zal ik er zelf op verliefd raken.

— Mijn oom Tobias bezweek er onder.

HOOFDSTUK XI.

Niets vertoont het karakter van mijn vader en van mijn oom Tobias in een onderhoudender licht, dan de verschillende wijzen, waarop zij zich in dezelfde toevallige omstandigheid gedroegen; — want ik noem de liefde geen ongeluk, uit overtuiging, dat het menschelijk hart altijd er door veredeld wordt. — Mijn hemel! — Hoe moet toch het hart van mijn oom Tobias geweest zijn, daar het zonder de liefde reeds geheel en al met welwillendheid vervuld was! —

Mijn vader echter, zoo als uit vele geschriften blijkt, was vóór zijn huwelijk zeer aan dezen hartstogt onderhevig; — maar wegens eene soort van scherpe, koddige ongeduldigheid van aard, onderwierp hij zich nooit als een Christenmensch er aan; maar klaagde en steunde, en raasde en woedde en vloekte, en schreef de bitterste Philippica's tegen het oog, die ooit uit eenige pen vloeiden. — Er bestaat een vers van hem, op het oog van de eene of andere schoone, dat hem een paar nachten van zijne rust beroofd had, en in de eerste uitbarsting zijner verontwaardiging daartegen begint hij aldus:

"Een duivel is 't! — geeu helscher leed,
Ooit Jood, of Turk, of Heiden deed!" [1]

---

[1] Dit gedicht zal gedrukt worden, in mijn vaders "Leven van Socrates," enz. —   SCHRIJVER.

Met één woord, gedurende de geheele vlaag, hoorde
men niets van mijn vader dan schelden en tieren, bijna
zelfs vloeken, — echter niet op zulk eene stelselmatige
wijze als die door Ernulphus geüit; — hij was er te
onstuimig toe; — en ook niet op zulk eene diplomatieke
wijze als Ernulphus het deed; — want, hoewel mijn vader
met den meest onverdraagzamen geest ter wereld, dit en
dat, en alles onder de zon verwenschte, dat zijne liefde
vermeerderde of verhoogde, — bragt hij toch nooit
zijn hoofdstuk van verwenschingen ten einde, zonder
zichzelven op den koop toe te verwenschen, als een der
bespottelijkste dwazen en kwasten, die, zoo als hij zich
uitdrukte, ooit op de wereld vrij rondliepen.

Mijn oom Tobias integendeel, verdroeg het als een
lam; — hij bleef bedaard zitten, en liet het vergif zich
door zijne aderen verspreiden, zonder tegenstand te bieden: — bij de scherpste scheuten van zijne wond (even
als van die bij zijne lies), — klaagde hij noch hemel noch
aarde aan; — hij dacht en sprak ook geen slecht woord
tegen iemand, of tegen eenig ligchaamsdeel van wien het
ook ware; — hij zat eenzaam, met zijne pijp, en in gedachte zijn stijf been aan te staren, — of een senti-
menteelen zucht te loozen, die met den rook vermengd,
niemand ter wereld hinderde. —

Hij gedroeg zich als een lam, heb ik gezegd.

Om de waarheid te zeggen, begreep hij het in den beginne niet; — want, daar hij juist dien morgen met mijn
vader uitgereden was, om zoo mogelijk een schoon bosch
te redden, dat de Deken en het Kapittel omhakken wilden
ten behoeve der armen [1]), welk bosch vlak tegenover de
woning van mijn oom Tobias stond, en hem groote diensten bewees bij zijne beschrijvingen van den slag bij
Wynnendale, — had hij, door al te hard te draven, om
het hout te redden, op een ongemakkelijk zadel, een
slecht paard, enz. enz., — het ongeluk gehad, dat de

[1]) De heer Shandy moet hiermede "de armen van verstand" bedoelen, daar de Deken, enz. het geld voor zich hielden. —
SCHRIJVER.

waterachtige deelen van het bloed tusschen vleesch en vel kwamen, in het onderste gedeelte van zijn rug, en daar mijn oom Tobias geene ondervinding van de liefde had, hield hij de pijn er van in het eerst voor eene uitwerking van dien hartstogt, — totdat de blaar in het eene geval doorgebroken zijnde, en in het andere geval blijvende, mijn oom Tobias langzamerhand overtuigd werd, dat zijne wond dieper dan het vel ging, — en tot het hart doorgedrongen was.

HOOFDSTUK XII.

Men schaamt zich in de wereld over zijne eigene deugd. — Mijn oom Tobias wist weinig van de wereld af, — en dus zoodra hij overtuigd werd, dat hij op de weduwe Wadman verliefd was, — dacht hij er even weinig aan, een geheim van de zaak te maken, als wanneer de weduwe Wadman hem met een mes in de hand gesneden had. — Als hij er anders over gedacht had, — daar hij Trim beschouwde als een nederigen vriend, en dagelijks nieuwe redenen vond, om hem als zoodanig te behandelen, — zou het toch geene verandering veroorzaakt hebben, in de wijze waarop hij de zaak mededeelde.

— "Ik ben verliefd, korporaal!" — zei mijn oom Tobias.

HOOFDSTUK XIII.

— Verliefd! — riep de korporaal. — Mijnheer was toch nog eergisteren zeer welvarende, toen ik hem het verhaal deed van den Koning van Bohemen. —

— Bohemen! — zei mijn oom Tobias, peinzende. — Wat is er van dat verhaal geworden, Trim? —

— Hoe het kwam, weet ik niet, maar, met mijnheers verlof, zijn wij op de eene of andere wijze den draad kwijt geraakt; — maar mijnheer was toen evenmin verliefd als ik. —

— Het gebeurde juist terwijl gij met den kruiwagen

II.   11*

weg waart, — zei mijn oom Tobias; — het is mevrouw
Wadman. — Zij heeft een kogel hier achter gelaten, —
voegde mijn oom Tobias er bij, op zijn hart wijzende.

— Zij kan evenmin eene belegering uithouden als zij
kan vliegen, met mijnheers verlof, — hernam de korporaal. —

— Daar wij echter buren zijn, Trim, geloof ik toch,
dat het best zou zijn, het haar eerst op eene beleefde
wijze te doen weten, — zei mijn oom Tobias.

— Als ik het wagen durfde, — zei de korporaal, —
van mijnheer te verschillen, —

— Waarom zou ik u anders om raad vragen, Trim, —
zei mijn oom Tobias.

— Dan zou ik van mijn kant beginnen, met mijnheers
verlof, met een fikschen, forschen aanval, — en het haar
naderhand beleefdelijk vertellen; — want als zij te voren
er iets van merkt, dat mijnheer verliefd is, — —

— De hemel helpe haar! Zij weet er nu niets meer
van, Trim, dan een pas geboren kind! — zei mijn oom
Tobias.

— Onschuldige zielen!
Mevrouw Wadman had het verteld, met alle bijomstandigheden, reeds vier en twintig uren te voren aan
Bridget, en juist op dit oogenblik zat zij met haar te
beraadslagen, over eenige kleine twijfelingen, aangaande
den afloop der zaak, welke de duivel, die nooit rust heeft,
haar in het hoofd gezet had, eer zij den tijd vond om
in rust haar *Te Deum* half uit te zingen.

— Als ik hem neem, Bridget, — zei de weduwe Wadman, — vrees ik toch, dat de arme kapitein met die
verschrikkelijke wond in de lies, niet gezond kan
blijven.

— Misschien is de wond niet zoo groot, mevrouw, als
gij u verbeeldt, en ik geloof ook, — voegde zij er bij, —
dat ze reeds genezen is. —

— Ik zou het toch wel willen weten, — alleen om
zijnentwil, — zei mevrouw Wadman.

— Binnen tien dagen, zullen wij het haarklein weten, —
antwoordde jufvrouw Bridget; — want als de kapitein

u het hof maakt, mevrouw, dan ben ik overtuigd, dat mijnheer Trim mij ook het hof zal maken; — en ik zal hem maar laten begaan, zooveel hij maar wil, — voegde Bridget er bij, — om hem eens goed uit te hooren. —

De maatregelen werden dadelijk beraamd; — en inmiddels namen mijn oom Tobias en de korporaal hunne maatregelen ook.

— Nu, — zei de korporaal, met de linkerhand in de zijde, en met de regterhand eene beweging makende, die voorspoed voorspelde, en niets meer, — als mijnheer mij maar veroorloven wil, het plan van den aanval te maken? —

— Het zal mij regt aangenaam zijn, als gij dat doen wilt, Trim, — zei mijn oom Tobias; — en daar ik voorzie, dat gij mijn *aide-de-camp* bij deze zaak moet wezen, daar hebt gij een daalder, om op het welslagen onzer onderneming te drinken.

— Wij zullen dus beginnen, met mijnheers verlof, — zei de korporaal, met eene dankbare buiging voor zijne bevordering, — met mijnheers groote uniform uit den veldkoffer te nemen, en het blaauw en goud op de mouwen nieuw te laten opmaken; — en ik zal mijnheers statiepruik op nieuw krullen; — en een kleermaker laten komen, om mijnheers beste, fijn scharlaken broek te keeren.

— Ik zou de rood pluchen broek kunnen dragen, — zei mijn oom Tobias.

— Die is te grof, — hernam de korporaal.

HOOFDSTUK XIV.

— Gij moet een borstel nemen en wat witsel, en mijn degen eventjes oppoetsen. —

— Die zou maar in den weg zijn, mijnheer, — hernam Trim.

HOOFDSTUK XV.

— Maar ik zal mijnheers scheermessen weêr aanzetten, — en ik zal mijne *Montero*-muts opflikken, en den rok van den armen luitenant Le Fevre, dien mijnheer mij tot aandenken gaf aantrekken, — en zoodra mijnheer glad geschoren is, — en schoon linnen aangetrokken heeft, en den blaauw met goud geborduurden, of den rooden rok, — het een of het ander, — en alles voor den aanval gereed is, — zullen wij stoutmoedig optrekken, als tegen een bastion, en terwijl mijnheer, regts, in de huiskamer, mevrouw Wadman aanvalt, — zal ik, links, jufvrouw Bridget, in de keuken overrompelen, — en als wij de plaatsen maar meester zijn, dan durf ik er voor instaan, — zei de korporaal, met de vingers boven zijn hoofd knappende, — dat wij de overwinning behalen!

— Ik hoop maar, — zei mijn oom Tobias, — dat het goed zal gaan; — maar waarlijk, korporaal, ik zou liever eene bres bestormen.

— Eene vrouw is toch iets geheel anders, zei de korporaal.

— Dat veronderstel ik haast, — hernam mijn oom Tobias.

HOOFDSTUK XVI.

Als mijn vader iets ter wereld kon doen, dat mijn oom Tobias ergerde gedurende zijne verliefdheid, was het de verkeerde toepassing, welke hij onophoudelijk maakte van eene uitdrukking van den heremiet Hilarion, die, sprekende van zijne onthoudingen, zijn waken, zijne kastijdingen en andere werkheilige praktijken zijner godsdienst, plagt te zeggen, — met meer boertigheid, dan een heremiet betaamde, — dat "deze de middelen waren, welke hij gebruikte om te verhinderen, dat zijn *ezel* (zijn ligchaam bedoelende), achteruit sloeg."

Dit beviel mijn vader zeer goed; want het was niet slechts eene lakonieke wijze om de lusten en begeerten

van den mensch te beschrijven, maar diende tevens om ze
uit te schelden; zoodat gedurende de vele jaren van zijn
leven, mijn vader aanhoudend deze uitdrukking gebruikte: — het woord *hartstogten* bezigde hij nooit, maar
altijd in plaats daarvan, het woord *ezel*, — zoodat men
te regt niag zeggen, dat hij in al dien tijd op den rug
zat van zijn eigen ezel, of van dien van iemand anders.

Ik moet u hier aan het onderscheid herinneren tusschen

Mijn vaders EZEL, en

Mijn STOKPAARDJE,

opdat wij, in onze verbeelding, de karakters niet onderling verwarren, naarmate wij verder komen.

Want mijn STOKPAARDJE, als gij het u herinneren wilt,
is volstrekt geen kwaadaardig dier; — het heeft naauwelijks
één trek, of haartje van den ezel. — Het is het vrolijke
hitje, waarop gij voor een uurtje uit rijden gaat, — eene
gril, een vlinder, eene schilderij, eene gekheid, — een
beleg van mijn oom Tobias, — *wat gij wilt*, waarop de
mensch een drafje kan doen, om de zorgen en angsten
van het leven voor een oogenblik te ontloopen. 't Is
een der nuttigste dieren der schepping, — en ik begrijp
waarlijk niet, hoe de wereld het maken zou, als het niet
bestond.

Maar wat den ezel van mijn vader aangaat, — O,
bestijg hem, — bestijg hem, — bestijg hem! — (Dat is
driemaal herhaald, niet waar?) Bestijg hem niet! — Het
is een vurig dier, — en het gaat den mensch slecht, die
niet verhindert, dat hij slaat.

HOOFDSTUK XVII.

— Wel, waarde broêr Tobias, — zei mijn vader, aan den
ezel denkende, toen hij mijn oom voor het eerst ontmoette nadat hij verliefd was geworden, — hoe gaat het met uw — —

Daar mijn oom Tobias zich verbeeldde, dat mijn vader
de plaats bedoelde waarop hij met rijden de blaar gekregen had, en volstrekt niet aan den ezel van Hilarion
dacht, en daar hij zich verbeeldde dat mijn vader, die niet

zeer kiesch was in zijne woorden, die plaats bij zijn naam noemen wilde, dacht hij, hoewel mijne moeder, Dr. Slop en de heer Yorick tegenwoordig waren, dat de beleefdheid eischte, dat hij onmiddelijk mijn vader antwoordde. Als de mensch in den nood zit tusschen twee onbetamelijk- heden, en er eene van begaan moet, heb ik altijd gezien, dat, welke van beiden hij ook kieze, de wereld hem steeds ongelijk zal geven; — het zou mij dus niet verwonderen, als men in het tegenwoordige geval, mijn oom Tobias ook ongelijk gaf. —

— Het gaat veel beter met mijn ****, broêr Shandy, — zei mijn oom Tobias dadelijk. — Mijn vader had zich veel verbeeld van de uitwerking van zijn ezel, en zou hem toch weder te pas gebragt hebben, ware het niet, dat Dr. Slop het van lagchen uitproestte, — en dat mijne moeder "Mijn Hemel!" uitriep, — en dus mijn vaders ezel uit het veld sloeg, — en daar het gelach toen algemeen werd, duurde het een geheele tijd eer mijn vader den ezel weder aanbrengen kon:

Dus zette men het gesprek voort zonder den ezel.

— Iedereen zegt, broêr Tobias, — zei mijne moeder, — dat gij verliefd zijt, — en wij hopen, dat het waar is. —

— Ik ben zoo verliefd, zuster, naar ik geloof, — hernam mijn oom Tobias, — als een mensch maar wezen kan.

— Hm! — zei mijn vader.

— En wanneer hebt gij dat ontdekt, — vroeg mijne moeder. —

— Toen de blaar door brak, — zei mijn oom Tobias.

Het antwoord van mijn oom Tobias bragt mijn vader in goede luim, — dus deed hij nu een aanval te voet: —

HOOFDSTUK XVIII.

— Daar de Ouden het eens zijn, broêr Tobias, — zei mijn vader, — dat er twee verschillende en tegenoverge- stelde soorten van *liefde* zijn, welke twee verschillende ligchaamsdeelen aandoen, — het hart en de lever —

geloof ik, dat als iemand verliefd raakt, het zijn pligt is te onderzoeken, welk van beiden met hem het geval is. —

— Wat doet het er toe, welk van beiden het is, broêr Shandy, — hernam mijn oom Tobias, — als het maar maakt, dat de mensch trouwt en zijne vrouw bemint, en een paar kinderen krijgt? —

— Een paar kinderen! — riep mijn vader uit, van zijn stoel opstaande en mijne moeder vlak in de oogen ziende, terwijl hij zich tusschen haar en Dr. Slop indrong. — Een paar kinderen! — riep mijn vader uit, door de kamer heen en weêr stappende.

— Volstrekt niet, dat het mij spijten zou, waarde broêr Tobias, — zei mijn vader plotseling bedarende, en digt achter den stoel van mijn oom Tobias blijvende staan, — als gij er twintig hadt; — integendeel, ik zou mij er over verheugen, — en ze allen als mijne eigene kinderen beminnen!

Mijn oom Tobias strekte de hand ongemerkt achter zijn stoel uit, om die van mijn vader te drukken.

— Ja, — ging deze voort, de hand van mijn oom steeds vasthoudende, — gij bezit zoo vele der deugden en zoo weinige der gebreken van de menschelijke natuur, — dat het jammer is, dat de wereld niet bevolkt is met zulke wezens als gij zijt! En ware ik maar een Aziatisch despoot, — voegde mijn vader er bij, in vuur gerakende, — dan zou ik u noodzaken, — mits uwe krachten daardoor niet verminderden, — of uwe radicale vochten te snel opdroogden, — en uw geheugen en uwe verbeeldingskracht niet er onder leden, — zoo als het geval pleegt te wezen, als deze oefeningen te dikwijls herhaald worden, — zou ik u noodzaken, waarde Tobias, na u de schoonste vrouwen uit mijn rijk verschaft te hebben, om *nolens volens* mij geregeld elke maand één onderdaan te leveren!

Toen mijn vader deze woorden uitsprak, — nam mijne moeder een snuifje. —

— Om den grootsten vorst op aarde te behagen, — zei mijn oom Tobias, — zou ik *nolens volens*, of ik wilde of niet, zoo iets niet doen! —

— En het zou ook wreed van mij wezen, broêr To-

bias, — om u daartoe te noodzaken, — zei mijn vader; —
maar ik heb het geval verondersteld, om u te toonen,
dat het niet het kinderen krijgen is, — in geval u dat gelukt, — maar uw stelsel van Liefde en Huwelijk, dat ik
tegengaan wilde. —

— Er is toch veel rede en gezond verstand in kapitein
Shandy's meening omtrent de liefde, — zei Yorick; —
en ik heb vele uren van mijn leven verkwist, — waarvoor
ik nog rekenschap moet geven, — met het lezen van
hoogdravende dichters en redenaren over dat onderwerp,
zonder er meer van geleerd te hebben. —

— Ik wilde toch, Yorick, — zei mijn vader, — dat
gij Plato gelezen hadt; — want van hem zoudt gij geleerd
hebben, dat er twee soorten van liefde zijn.

— Ik wist wel, — hernam Yorick, — dat er twee
soorten van godsdienst waren bij de Ouden; de eene
voor het volk, en de andere voor de geleerden; — maar
ik verbeeld mij, dat zij met ééne soort van *liefde* wel
hadden kunnen volstaan. —

— Volstrekt niet, — antwoordde mijn vader, — en dat
juist om dezelfde reden; — want volgens het *scholium* van
Ficinus op Velasius, is de ééne soort van liefde *rationeel:* —

— De andere is *natuurlijk;* —

— De eerste is aloud, — moederloos; — Venus had
er niets mede te maken;

— De tweede is uit Jupiter en Dione geboren. —

— Ik vraag u toch, broêr, — zei mijn oom Tobias, —
wat heeft een mensch, die aan God gelooft, met dit alles
te maken? —

Mijn vader kon zich niet ophouden met antwoorden,
uit vrees van den draad van zijn verhaal kwijt te raken. —

— Deze laatste liefde, — ging hij voort, — stamt geheel van Venus af. —

— De eerste, welke de gouden ketting is, uit den Hemel
nedergelaten, zet ons aan tot heldhaftige liefde, die in
zich bevat en aanvuurt tot het verlangen naar wijsheid en waarheid; — de tweede wekt slechts de *lusten* op. —

— Ik geloof, — zei Yorick, — dat de voortteeling van

kinderen even nuttig is voor de wereld, als de bepaling van den meridiaan. —

— Wel zeker, — zei mijne moeder; — de *liefde* bewaar den vrede in de wereld. —

— In *huis*, kindlief, dat geef ik toe, — —

— Zij bevolkt de aarde, — zei mijne moeder.

— Maar houdt den Hemel ledig, mijne lieve, — hernam mijn vader.

— De maagdelijke staat bevolkt het Paradijs, — riep Slop zegevierende.

— Getroffen, nonnetje! — zei mijn vader.

HOOFDSTUK XIX.

De disputen van mijn vader werden zoodanig door hem als schermutselingen behandeld, in welke hij alles, dat hem te gemoet kwam, neder hieuw, — hier slaande, daar stootende, en iedereen, tot aandenken, een steek op zijne beurt mede gevende, dat, — als er twintig menschen in het gezelschap waren, — het zeker geen half uur duurde, of hij had hen allen tegen zich in het harnas gejaagd.

Hetgeen niet weinig bijdroeg om hem dus van bondgenooten te ontblooten, was de omstandigheid, dat als er eenige positie bestond, die volstrekt niet te verdedigen was, hij zich er zeker in wierp, en als hij zich er maar eens bevond, er zich zoo dapper staande hield, dat geen braaf of goedaardig mensch het over zich verkrijgen kon, hem er uit te verdrijven. —

Om deze reden, — hoewel Yorick hem dikwijls aanviel, — kwam hij er nooit toe, om zulks met alle geweld te doen.

Dr. Slops *maagdelijke staat*, aan het einde van het vorige hoofdstuk, had hem voor dezen keer aan den veiligen kant van den muur gebragt, en hij was reeds begonnen om Slop alle kloosters in het Christendom naar de ooren te werpen, toen de korporaal Trim in de kamer trad, om mijn oom Tobias te verhalen, dat zijne fijn lakensche scharlaken broek, in welke hij den aanval tegen de weduwe Wadman ondernemen wilde, hem niet meer dienen kon, daar toen hij ze uit elkander wilde nemen, om ze te laten keeren, hij ontdekt had, dat ze reeds eens gekeerd was. — Laat ze toch maar weêr keeren, broêr, — zei mijn vader dadelijk; — ze moet toch meer dan eens weder gekeerd worden, eer de zaak afgeloopen is. — Het laken is al geheel en al versleten! — zei de korporaal. — Bestel dan maar dadelijk eene nieuwe broek, broêr, — zei mijn vader; — want hoewel ik weet, — vervolgde hij, zich tot het gezelschap keerende, — dat de weduwe Wadman sedert vele jaren mijn broeder teeder bemind heeft, en alle vrouwenkunstjes en listen gebruikt heeft, om ook zijne liefde te winnen, zal nu, dat zij hem eenmaal gevangen heeft, — hare drift toch verminderen.

— Zij heeft haar zin gekregen. —

— In soortgelijke gevallen, — ging mijn vader voort, — waaraan Plato, daarvan ben ik zeker, niet gedacht heeft, — begrijpt gij, dat de liefde minder een gevoel, dan eene *positie* is, waarin de mensch geraakt, even als mijn broêr Tobias, in een *corps* zou geraken, — het komt er niet op aan, of hij van de dienst houdt of niet; — als hij er eens bij is, houdt hij zich alsof ze hem beviel, en hij doet het onmogelijke om zijne dapperheid te toonen. —

Deze hypothese, gelijk de meesten van mijn vader, klonk waarschijnlijk genoeg, en mijn oom Tobias had slechts één woord er tegen in te brengen, — waarbij Trim ook gereed stond, hem te ondersteunen; — maar mijn vader had zijne gevolgtrekking nog niet gemaakt. —

— Om deze reden, ✦ vervolgde mijn vader, de zaak weêr opnemende, — hoewel de geheele wereld weet, dat mevrouw Wadman mijn broêr Tobias bemint, — en dat mijn broêr Tobias ook van zijn kant mevrouw Wadman bemint, en hoewel er geene reden ter wereld bestaat, waarom men het bruidslied niet reeds heden nacht zou aanheffen, wil ik toch er voor instaan, dat wij dat deuntje niet hooren, vóór er een jaar over verloopen is. —

— Wij hebben dus onze maatregelen zeer slecht genomen, Trim? — zei mijn oom Tobias, Trim vragenderwijze aankijkende. —

— Ik zou mijne *Montero*-muts willen verwedden, — zei Trim. — Nu, zoo als ik u reeds gezegd heb, verwedde Trim gedurig zijne *Montero*-muts, en daar hij ze juist dien avond opgepoetst had, voor den aanval, maakte zulks de weddingschap van zijn kant nog ongelijk grooter. — Ik zou mijne *Montero*-muts willen verwedden tegen één schelling, mijne heeren, — als de heeren het mij vergeven, dat ik in hun bijzijn van weddingschappen spreek, — —

— Ik zie er niets kwaads in, — zei mijn vader. — 't Is maar eene spreekwijze, — als gij zegt, dat gij uwe *Montero*-muts tegen een schelling zoudt willen verwedden, — bedoelt gij niets anders, dan dat gij iets gelooft; — en wat gelooft gij nu?

— Dat de weduwe Wadman, met mijnheers verlof, het geen tien dagen meer kan uithouden. —

— En hoe hebt gij deze diepe kennis der vrouwen gekregen? — vroeg Slop spottende.

— Door verliefd te zijn op eene Roomsche geestelijke zuster, — zei Trim.

— Hij bedoelt eene Begijn, — zei mijn oom Tobias.

Dr. Slop was te vertoornd, om naar deze verklaring te luisteren, en daar mijn vader de gelegenheid waarnam, om een hevigen uitval te doen op alle nonnen en Begijnen en haar eene troep dwaze, malle wijven noemde, — kon Slop het niet langer uithouden; — en dewijl mijn oom Tobias eenige maatregelen had te nemen, aangaande zijne broek, — en Yorick aangaande het vierde punt der hoofdverdeeling zijner preek, — beiden om gereed te zijn voor hunne verschillende aanvallen den volgenden dag, — scheidde het gezelschap, — en mijn vader alleen blijvende, en een half uurtje over hebbende eer hij naar bed ging, liet zich pen, inkt en papier geven, en schreef den volgenden brief vol raadgevingen aan mijn oom Tobias: —

Mijn waarde Tobias!

Hetgeen ik u mede te deelen heb, is over den aard der vrouwen, en hoe men haar het hof moet maken;

en misschien is het tot uw geluk, — hoewel niet tot het
mijne, — dat gij een brief vol raadgevingen op dat
punt noodig hebt, en dat ik in staat ben, u er een te
schrijven.

Indien het Hem behaagd had, die over ons lot beschikt,
dat gij zonder uit droevige ondervinding te spreken, —
in plaats van mij, op dit oogenblik de pen hadt kunnen
opnemen, zou het mij verheugd hebben; — daar zulks echter
niet het geval is, heb ik — terwijl mijne vrouw, die digt bij
mij staat, zich gereed maakt om in bed te stappen, —
zoo maar door elkander alle wenken en bewijsgronden,
die ik mij verbeeld, dat u van dienst kunnen wezen, juist
zoo als ze mij invielen, opgeteekend; — het is mijne bedoeling u dusdoende een blijk mijner genegenheid te
geven, en ik twijfel ook niet, waarde Tobias, of gij zult
het ook als zoodanig opnemen. —

Ten eerste, wat de godsdienst betreft in deze zaak —
(hoewel ik uit den gloed op mijne wang ontwaar, dat ik
bloos als ik over dat onderwerp spreek, daar het mij wel
bekend is, in weerwil van uwe ongeveinsde geheimhouding,
hoe weinige godsdienstige pligten gij verzuimt), — moet
ik u toch één punt er van bijzonder op het hart drukken,
zoolang uwe vrijaadje duurt; een punt, dat ik volstrekt
niet wenschte door u veronachtzaamd te zien: — dat is,
ga nooit, noch 's morgens noch 's avonds op die onderneming uit, zonder vooraf de bescherming van den
Almagtigen God ingeroepen te hebben, opdat Hij u tegen
den Satan beware! —

Laat uw hoofd ten minste om de vier of vijf dagen,
of nog meer, als gij kunt, glad scheren; zoodat, als gij
in verstrooijing in de tegenwoordigheid uwer beminde
de pruik afneemt, zij niet in staat moge zijn te ontdekken, wat door den Tijd en wat door Trim wegge-
maaid is. —

Het zou voorzigtig zijn, alle gedachten aan kaalheid
uit hare verbeelding verwijderd te houden. —

Houd altijd zelf voor oogen, en gedraag u er naar,
als naar een vasten regel, waarde Tobias, dat: —

"Alle vrouwen vreesachtig zijn," — en dat is ook een

groot geluk, anders zou men er volstrekt niets mede kunnen beginnen.

Laat uwe broek noch te naauw zijn, noch te los over uwe beenen hangen, als de wijde broeken onzer voorouders: —

Een behoorlijke middenweg voorkomt alle gissingen.

Wat gij ook te zeggen hebt, veel of weinig, vergeet niet op een zachten, zoeten toon te spreken; — stilte, en alles wat er aan herinnert, wekt droomen van middernachtelijke geheimen in het brein op: — om deze reden, vermijd, zoo mogelijk, om den pook of de vuurtang om te gooijen.

In uwe geprekken met haar, vermijd aardigheden en grappen, van welken aard ook, en doe tevens uw uiterste best, om alle boeken en geschriften, die iets daarvan bevatten, haar uit de oogen te houden: — er bestaan eenige godsdienstige traktaatjes, welke het goed zou zijn, als gij haar er toe kondet brengen, om die te lezen; — maar veroorloof niet, dat zij ééne bladzijde leze van Rabelais, of Scarron, of Don Quichot: —

Deze zijn allen boeken, die tot lagchen aanzetten, en gij weet wel, waarde Tobias, dat er geen hartstogt bestaat, die ernstiger van aard is dan de wellust. —

Doe een speld van voren in uw overhemd, eer gij in hare zitkamer treedt. —

En als zij toestaat, dat gij op dezelfde sofa naast haar gaat zitten, en u de gelegenheid geeft, uwe hand op de hare te leggen; — let wel op, dat gij er geen gebruik van maakt; — gij kunt uwe hand op de hare niet leggen, zonder dat zij gewaar worde, hoe het met de uwe staat. — Laat dit, en vele andere dingen onbeslist; — door dit te doen, zult gij hare nieuwsgierigheid tot uw bondgenoot hebben; — en als dit haar niet overwint en uw *ezel* steeds voortgaat met slaan, zoo als men wel veronderstellen mag, dat hij doen zal, — moet gij eerst beginnen met u eenige oncen bloed, achter het oor te laten aftappen, volgens de gewoonte der oude Scythiërs, welke de hevigste vlagen der driften op deze wijze overwonnen.

Avicenna raadt aan, daarna de plaats met stroop van nieskruid in te wrijven, en behoorlijke purgatiën en zuiveringen te gebruiken; — en ik geloof, dat hij gelijk heeft. — Maar gij moet weinig, of in het geheel geen geitenvleesch gebruiken, of hertenvleesch, — en ook volstrekt geen jong paardenvleesch over de lippen nemen; — en u zorgvuldig onthouden, dat is zooveel zulks mogelijk is, — van paauwen, kraanvogels, zeekoeten, duikers en waterhoenders. —

Tot drank behoef ik u naauwelijks een aftreksel van ijzerkruid en van de plant *hanea* aan te bevelen, van welke Aelianus zulke wonderen vertelt; — maar als uwe maag zich er tegen verzet, laat het tusschenbeide staan, — en gebruik in plaats er van, komkommers, meloenen, porcelein, waterleliën, kamperfoelie en latuw.

Voor het oogenblik valt mij niets anders in,

Tenzij de uitbarsting van een nieuwen oorlog. — Dus in de hoop, waarde Tobias, dat alles voorspoedig afloopen zal, blijf ik,

uw toegenegen broeder,
WALTER SHANDY.

HOOFDSTUK XX.

Terwijl mijn vader dezen brief van raadgeving schreef, waren mijn oom Tobias en de korporaal druk bezig met alles tot den aanval gereed te maken. Daar het keeren van de scharlaken broek afgekeurd was (ten minste voor het oogenblik), was er niets om den aanval verder te vertragen; dus werd die bepaald tegen elf uur den volgenden morgen.

— Kom, kindlief, — zei mijn vader tot mijne moeder, — 't zou niet meer dan vriendschappelijk zijn, als gij en ik naar het huis van mijn broeder Tobias op wandelden, om hem bij zijn aanval te ondersteunen.

Mijn oom Tobias en de korporaal waren beiden reeds een tijdlang ten strijde uitgerust, toen mijn vader en mijne moeder binnen traden, — en daar de klok juist elf sloeg, waren

zij op dat oogenblik op het punt om het huis te verlaten; — maar de beschrijving hiervan is te fraai om ze
aan het einde van het achtste deel[1]) van een werk van
dezen aard te plaatsen. — Mijn vader had dus slechts den
tijd om zijn brief van raadgeving in den rokzak van mijn
oom Tobias te laten glijden, en zich met mijne moedee
te vereenigen; om hem voorspoed te wenschen in zijne
onderneming.

Ik zou wel eens door het sleutelgat willen kijken, —
zei mijne moeder, — alleen uit *nieuwsgierigheid.* — Noem
de zaak maar bij den naam, kindlief, — zei mijn vader,
— *En kijk door het sleutelgat* zooveel gij verkiest! —

HOOFDSTUK XXI.

Ik roep al de magten van tijd en toeval in, die ons
op onze verschillende loopbanen in deze wereld tegen-
houden, om te getuigen, dat het mij niet mogelijk was
goed aan de *amours* van mijn oom Tobias te beginnen,
vóór dit oogenblik, toen mijne moeders nieuwsgierigheid, zoo als zij het noemde, — of volgens mijn vader,
een geheel andere drijfveer, — haar aanspoorde, om
eventjes door het sleutelgat te kijken.

— "Noem de zaak maar bij den naam, kindlief, —
zei mijn vader, — "en kijk door het sleutelgat zooveel
gij verkiest!"

Niets dan de gisting van de zure vochten, die ik reeds
vermeld heb, in mijn vaders gestel, kon hem tot zulk
eene betichting verleid hebben; — hij was echter opregt
en edelmoedig van aard, en altijd voor overtuiging vatbaar; — zoodat het laatste woord van zijn verwijt naauwelijks over zijne lippen was, of zijn geweten verweet
het hem.

Mijne moeder hing vertrouwelijk op zijn arm, met haar
linker- op zijn regterarm, zoodat hare hand op de

---

1) Volgens de eerste editie van Tristram Shandy, in 9 deeltjes.

zijne rustte; — zij ligtte den vinger eventjes op, en liet dien
weêr vallen; — men zou naauwelijks kunnen zeggen, dat zij
hem een tikje gaf, — of als het een tikje was, — zou het een
wijsgeer moeite gekost hebben, te zeggen, of het een verwij-
tend of toestemmend tikje was: — mijn vader, die van
top tot teen zeer fijngevoelig was, wist het juist te waar-
deeren; — het Geweten deed hem het tikje dubbel zwaar
gevoelen: — hij keerde zijn gezigt plotseling naar den
anderen kant, en mijne moeder veronderstellende, dat
hij ook zijn ligchaam keeren wilde, om huiswaarts te
gaan, plaatste zich door eene dwarsbeweging van haar regterbeen, terwijl zij het linkerbeen tot steunpunt gebruikte,
zóó vóór hem, dat terwijl hij het hoofd ronddraaide, zijn
oog het hare ontmoette. Al weêr het geweten! Hij zag
duizenderlei redenen, om zijn verwijt voor ongegrond te
houden, en even zoo vele redenen, om zichzelven verwijtin-
gen te doen: — hij zag in haar oog een doorschijnend,
koel, helder, blaauw kristal, met alle driften in rust, de
geringste vlek of schijn van wellust, als die bestaan had,
zou er op zigtbaar geweest zijn; — maar zoo iets bestond
niet; — en hoe het komt, dat ik zelf zoo geplaagd ben,
vooral bij het begin van de lente en van den herfst,
dat weet de Hemel! — Mijne moeder overkwam zoo iets
nooit, mevrouw, hetzij dan dat zij dit te danken had
aan natuur, opvoeding of voorbeeld.

Het bloed vloeide haar bedaard en geregeld door de
aderen in alle maanden van het jaar, en op alle kritieke
oogenblikken van den dag en van den nacht; — en zij veroorzaakte ook niet de minste verhitting in haar bloed,
door het lezen van stichtelijke traktaatjes, welke zelven dikwijls weinig, of in het geheel geene beteekenis
hebbende, meestal de natuur dwingen, om er eene in te
zoeken; — en wat het voorbeeld van mijn vader betreft, —
wel verre, dat hij haar tot zoo iets aanspoorde of
aanzette, was het een hoofddoel van zijn leven, om al
dergelijke beelden uit hare ziel verwijderd te houden; —
de natuur had ook haar best gedaan, om zijn werk
gemakkelijk te maken, — en wat niet weinig de onge-
rijmdheid van zijn gedrag hierin vermeerderde, was de
omstandigheid, dat hij dit alles zeer goed wist. —

En hier zit ik nu, op den 12den Augustus 1766, in een purperen kamerjapon, met gele pantoffels, zonder pruik of pet op het hoofd, — als eene tragi-komieke vervulling zijner voorspelling, "dat ik juist om die reden, noch denken noch handelen zou, als eenig ander kind ter wereld."

Mijn vader had zich daarin vergist, dat hij mijn moeders beweegredenen, in plaats van de handeling zelve aantastte: — want het is zeker, dat de sleutelgaten gemaakt werden met een ander doel, dan om er door heen te kijken, — en de handeling beschouwende als iets, dat in strijd was met eene onbetwistbare waarheid, en dat dus eigenlijk loochende, dat een sleutelgat een sleutelgat was, — werd der natuur daardoor geweld aangedaan, — en in zoo ver was de zaak, gelijk gij ziet, misdadig.

Om deze reden, met verlof van uwe eerwaarden, zijn de sleutelgaten de aanleidende oorzaken tot meer zonde en boosheid, dan alle andere gaten ter wereld te zamen.

— Dit brengt mij tot de *amours* van mijn oom Tobias.

HOOFDSTUK XXII.

Hoewel de korporaal woord gehouden had, aangaande het krullen van mijn oom's statiepruik, was toch de tijd te kort om zulks met eenige groote uitwerking te doen: — de pruik had drie jaren lang in den hoek van zijn ouden koffer gelegen, — en daar verkeerde plooijen niet zoo ligt te verbeteren zijn, en de korporaal het gebruik van kaarsvet niet goed begreep, viel de zaak lang niet zoo gemakkelijk uit, als men wel zou gewenscht hebben. — De korporaal, met opgeruimde blikken en beide armen uitgestrekt, was wel twintigmaal achteruit getreden, om de pruik te bekijken, en ze zoo mogelijk netter te doen krullen: — als de Droefgeestigheid zelve het oog er op geworpen had, zou het haar een glimlach afgeperst hebben; — de krullen waren overal, behalve daar, waar de korporaal

II.   12

ze wenschte, en juist op die plaatsen, waar volgens zijn gevoel, een krul of wat, een sieraad zou geweest zijn, had hij even zoo goed kunnen trachten de dooden op te wekken.

Zóó was de pruik, — of liever, zóó zou die er uitgezien hebben, op eenig ander hoofd; — maar de uitdrukking van zachtaardigheid en goedheid op het gelaat van mijn oom Tobias, deed alles in het rond er zoodanig mede overeenstemmen, en de Natuur had bovendien zoo dui̯delijk *"gentleman"* geschreven op elk zijner trekken, dat zelfs zijne versletene met goud geborduurde steek, met de groote kokarde van gekneuterd taf er op, hem goed stond; en hoewel op zichzelve geen duit waard, kreeg ze toch, zoodra mijn oom Tobias ze opzette, eene zekere waardigheid, en scheen door de hand der Wetenschap zelve uitgezocht te zijn, om hem in een voordeelig licht te toonen.

Niets ter wereld had tot dit einde krachtiger kunnen medewerken, dan het blaauw en goud van mijn oom Tobias' rok, — *ware het niet, dat hier het schoone eenigzins afhankelijk was van de meerdere of mindere hoeveelheid.* — Na verloop van vijftien of zestien jaren sedert de rok gemaakt werd, was, — ten gevolge van een volstrekt gebrek aan beweging bij mijn oom Tobias, die zelden verder dan het grasperk ging, — zijn blaauwe rok met goud zoo ellendig naauw geworden, dat het den korporaal de grootste moeite kostte om hem er in te krijgen; het uitleggen van de mouwen had niet geholpen: de rok was echter op den rug geborduurd, en op de naden van de zijde, enz., volgens de mode onder de regering van Koning Willem, — en, om kort te zijn in mijne beschrijving, het goud schitterde zoo vrolijk in de morgenzon, en zag er zoo echt krijgshaftig uit, dat als mijn oom Tobias voornemens geweest was, in volle wapenrusting zijn aanval te doen, hij niets meer had kunnen verlangen, om zijne verbeelding te bevredigen.

Wat de fijn lakensche scharlaken broek aangaat, die was door den kleêrmaker aan alle kanten opengesneden, en bleef in stukken liggen.

— Zoo ging het, mevrouw! — maar wij moeten onze verbeeldingskracht in toom houden. — Het zij genoeg te zeggen, dat ze den vorigen nacht als onbruikbaar afgekeurd werd, en daar er niets anders overbleef in de kleêrkast van mijn oom Tobias, ging hij in zijn rood pluchen broek uit.

De korporaal had den rok van den armen Le Fevre aangetrokken; en met het haar opgebonden onder zijne *Montero*-muts, die hij voor deze gelegenheid nieuw opgemaakt had, marscheerde hij drie passen achter zijn heer. Een beetje militaire winderigheid had zijn hemdsmouw bij de hand er eventjes uitgeblazen, — en boven de hand, aan een zwart lederen riem, met een kwast onder den knoop, bengelde des korporaals stok.

Mijn oom droeg zijn rotting, alsof het eene piek geweest ware. —

— Het ziet er ten minste goed uit! — zei mijn vader tot zichzelven.

HOOFDSTUK XXIII.

Mijn oom Tobias keek meer dan eens rond, om te zien hoe hij door den korporaal ondersteund werd, en telkens als hij het deed, zwaaide de korporaal eventjes met den stok; — maar niet op eene kwasterige wijze, — en op den vriendelijksten en tevens eerbiedigsten toon mogelijk, moedigde hij hem aan, en verzocht mijnheer, "niet bang te zijn!"

Nu was toch mijn oom Tobias bang, erg bang; — hij kende niet (wat mijn vader hem ook verweten had), den regten van den verkeerden kant eener vrouw, en daarom was hij nooit geheel en al op zijn gemak, als hij in hare nabijheid was, — tenzij in leed en nood; — dan was zijn medelijden onbegrensd, en de hoffelijkste ridder uit den romantischen tijd, had niet verder kunnen gaan dan hij, — ten minste op één been, — om een traan uit een vrouwenoog te droogen, — en toch behalve eenmaal toen

de weduwe Wadman hem er toe verleidde, had hij nooit
er in een gestaard, en in de eenvoudigheid van zijn harte,
vertelde hij dikwerf aan mijn vader, dat zoo iets bijna,
indien niet geheel en al, zoo slecht was, als gemeene
taal uit te slaan. —

— En wat zou dat? — plagt mijn vader te zeggen.

HOOFDSTUK XXIV.

— Korporaal, — zei mijn oom Tobias, halt makende,
toen zij nog slechts een twintig passen van mevrouw
Wadman's huis verwijderd waren; — zij kan het toch
niet kwalijk nemen? —

— Zij zal het juist zoo opnemen, met mijnheers verlof, — zei de korporaal, — als de Joodsche weduwe het
van mijn broêr Thomas opnam. —

— En hoe nam deze het op? — vroeg mijn oom Tobias,
regtsom keert naar den korporaal toe makende.

— Mijnheer kent de ongelukken van Thomas, — hernam de korporaal; — maar deze zaak heeft daar niets
mede gemeens, behalve dat, als mijn broêr Thomas de
weduwe niet getrouwd had, — of, als het God behaagd
had, dat zij na hun huwelijk varkensvleesch in hun worst
gedaan hadden, dan zou men den eerlijken jongen nooit
uit zijn warm bed gehaald, en hem naar de Inquisitie
gesleept hebben; — 't is toch eene verwenschte plaats! —
voegde de korporaal er bij, het hoofd schuddende; — als
een arm schepsel er eens in is, blijft hij er altijd en
eeuwig, mijnheer!

— Dat is waar, — zei mijn oom Tobias, op eene ernstige wijze het huis van de weduwe Wadman aankijkende
terwijl hij sprak.

— Niets, — vervolgde de korporaal, — is zoo bedroefd
als levenslange opsluiting, — of zoo aangenaam, mijnheer, als de vrijheid!

— Niets, Trim! — zei mijn oom Tobias peinzende.

— Zoolang de mensch vrij is! — riep de korporaal, zijn stok aldus zwaaijende: —

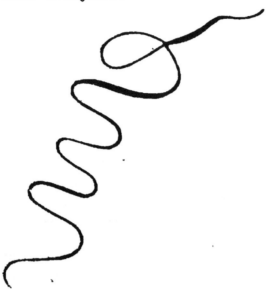

Duizende der fijnste syllogismen van mijn vader, hadden niet meer ten gunste van het coelibaat kunnen zeggen.

Mijn oom Tobias keek ernstig naar zijne woning en naar het grasperk.

De korporaal had, zonder het te weten, met zijn tooverstaf den Geest der Berekening opgewekt, en hij moest hem nu weder met zijn verhaal bannen; — en dezen vorm van exorcisme gebruikte de korporaal op eene zeer onkerkelijke wijze.

HOOFDSTUK XXV.

— Daar Thomas eene gemakkelijke dienst had, mijnheer, — en het warm weder was, — begon hij er ernstig aan te denken, om zich in de wereld te vestigen, en daar het gebeurde, dat een Jood, die worst verkocht in dezelfde straat, het ongeluk had aan eene gestremde waterlozing te sterven, en zijne weduwe in het bezit van

een voordeeligen handel naliet, — verbeeldde zich Thomas
(daar iedereen in Lissabon zoo goed hij kon voor zich
zelven zorgde), dat het niet kwaad zou zijn, als hij haar
zijne diensten aanbood; — dus zonder eenige kennisma-
king met de weduwe, behalve dat hij een pond worst in
den winkel kocht, ging Thomas er op uit, — onderweg
berekenende, dat het ergste wat hem overkomen kon,
was, dat hij een pond worst tegen de volle waarde zou
betalen, — terwijl als het goed ging, zijn geluk gemaakt
zou zijn, daar hij niet slechts een pond worst, maar
eene vrouw, en den winkel op den koop toe zou krijgen. —

Alle dienstboden in de familie, van den eersten tot
den laatsten, wenschten dat Thomas slagen zou; en
ik verbeeld mij, mijnheer, dat ik hem op dit oogenblik zie, met zijn wit diemeten vest en broek, en den
hoed op het oor, vrolijk door de straat trekkende, zijn
stokje zwaaijende, en een aardigheidje in den mond
voor iedereen, die hem tegenkwam. — Maar helaas,
Thomas, gij glimlacht niet meer! — riep de korporaal,
de blikken naast zich op den grond vestigende, alsof hij
hem in zijne gevangenis aansprak.

— Arme jongen! — zei mijn oom Tobias medelijdend.

— Het was de eerlijkste, opgeruimdste kerel, mijnheer,
die ooit geleefd heeft! — zei de korporaal.

— Dan geleek hij op u, Trim, — hernam dadelijk
mijn oom Tobias.

De korporaal bloosde tot aan de vingerspitsen, — een
traan van gevoelige zedigheid, — een tweede traan van
dankbaarheid aan mijn oom Tobias, — en een traan van
verdriet over zijn broeders ongeluk, borrelden in zijn oog
op, en biggelden te zamen langs zijne wangen. — Mijn
oom Tobias werd aangestoken, even als de eene lamp
aan de andere, en Trim's rok (vroeger dien van Le Fevre)
bij de borst aanvattende, als ware het om zijn kreupel
been te verligten, maar in waarheid, om een dieper gevoel
te lenigen, — bleef hij anderhalve minuut stil staan, na
welk tijdverloop hij de hand weder weg nam, en de korporaal eene buiging makende, voortging met zijn verhaal
van zijn broeder en de Joodsche weduwe.

HOOFDSTUK XXVI.

— Toen Thomas, met mijnheers verlof, in den winkel trad, was niemand daar, dan een arm Negermeisje, met een bosch witte vederen, aan het einde van een langen rotting vastgebonden in de hand, bezig met de vliegen weg te jagen, — niet te dooden. —

— 't Is een aardig beeld! — zei mijn oom Tobias; — zij had zelve wreedheid ondervonden, en had barmhartigheid geleerd. —

— Zij was goed, mijnheer, van aard, zoowel als door het ongeluk, en er zijn omstandigheden in de geschiedenis van dat arm, verlaten schepseltje, die een steenen hart zouden vermurwen, — zei Trim; — en op den een of anderen somberen winter-avond, als mijnheer er lust toe heeft, zal ik ze mijnheer mededeelen, met het verhaal van de avonturen van Thomas, waartoe ze ook behooren. —

— Vergeet het maar niet, Trim, — zei mijn oom Tobias.

— Een Neger heeft toch eene ziel, mijnheer? — vroeg de korporaal, twijfelend.

— Ik weet niet heel veel van dergelijke zaken, Trim, — zei mijn oom Tobias; — maar ik veronderstel, dat God hem evenmin als u of mij zonder ziel zou laten. —

— Dat zou ook zijn, den één bedroefd boven den anderen bevoordeelen! — zei de korporaal.

— Dat zou het ook, — hernam mijn oom Tobias. —

— Waarom behandelt men dan eene zwarte meid erger dan eene blanke, mijnheer? — vroeg Trim.

— Ik weet er geene reden voor, — zei mijn oom Tobias.

— Alleen, — zei de korporaal, het hoofd schuddende, — omdat er niemand is, om partij voor haar te trekken!

— Het is juist die omstandigheid, Trim, — zei mijn oom Tobias, — die haar in onze bescherming aanbeveelt, — tegelijk met al haars gelijken; — de kansen van den oorlog hebben de zweep *nu* in onze handen gesteld; — de Hemel weet in wiens handen die later komen zal! — Maar hoe dat ook zij, Trim, de dappere zal er geen misbruik van maken! —

— Daarvoor beware hem God! — riep de korporaal.

— Amen! — antwoordde mijn oom Tobias, met de hand op het hart.

— De korporaal hervatte zijn verhaal, en ging voort, — maar met eene verlegenheid, welke de lezer hier en daar niet begrijpen zal; want door de vele plotselinge overgangen onder weg van de eene tot de andere aandoenlijke gewaarwording, had hij die buigzaamheid van stem verloren, welke zijn verhaal geest en leven bijzette: hij trachtte een paar maal ze weêr magtig te worden, maar kon zichzelven niet voldoen; dus met een stout *Hm!* — om zijn zinkenden moed te doen herleven, en tevens de Natuur te gemoet komende, door den linkerarm in de zijde te plaatsen, en haar met de uitgestrekte regterhand aan den anderen kant te ondersteunen, — vatte de korporaal zooveel mogelijk den toon weêr op, en in deze houding vervolgde hij zijn verhaal: —

HOOFDSTUK XXVII.

— Daar, met mijnheers verlof, Thomas op dit oogenblik met het Negermeisje niets te maken had, ging hij regt door naar de achterkamer, om met de Joodsche weduwe over de liefde — en zijn pond worst te spreken; — en daar hij, zoo als ik aan mijnheer verteld heb, een gulle, opgeruimde jongen was, wiens aard uit zijne blikken en houding sprak, nam hij een stoel, en zonder vele pligtplegingen, maar toch steeds met groote beleefdheid, plaatste hij dien vlak bij haar tafeltje en ging zitten. —

— Er is niets moeijelijker, mijnheer, dan eene vrouw het hof te maken, terwijl zij bezig is met worst te stoppen. — Dus begon Thomas eerst met ernstig er over te spreken: "Hoe ze gemaakt werden? — Met welke soorten van vleesch, en welke kruiden?" — dan schertsende: "Met welke darmen? — En of ze nooit barstten? — Of de grootste altijd de beste waren?" en zoo voorts, — alleen zorg dragende, naarmate hij verder kwam, om wat

hij over de worsten zeide, eerder te flaauw dan te sterk
te kruiden, — om zich maar niet vast te zetten. —

— Het was juist door deze voorzorg te veronachtza-
men, — zei mijn oom Tobias, de hand op Trims schouder
leggende, — dat de Graaf de la Motte den slag van
Wijnendaal verloor: hij drong te schielijk in de bos-
schen door, en als hij dat niet gedaan had, dan waren
noch Rijssel, noch Gend, noch Brugge, die het voorbeeld volgden, in onze handen gevallen. — Het jaar was
reeds zoo ver gevorderd, en zulk een slecht jaargetijde
naderde, dat als de zaken eene andere keer genomen
hadden, onze troepen in het veld hadden moeten om-
komen.

— Waarom zouden dus de veldslagen niet even goed
in den Hemel beslist, als de huwelijken er gesloten
worden, mijnheer? —

Mijn oom Tobias ging aan het peinzen. Zijn godsdienstige zin maakte hem genegen om dit toe te stemmen;
zijne hooge achting voor de krijgskunde, verleidde hem
om het te ontkennen; — daar hij dus geen antwoord kon
vinden, dat hem juist voldeed, — zei mijn oom Tobias geen
woord, en de korporaal eindigde zijn verhaal.

— Daar Thomas, met mijnheers verlof, ontdekte dat hij
vorderde, en dat alles, wat hij van de worsten zei, goed
opgenomen werd, ging hij voort met haar een weinig te
helpen met den worst te maken: — eerst door het horentje
te houden, terwijl zij het gehakte vleesch met de hand
in den darm drukte; — dan door de worsten af te snijden
op de behoorlijke lengte, en ze in de hand te houden,
terwijl zij ze één voor één uit zocht; — dan door ze haar
zelf in den mond te steken, waar zij ze eventjes vast
hield. — Zoo ging hij voort, langzamerhand, totdat hij
het eindelijk waagde, om zelf den worst toe te binden,
terwijl zij het eindje er van vast hield.

— Nu neemt eene weduwe, mijnheer, altijd een tweeden
man, die zoo weinig mogelijk op den eersten gelijkt; dus
was de zaak reeds meer dan half bij haar beslist, eer
Thomas een woord er van sprak. —

— Zij deed alsof zij zich verdedigen wilde door een

II.   12*

worst op te nemen. — Thomas greep dadelijk naar een anderen: —

— Daar zij echter zag, dat die van Thomas harder was — teekende zij de akte van overgave; — Thomas drukte zijn zegel er op, en de zaak was geklonken. —

HOOFDSTUK XXVIII.

— Alle vrouwen, — vervolgde Trim, een commentaar op zijn verhaal makende, — van de hoogste tot de laagste, met mijnheers verlof, houden van aardigheden; de eenige moeijelijkheid is te ontdekken van welken aard zij ze verkiezen; en dat kan men alleen weten door even zoo te handelen, als wij met de artillerie, dat is door de broek van het geschut hooger of lager te doen, totdat wij het wit treffen. —

— Uwe vergelijking bevalt mij beter dan de zaak zelve, — zei mijn oom Tobias.

— Omdat mijnheer den roem meer dan het vermaak bemint, — zei de korporaal.

— Ik hoop, Trim, — antwoordde mijn oom Tobias, — dat ik de menschheid meer dan beiden bemin, en daar de krijgskunde zoo blijkbaar strekt tot het welzijn en de rust der wereld, — en daar vooral die tak er van, dien wij te zamen op ons grasperk beoefend hebben, geen ander doel heeft, dan den loop der *Eerzucht* te beteugelen, en het leven en eigendom van den *enkele* tegen de gewelddadigheid der *menigte* te beveiligen, — vertrouw ik, dat wanneer de trom ons oproept, wij geen van beiden zoo weinig menschlievendheid en barmhartigheid bezitten, dat wij niet dadelijk regtsomkeert maken, en te velde trekken.

Met deze woorden keerde mijn oom zich om, en marscheerde trotsch, als aan het hoofd zijner compagnie; — en de getrouwe korporaal, zijn stok schouderende, met den pink op den naad van de broek, zoodra hij den eersten stap deed, — marscheerde vlak achter hem door de laan.

— Wat drommel voeren die beiden toch uit? — riep

mijn vader tot mijne moeder. — Bij alles wat raar is!
zij belegeren de weduwe volgens de regels der kunst, en
trekken het huis rond, om de liniën af te bakenen! —

— Het zou mij niet verwonderen! — zei mijne moeder. — Maar wacht eens, waarde heer, — want hetgeen
waarover mijne moeder zich verwonderde, — en hetgeen
mijn vader er van zeide, — met hare antwoorden en
zijne replieken, zal gelezen, opgeteekend, omschreven,
beoordeeld en uitvoerig besproken worden, — of om het
in één woord te zeggen, — beduimeld worden door de
Nakomelingschap in een afzonderlijk hoofdstuk; — ik
zeg door de Nakomelingschap, — en het kan mij niet
schelen, om dat woord te herhalen; — want wat heeft
dit boek meer gedaan dan de Wetgeving van Mozes, of
het "Verhaal van een Ton," dat het ook niet in de goot
van den Tijd medegesleept zou worden? —

Ik wil over de zaak niet redeneren: de Tijd vliegt te
snel voorbij: iedere letter, die ik zet, herinnert mij met
welken spoed het Leven mijne pen volgt; — de dagen
en uren (kostbaarder, lieve Jenni, dan de robijnen-
snoer om uw hals), vliegen over onze hoofden weg,
gelijk de ligte wolken op een onstuimigen dag, en keeren
nooit terug; — alles spoedt vooruit: — terwijl gij dien
haarlok krult, — zie! — wordt die reeds grijs onder uwe
hand! — en iedere keer, dat ik u de hand kus, om
afscheid te nemen, en elke afwezigheid, die daarop
volgt, — zijn voorboden van die eeuwige scheiding, die
ons beiden binnen kort wacht!

De Hemel zij ons beiden genadig!

HOOFDSTUK XXIX.

Wat nu de wereld van die uitroeping denkt, — kan
mij geen duit schelen!

HOOFDSTUK XXX.

Mijne moeder was voortgewandeld, met haar linkerarm
op mijn vaders regterarm, tot zij aan den noodlottigen
hoek van den ouden tuinmuur kwamen, waar Dr. Slop
door Obadiah op het koetspaard overreden werd. Daar
dit vlak tegenover het huis van mevrouw Wadman was,
wierp mijn vader toen hij daar kwam, er een blik heen,
en mijn oom Tobias en den korporaal binnen de tien
schreden van de deur ziende, keerde hij zich om: —
"Laat ons eventjes wachten," — zei mijn vader, —"en
zien met welke plegtigheden mijn broêr Tobias en zijn vol-
geling Trim hunne eerste intrede zullen doen. — Het zal
ons geene minuut ophouden," — voegde mijn vader
er bij.

— Het komt er niet op aan, al duurde het tien minuten, — hernam mijne moeder.

— Het zal ons geen halve minuut ophouden, — zei
mijn vader.

De korporaal was pas begonnen met zijn verhaal van zijn
broeder Thomas en de Joodsche weduwe: — het verhaal
duurde nog voort — en voort; — er waren episoden in; —
het keerde terug en ging verder, — en weder verder; — er
was geen einde aan; — de lezer vond het ontzettend lang.

De Hemel zij mijn vader genadig! — Hij riep "Bah!"
wel vijftigmaal bij elke nieuwe beweging, en gaf des korporaals stok, met al zijn zwaaijen en draaijen aan alle duivels
over, die hem verkozen aan te nemen.

Als de uitslag van dergelijke gebeurtenissen, waarop mijn
vader wachtte, nog in de weegschaal van het Noodlot hangen, heeft de geest nog het voorregt om de reden waarom
hij den uitslag afwacht, driemaal te kunnen veranderen, —
en zonder dit, zou hij op den afloop niet wachten kunnen.

De nieuwsgierigheid heerscht in het *eerste oogenblik;* —
het tweede oogenblik wordt uit winstzucht besteed, om
de verspilling van het eerste te regtvaardigen; — en wat
de derde, vierde, vijfde en zesde oogenblikken betreft,
en zoo voorts, tot aan den jongsten dag, — die worden
ten offer gebragt aan het *punt van eer.* —

Men behoeft mij niet te vertellen, dat zedekundige schrijvers dit alles aan het Geduld hebben toegeschreven; — want die *Deugd* heeft, naar ik mij verbeeld, een uitgestrekt gebied genoeg, en ook genoeg te doen, zonder de weinige vervallene kasteelen te overrompelen, welke nog op aarde aan de *Eer* zijn overgelaten.

Mijn vader hield het met behulp van deze drie bondgenooten, zoo goed hij kon tot het einde van Trim's verhaal uit; — en ook nog van daar tot aan het einde van de lofspraak van mijn oom Tobias op de krijgskunst, in het daarop volgende hoofdstuk; — toen hij echter zag, dat zij in plaats van naar de deur van mevrouw Wadman te marscheeren regtsomkeert maakten en de laan afmarscheerden in eene tegenovergestelde rigting van die, welke hij verwacht had, — barstte hij uit met die bitterheid van luim, welke in zekere omstandigheden zijn karakter van dat van alle andere menschen onderscheidde.

HOOFDSTUK XXXI.

— "Wat ter wereld kunnen die beiden toch voor hebben?" — riep mijn vader, — enz. —

— Het zou mij niet verwonderen, — zei mijn moeder, — als zij vestingwerken aanlegden.

— Toch niet op het erf van mevrouw Wadman! — riep mijn vader, een stap achteruit doende.

— Dat zou ik ook niet denken! — zei mijne moeder.

— De duivel hale, — riep mijn vader uit, — de geheele wetenschap der vestingbouwkunde, met al hare prullen van mijnen, blinden, schanskorven, *fausse-brayes* en *cuvettes !*"

— Het zijn gekke dingen, — zei mijne moeder.

Nu had zij de gewoonte, — en ter loops gezegd, ik zou gaarne op dit oogenblik mijn purperen kamerjapon, en mijne gele pantoffels op den koop toe, geven, als eenige uwer eerwaarden, ook die gewoonte hadden! — om nooit hare toestemming en goedkeuring te weigeren aan eenige stelling, welke mijn vader opperde, alleen omdat zij ze niet begreep, en geen denkbeeld had van het voornaamste woord, of kunstterm, waarop de leer, of stelling rustte. Zij stelde zich tevreden met alles te doen, wat hare doopgetuigen in haar naam beloofd hadden, — en daarbij bleef het; — en dus ging zij wel eens voort met twintig jaren lang een moeijelijk woord te gebruiken, — en als het een werkwoord was, er op te antwoorden in alle tijden en wijzen, zonder zich de moeite te geven er naar te vragen.

Dit was een onophoudelijke bron van ellende voor mijn vader, en brak, reeds in den beginne, meer schoone gesprekken tusschen hen af, dan de hevigste tegenspraak had kunnen doen. Wat er van overbleef werd door de *cuvettes* verbeterd. —

— "Het zijn gekke dingen," — zei mijne moeder.

— Vooral de *cuvettes*, — zei mijn vader.

— 't Was genoeg; — hij smaakte het genot der overwinning, — en ging voort. —

— Eigenlijk, — hernam mijn vader, hetgeen hij gezegd had verbeterende, — is het toch geen erf van mevrouw Wadman; — zij heeft er slechts het vruchtgebruik van.

— Dat maakt een groot verschil, — zei mijne moeder.

— Voor een domkop! — hernam mijn vader.

— Tenzij zij een kind krijgt, — zei mijne moeder.

— Eerst moet zij mijn broeder Tobias overhalen bij haar een kind te verwekken, — zei mijn vader. —

— Natuurlijk, — zei mijne moeder.

— En als dat door overreding moet komen, — zei mijn vader, — dan zij de Hemel hem genadig! —

— Amen! — zei mijn moeder *piano*.

— Amen! — riep mijn vader *fortissime*.

— Amen! — zei weder mijne moeder, maar met zulk een zucht van medelijden over zichzelve, dat elke zenuw van mijn vader er van trilde: —

Hij trok dadelijk zijn almanakje uit den zak, maar eer hij het openen kon, gaf hem Yorick's gemeente, welke uit de kerk kwam, voldoende inlichting omtrent de helft van hetgeen hij er uit zien wilde, — en daar mijne moeder hem vertelde, dat er bediening was, — had hij er niets meer in na te slaan. — Hij stak het almanakje weêr op.

Geen minister van finantiën over zijn budget denkende, zou met eene meer verlegene houding naar huis kunnen terugkeeren. —

HOOFDSTUK XXXII.

Als ik op het laatste hoofdstuk terug zie, en het weefsel naga van hetgeen er geschreven is, vind ik, dat het noodzakelijk wordt, op deze en de vier volgende bladzijden, eene behoorlijke hoeveelheid van gemengden aard in te voegen, ten einde het juiste evenwigt tusschen wijsheid en dwaasheid te onderhouden, zonder hetwelk een boek als dit geen enkel uur leven zou. — Het is geene armzalige kruipende afwijking (die behalve in naam, in niets van den straatweg verschilt), die helpen kan. — Neen, als het eene digressie is, moet ze eene opgewondene digressie zijn, en over een opgewonden onderwerp ook, waarbij men noch den ruiter noch het stokpaardje anders dan in de vlugt kan snappen.

De eenige moeijelijkheid hierbij is, om geesten te bezweren, die tot deze dienst berekend zijn: — de *Verbeelding* is te grillig; — de *Wil* laat zich niet dwingen, — en de *Boertigheid* (hoe aardig die ook zij), komt niet als men haar roept, — al legde men haar een keizerrijk voor de voeten. —

— Het best is, dat men aan het bidden gaat. —

Maar als de mensch daardoor aan zijne zwakheden en gebreken herinnerd wordt, zoowel van geest als van ligchaam, — zal hij er zich, wat zijn voorgenomen doel betreft, nog erger aan toe bevinden dan te voren, — hoewel veel verbeterd voor alle andere doeleinden.

Wat mij betreft, er is geen middel, zedelijk of werktuigelijk, ter wereld, dat ik bedenken konde, hetwelk ik ook niet in dit geval op mijzelven toegepast heb: soms mij regtstreeks tot de ziel rigtende, en heen en weêr met haar pratende, over de uitgebreidheid harer vermogens.

— Ik kon ze nooit één duim grooter maken. —

Dan eens ben ik van stelsel veranderd, en heb beproefd wat er met het ligchaam te beginnen zou zijn, door matigheid, onthouding en kuischheid. — Deze zijn, zei ik, in zichzelven goed; — zij zijn bepaaldelijk goed; — zij zijn betrekkelijk goed; — zij zijn goed voor de gezondheid; — zij zijn goed voor het geluk in deze wereld, — zij zijn goed voor het geluk hiernamaals.

— Met één woord, zij waren goed voor alles, behalve juist dat wat ik hebben wilde; en daarvoor deugden zij tot niets anders, dan de ziel juist zoo te laten als de Hemel haar geschapen had. — Wat de theologische deugden van Geloof en Hoop aangaat, die geven wel moed: maar dan wordt die weder benomen door die taaije deugd (zoo noemde ze mijn vader steeds), der zachtzinnigheid, — en men komt er niet verder mede.

In alle gewone en dagelijksche gevallen, is er niets, dat beter helpt, volgens mijne ondervinding — dan dit: —

't Is zeker, als men de logica vertrouwen kan, en ik niet door eigenliefde verblind ben, dat er een vonk van echt genie in mij zit, — al bleek het ook alleen hieruit, — dat ik niet eens weet wat afgunst is. Want nooit kom ik op de eene of andere uitvinding of bedenksel, dat strekken kan tot de bevordering van het schrijven, of ik maak het dadelijk bekend, — daar ik gaarne wenschte, dat alle menschen zoo goed schreven als ik: —

Wat zekerlijk het geval zal zijn, zoodra zij even weinig denken.

HOOFDSTUK XXXIII.

Nu, — in gewone gevallen, dat is, als ik slechts stomp ben, en de gedachten bezwaarlijk in mijne pen opkomen en kleverig er uit vloeijen, —

Of als ik, zonder te weten hoe, tot een koelen, beeldloozen schrijftrant vervallen ben, en, — wegens mijne ziel, — mij er niet boven verheffen kan, — en ik dus als een Hollandsche commentator tot het einde van het hoofdstuk door moet schrijven, tenzij ik er een slag in sla, — blijf ik geen oogenblik met pen en inkt sukkelen; maar als een snuifje, of een paar schreden door de kamer mij niet helpen, neem ik dadelijk een scheermes, en de scherpte er van op mijne vlakke hand beproefd hebbende, zonder eenige andere voorbereiding, dan dat ik eerst mijn baard inzeep, ga ik mij scheren, zorg dragende, dat als ik een enkel haartje vergeet, het toch geen grijs haartje zij. — Als dit gedaan is, trek ik schoon linnen aan; — een goeden rok; — laat mijne beste pruik halen, — steek mijn topazen ring aan mijn pink, — en met een woord, kleed mij, van top tot teen, zoo netjes als ik maar kan.

Nu moet de duivel zelf de hand in het spel hebben, als dit niet helpt: want denk er eens aan, mijnheer, daar iedereen tegenwoordig moet blijven, zoolang men bezig is met zijn baard af te scheren, (hoewel er geen regel zonder uitzondering is), — en daar hij ook onvermijdelijk tegenover zich zelven moet zitten, als hij zijne eigene hand daartoe gebruikt, — wekt deze positie, even als alle andere, eigenaardige denkbeelden in het brein op. —

Ik houd vol, dat de verbeeldingen van een man met een ruwen baard, zeven jaren verjongd en versterkt worden door ééne operatie van dezen aard, en als men niet gevaar liep om ze geheel en al weg te scheren, zouden ze aanhouden, en door het gedurig scheren tot de hoogste trap van verhevenheid kunnen gebragt worden. Hoe Homerus met zijn langen baard schrijven kon, weet ik niet; — en daar dit tegen mijne leer strijdt, wil ik het ook niet weten; — laat ons echter tot het toilet terugkeeren.

Ludovicus Sorbonensis noemt dit geheel en al eene zaak van het ligchaam, — ἐξωτερικὴ πρᾶξις, — zoo als hij zegt; — maar dit is eene dwaling: — ziel en ligchaam hebben een gelijk deel aan alles wat zij krijgen kunnen: de mensch kan zich niet kleeden, of zijne denkbeelden kleeden zich terzelfden tijd, en indien hij zich als fatsoenlijk man kleedt, worden al zijne denkbeelden even zoo fatsoenlijk gemaakt; — zoodat hij niet anders te doen heeft, dan zijne pen te nemen, en zich zelven af te schrijven.

Om deze reden, als gij, eerwaarde en zeer geachte heeren, weten wilt, of ik iets zindelijk en leesbaar schrijf,

zult gij dit even goed kunnen beoordeelen, als gij de rekening van mijne waschvrouw als mijn boek zelf nakijkt: —
er is ééne maand geweest, gedurende welke ik bewijzen
kan, dat ik een en dertig hemden vuil gemaakt heb
met schoon te schrijven, en toch werd ik meer uitgeschol-
den, gevloekt, gecritiseerd, en veroordeeld, en men
schudde het hoofd meer over mij, wegens hetgeen ik in
die ééne maand geschreven had, dan wegens alles, wat
ik in de overige maanden van het jaar opstelde. Maar
de eerwaarde en zeer geachte heeren hadden mijne wasch-
lijst niet gezien. —

HOOFDSTUK XXXIV.

Daar ik volstrekt niet voornemens ben de digressie,
op welke ik mij nu voorbereid, vóór het 35ste hoofdstuk te beginnen, — blijft mij dit hoofdstuk over, om
tot alle doeleinden die ik wil, te gebruiken. — Ik heb op
dit oogenblik er twintig voor gereed.

—Ik zou mijn hoofdstuk over de knoopsgaten er in zetten kunnen.

— Of mijn hoofdstuk over de *Bah's!*, dat er op volgen
moest.

Of mijn hoofdstuk over de *knoopen*, als hunne eerwaarden ze doorgehakt hebben: — dat kon mij echter in
verlegenheid brengen. — Het veiligste is, de voetsporen
der geleerden te volgen, en zwarigheden te opperen over
hetgeen ik reeds geschreven heb, — plegtig te voren ver-
klarende, dat ik volstrekt niet weet, hoe ik ze later zou
kunnen wederleggen. —

Ten eerste, zou men kunnen zeggen, is er eene treffende soort van *Thersitische* satire in, — zwart als de inkt,
waarmede ze geschreven is — (en tusschen twee haakjes gezegd, hij, die dit beweert, heeft verpligting aan den Inspecteur-Generaal van het Grieksche leger, dat hij toeliet, dat
de naam van zulk een leelijke, gemeene taal uitslaande vent
als Thersites op de rol bleef; — want hij heeft hem dus een
epitheton verschaft); — en verder zal men volhouden dat,

al het personeele afwasschen en afschrobben ter wereld,
een kwijnend genie niets helpen, — maar juist het tegendeel, — daar hoe smeriger de vent zij, hoe beter hij
gewoonlijk voortkomt.

Op dit alles weet ik niets te antwoorden, — ten minste
voor het oogenblik, — dan dat de Aartsbisschop van
Benevento zijn *vuile* roman van Galatea, zoo als de geheele wereld weet, in een purperen rok, vest en broek
schreef, en dat de boete, die hem opgelegd werd, om een
commentaar op het Boek der Openbaring te schrijven,
hoe zwaar ook geacht door sommige menschen, toch weder door anderen niet aldus beschouwd werd, alleen
om reden zijner kleeding.

Eene andere zwarigheid tegen mijn hulpmiddel is, dat
het niet algemeen genoeg kan worden toegepast; — want
daar het scheren, dat er bij behoort, en waaraan ik zooveel
gewigt hecht, door eene onverbrekelijke wet der Natuur,
de eene helft der menschheid van het gebruik er van
uitsluit, — alles wat ik er van zeggen kan, is dat de
schrijfsters, hetzij Engelsche of Fransche, — het missen
moeten.

Wat de Spaansche vrouwen betreft; — daaromtrent ben
ik volstrekt niet ongerust!

HOOFDSTUK XXXV.

Eindelijk is het vijf en dertigste hoofdstuk gekomen,
en brengt niets mede, dan de treurige les "Hoe spoedig
het genoegen in deze wereld ons ontloopt!"

Want onder het babbelen over mijne digressie, — verklaar ik plegtig, dat ik ze gemaakt heb!

— Wat is toch de mensch een wonderlijk schepsel! —
zeide zij.

— Dat is waar, — zeide ik; — maar het zou goed zijn
ons al deze dingen uit het hoofd te zetten, en tot mijn
oom Tobias terug te keeren.

HOOFDSTUK XXXVI.

Toen mijn oom Tobias en de korporaal aan het einde
van het wandelpad gekomen waren, herinnerden zij zich,
dat zij eigenlijk juist verkeerd gegaan waren; — dus
maakten zij weder regtsomkeert, en marscheerden regt op
de deur van mevrouw Wadman's huis aan.

— Ik sta mijnheer borg voor alles! — zei de korporaal, — aan zijne *Montero*-muts aanslaande, als hij mijn
oom voorbij ging, om voor hem aan te kloppen.

Mijn oom Tobias, tegen zijne gewone wijze van om te
gaan met zijn getrouwen dienaar, zei geen enkel woord,
goed of kwaad: — om de waarheid te zeggen, hij
had zijne gedachten nog niet goed bij elkander; hij
wenschte eene verdere beraadslaging, en terwijl de korporaal de drie trappen van den stoep beklom, kuchte
mijn oom tweemaal; — bij elke kuch deelde zich een
gedeelte van zijne bedeesdheid aan den korporaal mede; —
hij stond dus met den klopper van de deur wel eene geheele minuut in de hand, zonder zelf juist te weten waarom.

Bridget stond op den loer achter de deur, met den
vinger en duim op de klink, in gespannen verwachting,
en mevrouw Wadman, met een oog, dat van eene tweede
overgave sprak, zat ademloos achter de venstergordijnen
van haar slaapvertrek, hunne aankomst bespiedende.

— Trim! — zei mijn oom Tobias; — maar terwijl hij
het woord uitsprak, was de minuut reeds verloopen, en
Trim liet den klopper vallen.

Daar mijn oom Tobias ontdekte, dat alle hoop op eene
conferentie door den klopper den bodem ingeslagen was,
floot hij maar zijn *Lillabullero*. —

HOOFDSTUK XXXVII.

Daar Bridget's vinger en duim op de klink van de deur waren, behoefde de korporaal niet zoo dikwerf aan te kloppen als misschien wel uw kleermaker, mijnheer. — Ik had echter mijn voorbeeld niet zoo ver van huis behoeven te halen; want ik ben mijn eigen kleermaker zoo wat ten minste vijf en twintig pond *sterling* schuldig, en ben verwonderd over 's mans geduld.

De wereld heeft echter hiermede niets te maken: — maar het is toch een verwenscht ding om in schulden te steken, en er schijnt wel een noodlot te hangen over de schatkist van eenige arme vorsten, en vooral over die van ons huis, hetwelk zelfs de grootste zuinigheid, niet in boeijen kan slaan. — Wat mij betreft, ik ben overtuigd, dat er geen prins, prelaat, paus of potentaat, groot of klein, op aarde is, die in zijn hart vuriger begeert dan ik, om zijne zaken te regelen, — of die betere middelen daartoe aanwendt. — Ik geef nooit meer dan eene halve *guinje* tot fooi; — ik draag geene laarzen als ik uit wandelen ga; — ik koop geene tandenstokers; — ik geef geen stuiver uit voor een hoedendoos in het geheele jaar; — en gedurende de zes maanden, die ik buiten woon, rigt ik mij op zulk een bescheiden voet in, — dat ik, in de beste luim ter wereld blijvende, toch Rousseau zelven overtref! — Want ik houd noch knecht, noch loopjongen, noch paard; geen koe, geen hond, of kat, noch iets, dat eet of drinkt, behalve eene arme magere Vestaalsche maagd (om mijn vuur aan te stoken), — en die over het algemeen even weinig eetlust heeft als ik zelf: — maar als gij u verbeeldt, dat dit een wijsgeer van mij maakt, — dan, goede vrienden, geef ik geen duit om uw oordeel! — De ware wijsbegeerte; — maar daarover kan men niet praten terwijl mijn oom *Lillabullero* fluit.

— Laat ons dus in huis gaan.

HOOFDSTUK XXXVIII.

HOOFDSTUK XXXIX.

HOOFDSTUK XL.

— Gij zult de plaats zelve zien, mevrouw, — zei mijn oom Tobias. —

Mevrouw Wadman bloosde, — keek naar de deur, — verbleekte, — bloosde eventjes weêr, — kreeg weder hare natuurlijke kleur, — bloosde sterker dan te voren; — al hetwelk, om den wille van den ongeleerden lezer, ik op deze wijze vertaal: —

"Mijn hemel! ik kan er niet naar kijken! —
"Wat zouden de menschen zeggen, als ik er naar keek! —
"Ik zou door den grond zinken, als ik het zag! —
"Ik wilde wel, dat ik er naar kijken kon! —
"Er kan geene zonde in zijn, als ik er naar kijk! —
"Ik zal er naar kijken!"

Terwijl dit alles door mevrouw Wadman's hoofd ging, was mijn oom Tobias van de sofa opgestaan, en had eventjes de kamer verlaten, om Trim, die in den gang stond, iets te bevelen: —

* *

* * * * * * * * — Ik geloof, dat het op zolder staat, — zei mijn oom Tobias. — Ik zag het er heden morgen, mijnheer, — hernam de korporaal. — Dan wees maar zoo goed, het oogenblikkelijk te halen, Trim, — zei mijn oom Tobias, — en breng het naar binnen.

De korporaal keurde dit bevel niet goed; maar hij gehoorzaamde met de meeste bereidwilligheid. — Het eerste hing van zijn eigen wil niet af; — maar het tweede wèl; — dus zette hij zijne *Montero*-muts op, en ging zoo snel zijn stijf been hem veroorloofde. — Mijn oom Tobias keerde naar de zitkamer terug, en nam weder plaats op de sofa.

— Gij zult den vinger op de plaats zelve leggen, — zei mijn oom Tobias. —

— Aanraken wil ik ze echter niet! — zei de weduwe tot zichzelve. —

Dit vereischt andermaal eene vertolking: — het bewijst hoe weinig men alleen uit de woorden leert; — wij moeten den oorsprong der dingen opsporen. —

Om echter den nevel op te helderen, welke over deze laatste drie bladzijden hangt, moet ik zelf trachten zoo helder mogelijk te zijn. —

Wrijft u een paar maal met de hand over het voorhoofd; — snuit de neuzen, — gebruikt uwe zakdoeken; — niest, mijne goede vrienden; — God zegene u!

Nu, verleent mij zooveel hulp mogelijk!

HOOFDSTUK XLI.

Daar er wel vijftig verschillende doeleinden zijn, — (de burgerlijke en godsdienstige er onder gerekend), — waarom eene vrouw een man neemt, begint zij altijd met in zichzelve te wikken en te wegen en te onderscheiden en te onderzoeken, welk onder dit groot getal haar doel is: — daarop spoort zij na, door gesprekken, navorschingen, redeneringen en gevolgtrekkingen, of zij iets goeds aangepakt heeft, — en als dit het geval is, — door het zachtjes naar dezen en genen kant heen en weêr te trekken, vestigt zij haar oordeel, of het breken zal of niet, als zij het uittrekt.

De beeldspraak, die Slawkenbergius gebruikt, om dit aan de verbeelding van den lezer voor te stellen, in het begin van zijne derde *Decade*, is zoo lachwekkend, dat alleen mijn eerbied voor het schoone geslacht, mij verhindert het mede te deelen; — anders is het waarlijk niet ongeestig: —

— "Eerst," — zegt Slawkenbergius, — "houdt zij den ezel tegen, en zijn halster met de linkerhand vattende, — zoodat hij haar niet ontloopen kan, — steekt zij de regterhand diep in zijn mand, om er naar te zoe-

II.   13

ken, —" — "Waarnaar?" — "Gij zult het niet eerder
weten, door mij in de rede te vallen," — zegt Slawkenbergius.

— "Ik heb niets, lieve dame, dan leege flesschen," —
zegt de ezel.

— "Ik draag niets dan pens," — zegt de tweede.

— "En gij deugt ook niet veel meer," — zegt zij tot
den derde; — "want er is niets in uwe manden dan wijde
broeken en pantoffels; — en zoo gaat het met den vierde
en vijfde, één voor één de geheele reeks door, totdat
zij eindelijk den ezel vindende, die het draagt, den mand
omkeert, — het bekijkt, — beziet, — opneemt, — meet, —
uitrekt, — nat maakt, — droogt, — en met de tanden
eindelijk het weefsel en de stof waarvan het gemaakt is
onderzoekt. —

— Wat gemaakt is, in 's Hemels naam?

— Ik heb mij vast voorgenomen, — antwoordt Slawkenbergius, — dat geene magt ter wereld, mij dat geheim
afpersen zal!" —

HOOFDSTUK XLII.

Wij leven in eene wereld van alle kanten door geheimen
en raadsels omgeven: — en dus komt het er niet op aan, —
anders zou het vreemd zijn, dat de Natuur, die alles zoo
juist geschikt maakt voor zijne bestemming, — en die
zelden of nooit dwaalt, — (tenzij uit scherts), — aangaande de passende vormen en aanleg van wat ook uit hare
handen komt, — zoodat hetzij zij een ontwerp maakt voor
een ploeg, een vrachtwagen, of eene kar, — of iets
anders, al is het maar een ezelsveulen, men verzekerd
kan zijn, dat men juist dat zal krijgen, wat men noodig
heeft, — toch altijd en eeuwig aan het knoeijen gaat,
als zij maar eenvoudig een getrouwd man moet maken.

Of het in de keuze van de klei is, — of dat die dikwerf door het bakken bedorven wordt, — (als het vuur
te sterk is, kan de echtgenoot om die reden niet deugen, —
of aan den anderen kant, kan het aan vuur ontbreken,

waardoor hij ook bedorven wordt), — of dat de groote
kunstenares niet zeer veel acht slaat op de kleine Plato-
nische vereischten van die helft van het menschelijk geslacht, waarvoor zij de andere maakt; — of dat de godheid zelve naauwelijks weet, welke soort van een echtgenoot vereischt wordt; — dat weet ik niet: — wij zullen
na het avondeten er over spreken. —

Het zij genoeg hier te zeggen, dat noch deze opmerking
zelve, noch de redenering er over, hier iets ter zaak afdoen; — integendeel, ze zijn eigenlijk eerder hinder-
lijk, — daar er, ten opzigte van de geschiktheid van mijn
oom Tobias voor den huwelijksstaat, niets te wenschen
overbleef. — De Natuur had hem uit de beste, buigzaam-
ste klei vervaardigd, — geweekt in hare eigene melk, —
en hem met den liefderijksten geest bezield; — zij had hem
zachtaardig, edelmoedig en menschlievend gemaakt; —
zij had zijn hart met vertrouwen en liefde vervuld, en
elken toegang daartoe opengesteld voor de teederste aandoeningen; — zij had bovendien behoorlijk bedacht, tot
welke andere doeleinden het huwelijk ingesteld was, —

En dus, *
* *
* *
* *
* .

Deze gave werd niet vernietigd door de wond van mijn
oom Tobias.

Nu was deze laatste omstandigheid toch nog wat apo-
cryph, en de Duivel, die de groote vernieler van ons
geloof is in deze wereld, had omtrent dit punt twijfelingen
in het brein van de weduwe Wadman doen ontstaan, en
als echte duivel, had hij tevens de bedoelde deugd van
mijn oom Tobias als niets anders doen voorkomen, dan
leege flesschen, *pens*, *wijde broeken* en *pantoffels*. —

———

HOOFDSTUK XLIII.

Mejufvrouw Bridget had de weinige eer verpand, die
eene arme kamenier in deze wereld bezit, dat zij de
zaak binnen de tien dagen doorgronden zou; — en dit
had zij gedaan in eene der meest waarschijnlijke veronderstellingen ter wereld: — namelijk, dat terwijl mijn
oom Tobias zijn hof aan hare mevrouw maakte, de korporaal zich ook haasten zou om haar het hof te maken; —
"En dat zal ik hem maar laten doen, zooveel hij verkiest," —
zei Bridget, — *"ten einde hem eens goed uit te hooren!"*

De Vriendschap heeft twee gewaden: een opper- en
een onderkleed. Bridget behartigde de belangen harer
mevrouw in het ééne, en deed juist wat haar zelve het
meest beviel in het ander: — dus had zij juist zoo veel
belangen bij de wond van mijn oom Tobias, als de Duivel
zelf. — Mevrouw Wadman had er maar één belang bij, —
en daar het misschien voor het laatst was (zonder jufvrouw Bridget af te schrikken, of hare bekwaamheden te
kort te doen), — besloot zij bij dit spel, zelve de kaarten
in handen te houden.

Zij had geene aanmoediging daartoe noodig: een kind
had mijn oom Tobias in de kaart kunnen kijken; — hij
speelde al de troeven, die hij had, met zooveel eenvoudigheid
en kunsteloosheid dadelijk uit; — hij dacht zoo weinig
in zijne onwetendheid, dat men hem overtroeven kon,
en zat zoo ontbloot en onverdedigd op de sofa naast de
weduwe Wadman, dat het een edelmoedig hart gespeten
zou hebben, het spel tegen hem te winnen.

— Maar wij moeten de beeldspraak opgeven. —

HOOFDSTUK XLIV.

— En het verhaal ook, als het u belieft; want hoewel ik
mij steeds gehaast heb, om tot dit gedeelte er van te
komen, en vurig er naar verlangd heb, als het heer-
lijkste stukje van alles wat ik aan te bieden had, —
kan evenwel nu, dat ik er toe gekomen ben, iedereen,

die verkiest, mijne pen opnemen en het verhaal voor mij afmaken; — ik zie de moeijelijkheid in van de beschrijvingen, die ik te maken heb, — en gevoel, hoe het mij aan talent daartoe ontbreekt.

— Het is een troost, ten minste voor mijzelven, dat ik deze week omtrent tachtig oncen bloed verloren heb, in een hevigen aanval van koorts, waardoor ik aan het begin van dit hoofdstuk overvallen werd, — zoodat ik eenige hoop heb, dat het eerder bij mij hapert in de waterachtige deelen van het bloed, of in de bloedglobules zelven, dan in de fijne *aura* van het brein: — hoe dat nu zij, eene Aanroeping kan geen kwaad; — en ik laat het geheel en al aan den *Aangeroepene* over, om mij te bezielen, of eene injectie voor te schrijven, — naar zijne verkiezing.

DE AANROEPING.

Gij vriendelijke Geest van het schoonste humor, die voor het eerst de vlugge pen van mijn beminden Cervantes bestierd hebt! — Gij, die dagelijks door zijn venster kwaamt binnen vliegen, om door uwe tegenwoordigheid de schemering van zijne gevangenis in het helderste daglicht te veranderen: — gij, die zijne sobere waterteugen met hemelschen nectar vermengdet, — en die zoolang hij schreef van Sancho en zijn meester, uw geheimzinnigen mantel spreiddet over den verminkten arm,[1] en daarmede ook al de rampen van zijn leven bedektet; —

— Kom, smeek ik u, ook tot mij! — Zie, deze broek! — Het is alles, wat ik ter wereld bezit. — Die bedroefde scheur er in werd te Lyon gemaakt!

— Mijne hemden! — Zie, welke verschrikkelijke scheuren! — Want de lappen zijn in Lombardije gebleven en het overige er van heb ik hier! — Ik had er nooit meer dan zes, en eene schelmsche waschvrouw te Milaan sneed de borsten uit vijf er van! — Maar om haar regt te laten wedervaren; — zij deed het met behoorlijk overleg; — want ik keerde juist uit Italië terug! —

---

[1] Cervantes verloor eene hand in den slag van Lepanto.
                                                SCHRIJVER.

En toch in weerwil van dit alles, en van eene tonteldoos, in den vorm van een pistool, die mij te Siena ontfutseld werd, en van vijf *Paoli*, die ik tot twee keer toe, eens te Raddicoffini en eens te Capua, voor een paar hard gekookte eijeren betaalde, geloof ik toch niet, dat eene reis door Frankrijk en Italië eene zóó slechte zaak is, als sommige menschen beweren, mits men maar in goede luim blijve! — Men moet berg op en af, anders, hoe drommel zouden wij in de dalen komen, waar de Natuur zoo vele schoon gedekte tafels aanbiedt? — 't Is onzin zich te verbeelden, dat de menschen hunne wagens voor niets zullen laten stuk schokken; — en als gij niet twaalf *sous* wilt geven, om de wielen te laten smeren, hoe zal de arme boer zijn brood kunnen smeren? — Wij eischen wezenlijk te veel, — en wat een paar *livres* te veel betreft, — op zijn hoogst twee en twintig stuivers, — voor zijn bed en avondmaal, — wie zou zijne wijsbegeerte daarvoor in de war laten brengen? — Om 's Hemels, en om uzelfs wille, betaal maar! — betaal met beide handen, eerder dan de *Teleurstelling* achter te laten in de oogen uwer schoone gastvrouw en harer meisjes, die in de deur staan als gij vertrekt; — en, waarde heer, op den koop toe, krijgt gij een zusterlijken kus van haar allen; — die ten minste een pond *sterling* waard is; — ten minste, ik kreeg er een: —

Want daar de *amours* van mijn oom Tobias mij steeds door het hoofd spookten, hadden ze dezelfde uitwerking op mij, alsof ze mijne eigene *amours* waren. — Ik was in een toestand van volmaakte mildheid en welwillendheid, en gevoelde de zachtste harmoniën in mijn hart trillen; — hoe de wagen ook stootte, dat deed er niet toe; — of de wegen ruw of effen waren, het maakte geen onderscheid: — alles wat ik zag, of waarmede ik in aanraking kwam, — opende de eene of andere verborgene bron van gevoel of verrukking voor mij. —

Het waren de aandoenlijkste toonen, die ik ooit vernomen had; — en ik opende dadelijk het voorste glas van het rijtuig om ze beter te hooren. —

— 't Is Maria, — zei de postiljon, die zag, dat ik er

naar luisterde. — De arme Maria, — vervolgde hij (zich zijwaarts buigende op zijn paard, om mij haar te laten zien, want hij was juist tusschen ons); — zit aan den kant van den weg, en speelt het avondgebed op haar herdersfluitje en haar geitje zit naast haar. —

— De jongen zei dit op een toon en met eene uitdrukking, die zoo volmaakt met een gevoelig hart in overeenstemming waren, dat ik oogenblikkelijk eene gelofte deed, hem een stuk van vijfentwintig *sous* te geven, zoodra wij Moulins bereikten. —

— En wie is die arme Maria? — vroeg ik. —

— Iemand, die in alle dorpen van den omtrek bemind en beklaagd wordt, — zei de postiljon: — 't is geene drie jaren geleden, dat de zon geen schooner, vlugger en beminnelijker meisje bestraalde; — en Maria verdiende een beter lot, dan hare huwelijksafkondiging te hooren verbieden, door de kuiperijen van den priester, die ze voorlezen moest. —

Hij wilde voortgaan, toen Maria, die voor een oogenblikje opgehouden had, het fluitje weêr aan de lippen zette, en het lied op nieuw aanhief; — het waren dezelfde noten, — maar ze waren tienmaal zoo aandoenlijk als te voren. — Het is een avondlied aan de Heilige Maagd, — zei de jongen; — maar wie het haar leerde spelen, of hoe zij aan het fluitje gekomen is, dat weet niemand: — wij gelooven, dat de Hemel haar met beiden geholpen heeft; — want sedert zij van haar verstand is geweest, schijnt het haar eenige troost te zijn; — zij legt het fluitje nooit uit de hand, maar speelt dat lied er op bijna den geheelen nacht en dag door. —

De postiljon vertelde dit met zooveel bescheidenheid en welsprekendheid, dat ik iets op zijn gezigt las, hetwelk ver boven zijn stand scheen te zijn, en ik zou zijne geschiedenis uitgevorscht hebben, ware het niet, dat ik met die van de arme Maria geheel en al vervuld geweest ware. —

Wij waren nu bijna tot de hoogte gekomen, waarop Maria zat. Zij droeg een luchtig wit jakje, en haar hoofdhaar, met uitzondering van twee vlechten, was onder een zijden netje opgebonden aan den eenen kant, —

een weinig fantastisch met eenige olijfbladeren er tusschen; — zij was schoon, en als ik ooit de volle kracht van
opregt medelijden gevoelde, dan was het op dat oogenblik.

— De Hemel helpe haar! Arm meisje! — Meer dan
honderd missen, — hernam de postiljon, — zijn voor haar
gelezen in de verschillende dorpskerken en kloosters in
het rond; — maar het baat niet; — wij koesteren echter de hoop, dat daar zij tusschenbeide nog bij haar
verstand is, de Heilige Maagd haar toch eindelijk zal
doen herstellen; — maar hare ouders, die haar het best
kennen, hebben geen hoop meer, en gelooven, dat zij
nooit weder bijkomen zal. —

Naauwelijks had de postiljon deze woorden uitgesproken,
of Maria liet eenige zoo droefgeestige, zoo teedere, zoo
klagende toonen op haar fluitje hooren, dat ik uit den
wagen sprong om haar ter hulp te ijlen, en zat reeds
tusschen haar en hare geit in, eer ik van mijne geestvervoering bekomen was. —

Maria keek mij een oogenblik bedroefd aan, en dan
keek zij weêr naar hare geit, en dan naar mij — en dan
weêr naar de geit — en zoo beurtelings.

— Wel, Maria, — zei ik zachtjes, — welke gelijkenis
vindt gij? —

Ik smeek den waarheidlievenden lezer te gelooven, dat
het uit de nederige overtuiging was van hoeveel *dierlijks*
in den mensch zit, dat ik de vraag deed; en dat ik mij
geene ongepaste scherts in het eerbiedwaardige bijzijn der
ellende zou hebben willen laten ontvallen, al had ik er
den roem mede kunnen behalen, van even geestig te zijn
als Rabelais zelf, — en toch wil ik bekennen, dat mijn
hart het mij verweet, en dat ik zoo schrikte op het bloote
denkbeeld er van, dat ik eene gelofte deed, voortaan de
wijsheid te huldigen, en voor het overige van mijn leven
niets dan ernstige woorden over mijne lippen te laten komen, — en nooit, — nooit, weder aardigheden uit te slaan
tegen man, vrouw of kind, hoe lang ik ook nog te leven had.

Wat het *schrijven* van onzin betreft, — ik geloof mij
het regt daartoe voorbehouden te hebben; maar dit moge
de wereld beslissen! —

—Vaarwel, Maria! —Vaarwel, arm, hulpeloos meisje!— Eens, — maar *nu* niet, — zal ik welligt het verhaal van uw lijden uit uw eigen mond vernemen; — maar ik vergiste mij, want juist op datzelfde oogenblik, nam zij haar fluitje en deed mij zulk een bedroefd verhaal er mede, dat ik opstond, en met wankelende, ongelijke schreden, zachtjes weder naar mijn wagen ging.

Wat is er toch eene uitstekende herberg te Moulins!

HOOFDSTUK XLV.

Als wij tot het einde van dit hoofdstuk gekomen zijn, — maar niet vóór dien tijd, — moeten wij allen terugkeeren tot de opengeblevene hoofdstukken, — waarover mijn eergevoel het laatste half uur gebloed heeft; — ik doe dit ophouden, door een mijner gele pantoffels uit te trekken, en met alle geweld tegen den muur aan den anderen kant van de kamer te werpen, met de verklaring er bij, —

Dat welke overeenkomst ze hebben mogen met de helft der hoofdstukken, welke, waar het ook zij, geschreven zijn. of welligt nu, op dit oogenblik, geschreven worden, — zulks even toevallig is als de schuim op den hals van het paard van Zeuxis; — bovendien beschouw ik een hoofdstuk *met niets er in* steeds met eerbied, — en in aanmerking nemende, hoeveel slechtere zaken er in de wereld zijn, — is het volstrekt geen gepast onderwerp voor de satire.

Waarom heb ik ze echter oningevuld gelaten? — En nu, zonder op mijn antwoord te wachten, zal men mij voor domkop, warhoofd, lompert, stommerik, ezel, domoor, kwast en kwade jongen uitmaken, — even als de koekebakkers van Lerne de herders van Koning Gargantua uitscholden; — en dat stond hun vrij, — zoo als Bridget zeide, — als zij maar verkozen; want hoe was het mogelijk, dat men de noodzakelijkheid kon vooruitzien, dat ik het 45ste hoofdstuk van mijn boek vóór het 38ste moest schrijven? — enz.

II.   13*

Dus neem ik het niet kwalijk. — Ik wensch maar, dat het tot eene les moge strekken voor de wereld, *"om de menschen op hunne eigene manier hun verhaal te laten doen."*

HET 38ste HOOFDSTUK.

Daar jufvrouw Bridget de deur openmaakte haast vóór dat de korporaal aangeklopt had, verliep er zoo weinig tijd eer mijn oom Tobias in de zitkamer binnen gelaten werd, dat mevrouw Wadman naauwelijks de gelegenheid had van achter de gordijnen uit te komen, — den Bijbel op de tafel te leggen, en een paar schreden naar de deur te doen, om hem te ontvangen. —

Mijn oom Tobias begroette de weduwe Wadman op de wijze waarop de vrouwen door de mannen altijd begroet werden in het jaar der Christelijke tijdrekening een düizend zevenhonderd en dertien; — daarop uit de flank marscheerende, ging hij aan hare zijde naar de sofa, — en met drie woorden, — evenwel niet eer hij plaats genomen had, — noch nadat hij plaats genomen had, — maar juist terwijl hij plaats nam, — vertelde hij haar, *"dat hij verliefd was;"* — zoodat mijn oom Tobias zich eigenlijk meer haastte met zijne verklaring dan noodig was. —

Mevrouw Wadman sloeg natuurlijk de oogen neder op een scheurtje in den naad van haar schortje, in de verwachting, dat mijn oom Tobias dadelijk verder zou gaan; daar hij echter de gave van uitweidingen te maken niet bezat, en de liefde vooral een onderwerp was, dat hij volstrekt geen meester was, — bleef hij, toen hij eens mevrouw Wadman verteld had, dat hij haar beminde, steken, en liet de zaak verder aan zichzelve over.

Mijn vader was altijd verrukt over dit stelsel van mijn oom Tobias, zoo als hij het verkeerdelijk noemde, — en zeide dikwerf, dat indien mijn oom Tobias slechts eene pijp tabak er bijgevoegd had, — hij — (als men ten minste zeker Spaansch spreekwoord mag gelooven), — sterk genoeg geweest zou zijn, om zich een weg te banen, tot de harten van de helft der vrouwen dezer wereld.

Mijn oom Tobias begreep nooit wat mijn vader bedoelde, en ik wil ook niet wagen meer er uit op te maken, dan eene afkeuring eener dwaling, waaronder de helft van het menschdom gebukt gaat, — en waaraan de Franschen zonder uitzondering, evenzeer als aan de *ligchamelijke tegenwoordigheid*, gelooven; — deze dwaling is het denkbeeld, dat *over de liefde praten en verliefd zijn, juist hetzelfde is.*

Ik zou even gaarne een bloedworst maken volgens hetzelfde recept.

Laat ons voortgaan: Mevrouw Wadman zat in de verwachting, dat mijn oom Tobias zulks doen zou, tot de eerste sekonde bijna gekomen was van die minuut, waarin het stilzwijgen van den een of anderen kant haast onwelvoegelijk wordt; — en dan, wat digter bij hem schuivende, en de oogen opslaande en tevens eventjes blozende, — nam zij den handschoen, of het gesprek (als gij liever wilt), op, en sprak mijn oom Tobias aldus aan: —

— De zorgen en onrusten van den huwelijken staat, — zei mevrouw Wadman, — zijn zeer groot. —

— Dat geloof ik ook, — zei mijn oom Tobias.

— En dus, — vervolgde mevrouw Wadman, — als iemand zoo zeer op zijn gemak leeft, — en zoo gelukkig is, kapitein Shandy, — in zichzelven, zijne vrienden en zijne tijdverdrijven, — als gij zijt, — weet ik niet, wat hem tot het huwelijksleven genegen kan maken! —

— Dat staat in den Bijbel, — zei mijn oom Tobias.

Dusver ging mijn oom Tobias met voorzigtigheid voort, en vermijdde de diepte, het aan mevrouw Wadman overlatende, om zoo als zij verkoos in zee te steken.

— Wat kinderen aangaat, — zei mevrouw Wadman, — hoewel zij misschien een voornaam doel van die instelling uitmaken, en dus natuurlijk door alle ouders, — naar ik veronderstel, — gewenscht worden, — ondervinden wij niet, dat zij zeker verdriet en zeer onzekere vreugde opleveren? — En wat is er, waarde mijnheer Shandy, om al het harteleed te vergoeden? — Welke belooning is er voor de ontelbare teedere en angstige zorgen van eene lijdende, hulpelooze moeder, die ze ter wereld brengt?

— Waarlijk, — zei mijn oom Tobias, met medelijden vervuld, — ik weet er geene, tenzij men ze in het genot zoeke, welk het den Hemel behaagd heeft, — —
— Gekheid! — riep zij uit.

HET 39STE HOOFDSTUK.

Nu zijn er zoo oneindig veel noten, wijzen, stemmen, toonen, blikken en uitdrukkingen, waarmede men het woord "*Gekheid!*" kan uitspreken, in alle gevallen van dezen aard, — welke allen eene verschillende beteekenis en zin aan het woord geven, — onderling evenzeer uiteenloopende als *vuilheid* en *reinheid*, dat de *Casuisten* (want het is op dit punt eene gewetenszaak), niet minder dan dertien duizend tellen, onder welke men goed of verkeerd zou kunnen grijpen.

Mevrouw Wadman had de "*Gekheid!*" getroffen, welke al het zedige bloed van mijn oom Tobias naar zijne wangen riep; — dus gevoelende, dat hij op de eene of andere wijze in te diep water gekomen was, brak hij af; en zonder verder uit te weiden over het lief of leed van het huwelijksleven, legde hij de hand op het hart, en bood aan ze te nemen voor wat ze waren, en met haar te deelen.

Toen mijn oom Tobias dit eenmaal gezegd had, gevoelde hij geen trek om het te herhalen; dus het oog werpende op den Bijbel, dien mevrouw Wadman op de tafel gelegd had, nam hij het boek op, en juist een passage er in opslaande, die hem, (de goede ziel!), — vooral belangstelling inboezemde, — namelijk het beleg van Jericho, — ging hij aan het lezen, — zijn huwelijksaanzoek, even als zijne liefdesverklaring, overlatende, om van zelf op haar te werken. — Nu werkte het noch verhardend, noch verzachtend, noch als *opium*, noch als *kina*, of kwik, of kruisdoren, noch als eenig ander geneesmiddel, dat de Natuur aan de wereld geschonken heeft; — met één woord, het werkte in het geheel niet op haar, en de reden was, omdat iets anders reeds vroeger in haar aan het werken was. — Babbelaar, die ik ben! Ik heb reeds wel tienmaal vooruit gezegd wat het was; — maar de stof is nog niet uitgeput. — *Allons!*

HOOFDSTUK XLVI.

Het is natuurlijk, dat een vreemde, die van Londen naar Edinburg wil reizen, onderzoekt eer hij vertrekt, hoeveel mijlen het is naar York, — dat zoo wat halfweg is: — en niemand verwondert zich er over, als hij voortgaat met vragen omtrent het stedelijk bestuur, enz.

Het was even natuurlijk, dat mevrouw Wadman, wier eerste man altijd aan de heupjicht geleden had, wenschen zou te vernemen, hoe ver het was van de heup naar de lies, en in hoe ver het waarschijnlijk was, dat zij meer of minder in haar gevoel te lijden zou hebben.

Dus had zij Drake's *Anatomie* van het begin tot het einde gelezen. Zij had Wharton, over het *Brein* eventjes ingezien, en De Graaf over de *Beenderen en Spieren*[1]) te leen gevraagd, zonder echter er uit wijs te kunnen worden.

Zij had ook volgens haar eigen verstand geredeneerd, — stelsels uitgedacht en gevolgtrekkingen gemaakt, — zonder echter tot eenigen uitslag te komen.

Om alles op te helderen, had zij tweemaal aan Dr. Slop gevraagd, "Of het waarschijnlijk was, dat die arme kapitein Shandy ooit geheel en al van zijne wond zou herstellen?"

— Hij is hersteld, — zei Dr. Slop.

— Hoe? Geheel en al? —

— Geheel, mevrouw.

— Maar wat bedoelt gij met *hersteld?* — vroeg mevrouw Wadman.

Dr. Slop was volstrekt niet knap in definities, en dus kon mevrouw Wadman niets uit hem krijgen. Met één woord, zij kon het van niemand anders vernemen dan van mijn oom Tobias zelven.

Er is een schijn van menschlievendheid in navragen van dezen aard, welke alle Verdenking smoort; — en ik ben half overtuigd, dat de slang dit eenigzins toepaste in

---

[1]) Dit is zekerlijk eene vergissing van den heer Shandy, want De Graaf heeft over de pancreatische vochten en de *Genitalia* geschreven.   SCHRIJVER.

haar omgang met Eva; want de genegenheid van het
schoone geslacht om zich te laten misleiden is toch niet
zóó groot, dat zij anders stout genoeg zou geweest zijn,
om zich met den duivel in een gesprek te wikkelen. —
Maar er is een schijn van menschlievendheid; — hoe zal
ik dien beschrijven? — Een schijn, welke de zaak zelve
toedekt, als met een mantel, en den vrager het regt
geeft, om even naauwkeurig te zijn in zijn onderzoek
als uw lijfmedicus:

"Was het onophoudelijk?"

"Was het minder pijnlijk in bed?"

"Kon hij op beide zijden even goed liggen?"

"Kon hij te paard rijden?"

"Was eene sterke beweging nadeelig?" enz. enz.

Dit alles werd zoo medelijdend gevraagd, en zoo regtstreeks op het hart van mijn oom Tobias gemikt, dat elk
woordje hem tienmaal dieper trof, dan de kwaal zelve, —
maar toen mevrouw Wadman een omweg maakte voorbij Namen, om tot de lies van mijn oom Tobias te komen, en hem
uitlokte om het hoofd van de *contre-scarp* aan te vallen,
en *pêle mêle* met de Hollanders, de *contre-garde* van
St. Roch, met den degen in de vuist te overmeesteren, —
en dan de teederste woorden in zijn oor liet klinken,
terwijl zij hem bloedende uit de loopgraven, aan de hand
weg leidde, — hare oogen afvegende, als hij naar zijn
tent gedragen werd, — Hemel, aarde, water en vuur! —
toen steeg zijne geestdrift tot den hoogsten top! — De
bronnen der natuur vloeiden over, — een engel van barmhartigheid zat naast hem op de sofa, — zijn hart ont-
vlamde, — en als hij duizend harten had gehad, zou
hij ze allen aan mevrouw Wadman verloren hebben.

—En op welke plaats ongeveer, waarde mijnheer
Shandy, — vroeg mevrouw Wadman, eenigzins katego-
risch, — hebt gij die wond ontvangen? — Bij deze vraag
wierp zij eventjes een blik op den band van de rood pluchen
broek van mijn oom Tobias, natuurlijk verwachtende, dat
hij, om zoo kort mogelijk te antwoorden, den wijsvinger
op de plaats zou leggen. — Het viel anders uit; — want
daar mijn oom Tobias zijne wond gekregen had voor de

St. Nikolaaspoort, in een der loopgraven tegenover den uitspringenden hoek van het half bastion van St. Roch, — kon hij op ieder oogenblik van den dag een speld steken, juist op het punt, waar de steen hem geraakt had. Dit trof ook dadelijk het *sensorium* van mijn oom Tobias, en dus ook tegelijkertijd zijne groote kaart van de stad en citadel van Namen, en de omstreken, die hij in zijne lange ziekte gekocht, en met behulp van den korporaal opgeplakt had. — Sedert dien tijd had ze, met eene menigte andere militaire prullen, op zolder gelegen; en dus werd de korporaal daarheen gedetacheerd om ze te halen.

Mijn oom Tobias mat, met behulp van de schaar van mevrouw Wadman, dertig *toises* af, van den inspringenden hoek voor de St. Nikolaaspoort, en legde toen den vinger van de weduwe met zulk eene maagdelijke beschroomdheid op de plek, dat de Godin der Welvoegelijkheid, — als die toen nog bestond, — en zoo niet, was het haar schim, — het hoofd schudde, met de hand eventjes over de oogen streek, — en aan mevrouw Wadman verbood, om de vergissing uit te leggen.

— Ongelukkige mevrouw Wadman!

Want met niets dan een uitroep aan u gerigt, kan dit hoofdstuk op eene treffende wijze eindigen; — maar mijn hart zegt mij, dat op zulk een kritiek oogenblik, een uitroep niets beter is, dan eene bedekte beleediging, en liever dan eene vrouw, die in nood is, zoo iets aan te doen, — laat het hoofdstuk maar naar den duivel loopen; — mits maar de een of ander reeds verdoemde criticus, zich de moeite wil geven het mede te nemen.

HOOFDSTUK XLVII.

De kaart van mijn oom Tobias werd naar de keuken gebragt.

HOOFDSTUK XLVIII.

— En dit is de Maas, — en dit hier is de Sambre, —
zei de korporaal, met de uitgestrekte regterhand op de
kaart wijzende, en met de linkerhand op den schouder
van mejufvrouw Bridget, — maar niet op den schouder
die het digtste bij hem was; — en dit, — ging hij voort, —
is de stad Namen, — en dat is de citadel, — en dáár
lagen de Franschen, — en hier lagen mijnheer en ik, —
en in deze verwenschte loopgraven, mejufvrouw Bridget, —
vervolgde de korporaal, haar bij de hand nemende, —
ontving hij de wond, die hem *hier* zoo ellendig kwetste. —
Met deze woorden, drukte hij zachtjes hare hand op de
plaats, welke hij bedoelde, en liet haar daarop weder los. —

— Wij dachten, mijnheer Trim, — zei mejufvrouw
Bridget, — dat het meer in het midden geweest was. —

— Dat zou ons voor altijd ongelukkig gemaakt hebben, — zei de korporaal.

— En mijne arme mevrouw ook, — zei Bridget. —

De korporaal antwoordde alleen op deze aanmerking
door een kus. —

— Kom, kom! — zei Bridget, hare geopende linkerhand
paralel met den gezigteinder voor zich uitstrekkende, en met
de vingers van de andere hand er over heen strijkende, op
eene wijze, die onmogelijk zou geweest zijn, als het kleinste
wratje, of de minste verhevenheid zich er op bevonden had.

— Er is geen woord van waar! — riep de korporaal, eer
zij den volzin half ten einde had gebragt.

— Ik weet toch, dat het waar is, — hernam Bridget, —
van geloofwaardige getuigen! —

— Op mijn woord van eer! — zei de korporaal, de hand
op het hart leggende, en met opregte verontwaardiging blozende. — Het geheele verhaal, jufvrouw Bridget, is zoo
valsch als de hel! —

— Niet, — vervolgde Bridget, hem in de rede vallende, — dat ik, of mevrouw, één duit er om geven, of
het waar is of niet; — maar als men getrouwd is, dient
men ten minste zoo iets te hebben. —

Het was ongelukkig voor mejufvrouw Bridget, dat zij

den aanval met de handen begonnen was; want de korporaal, zonder een oogenblik zich te bedenken, * * * *
* *
* * * * * * * * * * * * * * * *.

HOOFDSTUK XLIX.

Het was met Bridget, even als met den kortstondigen
strijd in de oogen van een Aprilmorgen: — zij wist niet
of zij lagchen of schreijen moest.

Zij greep eene taart-rol op; — het was tien tegen één,
dat zij gelagchen had.

Zij legde ze weder neêr; — zij schreide, en als er één
bittere traan onder geweest ware, zou des korporaals hart
het hem zwaar verweten hebben, dat hij gebruik had
gemaakt van zijn argument; — maar de korporaal begreep
het schoone geslacht ten minste vier tegen drie beter dan
mijn oom Tobias, en dus tastte hij jufvrouw Bridget op
de volgende wijze aan: —

— Ik weet wel, jufvrouw Bridget, — zei de korporaal,
haar een zeer eerbiedigen kus gevende, dat gij van aard
goedig en zedig zijt, en bovendien zulk een edelmoedig
meisje, dat als ik mij niet in u vergis, gij geen vliegje
zoudt willen krenken, en nog veel minder de eer van
zulk een dapper en waardig mensch als mijnheer, —
zelfs niet om gravin te worden; — maar men heeft u
opgestookt en misleid, lieve Bridget, zoo als men dikwijls de vrouwen doet, "meer om anderen dan om
uzelve te behagen —,"

Bridgets oogen vloeiden over door de gevoelens, welke
de korporaal in haar opwekte.

— Zeg mij, — zeg mij dus, lieve Bridget, — vervolgde
de korporaal, hare hand grijpende, die doodsch aan hare
zijde hing, — en haar een tweeden kus gevende, — wiens
verdenkingen hebben u misleid?

Bridget loosde een paar snikken, — dan opende zij
de oogen; — de korporaal veegde ze met den hoek van
haar schortje af; — en zij gaf haar hart lucht en vertelde
hem alles. —

HOOFDSTUK L.

Mijn oom Tobias en de korporaal hadden voor het grootste gedeelte van dezen veldtogt ieder op zichzelven gehandeld, en waren even goed afgesneden van alle kennis van hetgeen de andere gedaan had, alsof de Maas en de Sambre tusschen hen beiden gestroomd hadden.

Mijn oom Tobias, van zijn kant, had geregeld elken namiddag zijne opwachting gemaakt, beurtelings in zijn rood en zilveren, of blaauw en gouden rok, en eene menigte aanvallen afgeslagen, zonder te weten, dat het aanvallen geweest waren; — dus had hij niets mede te deelen.

De korporaal, van zijn kant, door Bridget te overmeesteren, had aanmerkelijke voordeelen behaald, — en dus ook veel te vertellen; — maar welke deze voordeelen waren, — en op welke wijze hij ze behaald had, eischte zulk eene hagchelijke beschrijving, dat de korporaal het niet op zich nemen durfde; — en hoe zeer hij ook naar roem verlangde, zou hij liever altijd met ontbloote kruin, en onbekransd gebleven zijn, dan voor één oogenblik de zedigheid van zijn meester te kwetsen.

Beste, eerlijkste en moedigste der dienaren! — Maar ik heb u reeds éénmaal te voren geäpostropheerd, Trim, en kon ik u ook eene apotheose bezorgen (dat is in goed gezelschap), — zou ik zulks, zonder pligtpleging op de volgende bladzijde doen!

HOOFDSTUK LI.

Mijn oom Tobias had op zekeren avond zijn pijp op de tafel nedergelegd, en telde op zijne vingers, — met den duim beginnende, — al de volmaaktheden van mevrouw Wadman, één voor één, op. Daar hij echter een paar maal, door eenigen er van uit te laten, of door anderen tweemaal over te tellen, bedroefd in de war raakte, eer hij tot den derden vinger gekomen was, — zeide hij, zijne pijp weder opnemende: — Trim, wees zoo goed pen en inkt te brengen. — Trim bragt papier er bij.

— Een geheel vel, Trim! — zei mijn oom Tobias, hem tevens met de pijp een wenk gevende, om een stoel te nemen en digt bij hem aan de tafel te gaan zitten. De korporaal gehoorzaamde, — legde het papier vlak voor zich, — nam de pen op, en stipte die in den inkt.

— Zij bezit duizend deugden, Trim, — zei mijn oom Tobias. —

— Moet ik ze allen opteekenen, mijnheer? — vroeg de korporaal.

— Maar ze moeten in behoorlijke orde volgen, — hernam mijn oom Tobias; — want van al hare deugden, is die, welke mij het meest bekoort, en ook een waarborg oplevert voor al de overigen, de medelijdende aard en bijzondere menschlievendheid van haar karakter. — Ik verklaar, — voegde mijn oom Tobias er bij, — naar het plafond ziende terwijl hij deze verklaring aflegde, — dat als ik duizendmaal haar broeder was, Trim, zij geene meer aanhoudende of teedere belangstelling voor mijn lijden kon betoonen, — hoewel dat nu voorbij is! —

De korporaal antwoordde alleen door een kuchje op mijn ooms verklaring; — hij stipte de pen ten tweedenmaal in den inkt, en terwijl mijn oom Tobias, met den steel van zijne pijp op den bovensten rand van het vel wees, zoo ver mogelijk naar den linkerkant, schreef de korporaal het woord:

MENSCHLIEVENDHEID, aldus neder.

— Ik bid u, korporaal, — zei mijn oom Tobias, zoodra Trim dit gedaan had, — vertel mij toch, hoe dikwerf jufvrouw Bridget vraagt naar de wond, die gij aan de knieschijf hebt gekregen in den slag bij Landen?

— Zij vraagt er in het geheel niet naar, met mijnheers verlof. —

— Daaraan, — zei mijn oom Tobias, zooveel zegevierende, als zijne goedhartigheid zulks toeliet, — daaraan ziet men het onderscheid tusschen het karakter van de mevrouw en van hare kamenier! en als de kansen van den oorlog mij uw ongeluk beschoren hadden, zou mevrouw Wadman wel honderdmaal naar alle omstandigheden er van gevraagd hebben! —

— Zij zal wel tienmaal zooveel gevraagd hebben naar mijnheers lies. —

— De pijn, Trim, is even hevig, — en het medelijden wordt evenzeer door het een als door het ander opgewekt! —

— Mijn Hemel! — riep de korporaal; — wat heeft het medelijden eener vrouw te maken met eene wond aan de knieschijf? Als die van mijnheer bij den slag van Landen in tienduizend stukken geschoten geweest ware, zou mevrouw Wadman zich evennin er over bekommerd hebben als Bridget; — omdat, — voegde de korporaal er bij, met eene zeer zachte stem, en zeer duidelijk sprekende, als hij zijne reden gaf, —

— "Omdat de knie op een zekeren afstand is van de hoofdplaats, — terwijl de lies, zoo als mijnheer wel weet, juist op de *courtine*, — de *gordijn* van de plaats zelve is."

Mijn oom Tobias floot lang; — maar zoo zachtjes, dat het naauwelijks aan den overkant van de tafel te vernemen was.

De korporaal was te ver gegaan, om zich nu te kunnen terugtrekken; — met drie woorden vertelde hij al het overige. —

Mijn oom Tobias legde zijne pijp zoo zachtjes neder, op de aschbak voor den haard, alsof ze van spinrag gevlochten was.

— Laten wij bij mijn broêr Shandy gaan! — zeide hij.

HOOFDSTUK LII.

Ik heb juist den tijd, terwijl mijn oom Tobias en Trim naar mijn vaders huis wandelen, om u te zeggen, dat mevrouw Wadman reeds eenige maanden te voren, mijne moeder tot hare vertrouweling gemaakt had; en dat jufvrouw Bridget, die het gewigt van haar eigen geheim, zoowel als dat van hare mevrouw te dragen had, zich gelukkig van beiden jegens Susannah, achter den tuinmuur, ontlast had.

Wat mijne moeder betreft, die zag volstrekt niet in, waarom men de minste drukte er over zou maken; —

en Susannah was alleen in alle opzigten, meer dan voldoende, om een familiëngeheim te verspreiden; — want
zij deelde het dadelijk door teekens mede aan Jonathan; —
en Jonathan weder door wenken aan de keukenmeid, terwijl zij een schapenlende braadde; — de keukenmeid
verkocht het met eenigen afval aan den postiljon voor een
vierstuiversstuk; — die het weder voor iets van ongeveer
dezelfde waarde aan de melkmeid overdeed; — en hoewel
het slechts op den hooizolder gefluisterd werd, ving de
Faàm met haar koperen trompet de klanken op, en ver-
kondigde ze van boven op het huisdak. — In één woord,
er was geen oud wijf in het dorp, of vijf mijlen in den
omtrek, die niet de moeijelijkheden begreep van het beleg,
dat mijn oom Tobias ondernomen had, en die niet wist,
welke de geheime artikelen waren, die der overgave in
den weg stonden.

Mijn vader, die de gewoonte had, om alles wat voor-
viel, door eene hypothese te verklaren, — (waardoor niemand de *Waarheid* zoo martelde als hij het deed), —
had het gerucht slechts vernomen op het oogenblik, dat
mijn oom Tobias de deur van zijn eigen huis uitging,
en dadelijk vuur vattende bij de verongelijking zijn
broeder aangedaan, zat hij aan Yorick te bewijzen (hoewel mijne moeder er bij zat), — niet alleen, "dat de
vrouwen door den duivel bezeten waren, en dat de geheele
zaak niets anders dan wellustigheid was," — maar dat,
tevens alle kwalen en ziekten in de wereld, van welken
aard of van welke soort ook, sedert den val van Adam, tot
aan dien van mijn oom Tobias er bij, op de eene of
andere wijze, aan deze ontembare drift toe te schrijven
waren. — Yorick was juist bezig met de hypothese van
mijn vader iets minder overdreven te maken, toen mijn
oom Tobias in de kamer tredende, met eene uitdrukking
van onuitputtelijke welwillendheid en genade op zijn gelaat,
mijn vaders welsprekendheid tegen genoemden hartstogt op
nieuw deed ontvlammen: — en daar hij niet zeer kiesch was
in de keuze zijner woorden, als hij driftig werd, had mijn
oom Tobias naauwelijks bij het vuur plaats genomen, en
zijne pijp gestopt, of mijn vader viel, als volgt, uit: —

HOOFDSTUK LIII.

— Het zij verre van mij te ontkennen, dat gepaste
voorzorg genomen moet worden om het geslacht van zulk
een groot, verheven en goddelijk wezen, als de mensch
is, voort te planten: — maar de philosophie spreekt onbe-
wimpeld over alles, en daarom houd ik vol, en beweer ik,
dat het jammer is, dat dit geschieden zou door middel van
eene drift, welke de vermogens verzwakt, en al de wijsheid, bespiegelingen en werkzaamheden der ziel verijdelt: —
eene drift, kindlief, — vervolgde mijn vader, zich tot mijne
moeder wendende, — welke wijze mannen verbindt met
en op dezelfde hoogte stelt als gekken, en ons eerder
gelijk saters en viervoetige dieren dan als menschen, uit
onze holen en schuilplaatsen doet te voorschijn komen.

— Ik weet zeer goed, — ging mijn vader voort, zich
van de *prolepsis* bedienende, — dat op zichzelf, en alleen,
deze lust, — even als honger en dorst en slaap, — noch
goed noch kwaad is, — noch schandelijk, noch eervol: —
Waarom dan schrikte de kieschheid van Diogenes en Plato
er zoodanig voor? En waarom ook, als wij een mensch willen planten en scheppen, doen wij de kaars uit? — en om
welke reden is het, dat alles wat daartoe behoort, —
de middelen, — de voorbereidingen, — de werktuigen,
en alles wat er mede in verband staat, — als zoodanig
beschouwd worden, dat ze aan geene reine ziel kunnen
medegedeeld worden, door eenige taal, vertolking of
omschrijving? —

— Het dooden of vernietigen van den mensch, — vervolgde mijn vader, de stem verheffende, en zich tot mijn
oom Tobias wendende, — dat weet gij, is roemrijk, —
en de wapens, waarmede wij daartoe uitrukken zijn eervol; — wij trekken uit met het geweer op schouder; —
wij loopen trotsch met den degen op zijde; — wij ver-
gulden ze; — ze worden met snijwerk voorzien; — ze
worden ingelegd; — ze worden rijk versierd; — ja, al
is het maar een prul van een kanon, — het moet toch
een sieraad dragen!

Mijn oom Tobias legde zijne pijp neder om voor een

beter epitheton te pleiten: — en Yorick wilde juist op-
staan, om de geheele theorie stuk te slaan, —

Toen Obadiah in de kamer stoof met eene klagt,
die dadelijk gehoord moest worden.

De zaak was als volgt: —

Mijn vader, volgens het aloude gebruik, hetzij als heer
van de plaats, of als eigenaar van de tienden, was verpligt
om een stier te houden, ten behoeve van het geheele dorp,
en Obadiah had zijne koe op bezoek bij hem gebragt, op
zekeren dag van den vorigen zomer; — ik zeg op zekeren
dag, — omdat het toeval wilde, dat het juist de dag was,
waarop hij met de werkmeid uit ons huis getrouwd was; —
dus was er maar ééne rekening voor beide. — Daarom,
toen Obadiah's vrouw beviel, dankte hij den Hemel. —

— Nu, — zei Obadiah, — zal ik ook wel een kalf
krijgen; — dus ging Obadiah dagelijks naar zijne koe
kijken.

— Zij zal wel Maandag, — of Dingsdag, of Woensdag
kalven. —

De koe kalfde niet; — neen: — zij zal niet kalven tot
de volgende week; — de koe stelde het verschrikkelijk
lang uit; — totdat, bij het einde van de zesde week,
Obadiah (als een verstandig mensch), den stier begon te
wantrouwen.

Daar nu het dorp zeer groot was, was mijn vaders stier,
om de waarheid te zeggen, volstrekt niet opgewassen
voor zijn werk: — hij had echter op de eene of andere
wijze den post gekregen, — en daar hij zijne taak op
eene zeer deftige wijze verrigtte, koesterde mijn vader
eene zeer gunstige meening van hem.

— De meeste menschen in de buurt, mijnheer, — zei
Obadiah, — houden het er voor, met mijnheers verlof,
dat de stier er schuld aan heeft. —

— Kan echter eene koe niet onvruchtbaar zijn? —
hernam mijn vader, zich tot Dr. Slop wendende.

— Dat gebeurt nooit, — zei Dr. Slop; — maar het
kan zeer wel mogelijk zijn, dat 's mans vrouw ontijdig
bevallen is. — Heeft het kind haar op het hoofd? —
voegde Dr. Slop er bij.

— Het kind heeft evenveel haar als ik, — zei Obadiah. — Obadiah had zich in geen drie weken geschoren. — Phioe-oe-oe! — floot mijn vader, — zijn volzin
met een gefluit bij wijze van uitroep beginnende; — en
dus, broêr Tobias, zou men mijn armen stier, — en een
beter stier is nooit in de weide geweest, — want in de
dagen der onschuld zou hij goed genoeg voor Europa
zelve geweest zijn, als hij maar op twee beenen geloopen
had, — zijn goeden naam benemen, en hem voor onver-
mogend doen doorgaan! — En zoo iets, broêr Tobias,
is even goed als een doodslag voor een dorpsstier!

— Mijn Hemel! — riep mijne moeder, — wat beteekent
toch dit lange verhaal?

— Het is een allergekst verhaal, — zei Yorick; — maar
een van de besten in zijn soort, die ik ooit gehoord heb!

EINDE.

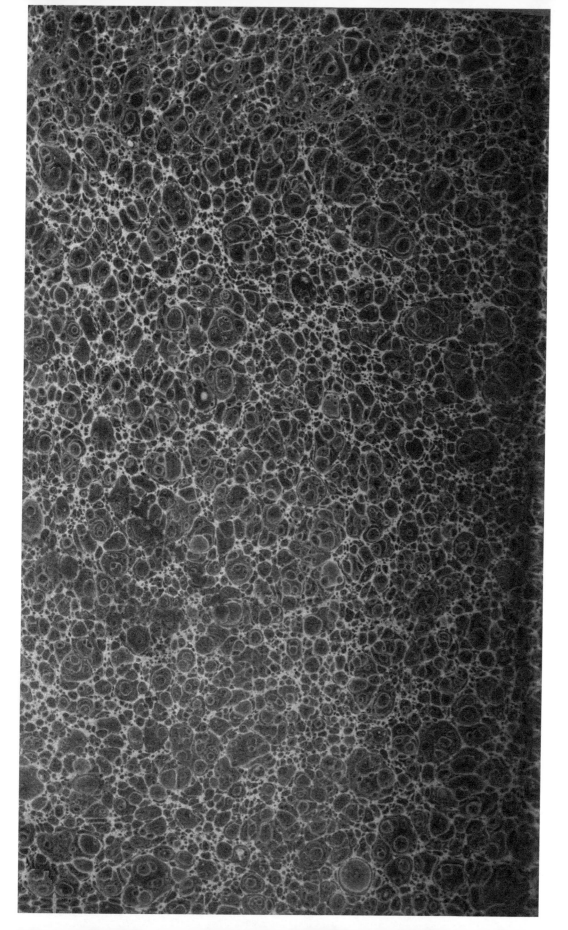

Lightning Source UK Ltd.
Milton Keynes UK
UKHW030639030521
383048UK00009B/726